康震讲

王安石

康震 著

中华书局

图书在版编目(CIP)数据

康震讲王安石/康震著. —北京:中华书局,2018.1
(2022.3重印)
ISBN 978 – 7 – 101 – 13051 – 5

Ⅰ.康… Ⅱ.康… Ⅲ.王安石(1021~1086) – 人物评论
Ⅳ.K827 = 441

中国版本图书馆 CIP 数据核字(2017)第 321927 号

书　　名	康震讲王安石
著　　者	康　震
责任编辑	傅　可
出版发行	中华书局
	(北京市丰台区太平桥西里38号　100073)
	http://www.zhbc.com.cn
	E – mail:zhbc@ zhbc.com.cn
印　　刷	北京瑞古冠中印刷厂
版　　次	2018 年 1 月北京第 1 版
	2022 年 3 月北京第 8 次印刷
规　　格	开本/710×1000 毫米　1/16
	印张19　插页6　字数150千字
印　　数	51001 – 59000 册
国际书号	ISBN 978 – 7 – 101 – 13051 – 5
定　　价	48.00 元

目录

序

《中国诗词大会》火了！

一时间，人人争说诗词好，诗词魅力不得了。我很荣幸，参与了《诗词大会》的策划与现场点评，切身感受到亿万观众重温中华诗词的巨大热情。这热情，点燃了每个人内心的诗词世界，也点燃了弘扬中华优秀传统文化的燎原之火。

中华诗词是中华文化最优美的篇章，中华诗人是中华民族最深情的歌者。我认为，无论新兴传媒多么发达，要真正深入了解诗人、理解诗词，根本之道还是要下笨功夫读书。只有一行行、一页页地认真读，反复看，才能记得准、记得牢、记得久，才能将那些优美深情的诗词刻在心里、融入血脉、化为基因。

阅读的过程，也是体验的过程，更是与诗人们面对面举杯小酌、谈心交心的过程：李白是一阵清风，只要他愿意，便可飞越重重关山，飞向他想去的任何方向；杜甫是一条长河，蜿蜒曲折，波澜壮阔，承载着不尽的忧思和希望；韩愈是一柄宝剑，利刃出鞘，无所畏惧，锋芒所及，披靡所向；柳宗元是一叶孤舟，在浪涛汹涌中起落沉浮，但从不曾放弃自己的执着与立场；欧阳修是一座大山，山间林泉磊落，万木竞秀，生机勃发，郁郁苍苍；苏洵是一株老树，根深叶茂，繁密成荫，在他的近旁，新松茁壮，材堪栋梁；曾巩是一方青砚，纯正坚实，温润如玉，尺寸虽小，墨韵悠长；王安石是一团烈火，敢于烧毁一切落后陈腐，意志坚定，勇于担当；苏辙是一座火山，表面沉静，内心炽热，为人谦和敦厚，为政刚柔并济，处置有方；李清照宛如一枝腊梅，芳香宜人，端庄淡雅，看似柔弱如花，实则骨气刚强；至于苏轼，很难用一句话来形容，他是"秉性难改的乐天派，是悲天悯人的道德家，是黎民百姓的好朋友，是散文作家，是新派的画家，是伟大的书法家，是酿酒的实验者，是工程师，是假道学的反对者，是瑜珈术的修炼者，是佛教徒，是士大夫，是皇帝的秘书，是饮酒成癖者，是心肠慈悲的法官，是政治上的坚持己见者，是月下的漫步者，是诗人，是生性诙谐爱开玩笑的人"（林语堂《苏东坡传》）。

我常常想，如果我的身边有这样一群诗人、朋友，我会成为一个怎样的人？我会拥有怎样的人生？

古诗云：年年岁岁花相似，岁岁年年人不同。《中国诗词大会》，像传承中国诗词文化的锦绣繁花，年年都在春节这个中国人最幸福、最重要的时刻，在全家人、全村人、全县人、全国人的面前美丽绽放。我相信，每个中国人，都会由衷点赞《诗词大会》。因为我们都是中国诗词的忠实粉丝，不论我们身在何方、身处何时，只要心头浮现那些经典诗句，我们就会露出会心的微笑，即便远隔千山万水，也能从诗词中感受到浓浓的亲情、友情与爱情，也会分享到深深的惬意、美意与诗意。中华诗词，就这样陪伴着我们，成就了每个人的生长、生活与生命。

衷心感谢每一位翻开这本书的读者。这10册小书，是我研读诗人、诗词、文章的一点心得，不揣浅陋拿出来与大家分享，希望大家喜欢。书中错谬、不足之处难免，也请多提宝贵意见。感谢您分享我的文字和感受。我们可能并不相识，但从这一刻起，我们开始相遇相识，因为我们拥有共同的理想与朋友：中华诗词。

康震

2017 年 7 月 1 日

第一讲

这个宰相不寻常

在"唐宋八大家"当中，王安石应该说是最独特、也最不寻常的一个。

为什么说他最独特呢？因为在"八大家"当中，他的官职最高，争议也最大——他曾两度担任宰相（相当于国务院总理），又两度被罢相；他的生前与身后都备受争议，人们对他褒贬不一。

为什么说他最不寻常呢？当我开口说"王安石"这个名字的时候，大家立刻就会想到"变法"这个词。对大部分人来说，"王安石变法"就是一个固定词组。王安石变法的影响力实在是太大了，直到二十一世纪的今天，这种影响仍然存在。

王安石的第一个不寻常：历史评价不寻常。这包括两方面，第一方面：古今中外，赞不绝口。

首先来看中国。1908 年，"百日维新"失败的第十个年头。这一年，清朝光绪皇帝与慈禧太后先后去世。也是在这一年，"百日维新"的领袖梁启超为王安石写了一部传记《王荆公》。在传记中，他称赞王安石的胸怀如千里湖泊，气节如万仞高山。他认为，王安石的变法不仅化解了北宋的社会危机，而且变法原理为二十世纪东西方各国所采用。梁启超说，从夏商周三代到现在，四千多年了，谁是最完美、最伟大的人物？王安石！他是古今第一完人！我们应当给他铸造个大大的金像来纪念他！

这是中国人的评价，再来看外国。

1906 年，俄国"十月革命"爆发的前十年。布尔什维克领袖列宁在讨论农民的土地政策时，特别指出王安石是"中国十一世纪的改革家"（《修改工人政党的土地纲领》），并赞同王安石的土地国有政策。三十多年后的 1944 年，中国"抗战"时期，美国副总统华莱士访问中国。在中国官员面前，他出人意料地称赞王安石是中国历史上推行新政的第一人。他认为，美国在经济危机时发放农业贷款的做法，与王安石推行的"青苗法"有异曲同工之妙，对挽救美国经济起到了很大的作用。

十一世纪中国的王安石及其变法，居然引起了二十世纪最大的社会主义与资本主义国家领袖的关注，这绝对不是一个偶然事件。既然王安石具有如此巨大的国际影响，那么王安石变法应该是大大的好事，大家都应该热烈鼓掌，大声叫好才是吧？事实却恰恰相反，从王安石开始变法的那一刻起，一直到现在，骂他、诅咒他的人要远远多于为他鼓掌叫好的人。骂他的人级别很高，给他定的罪名也很大，这可谓是石破天惊，骂声更是惊心动魄。

这也正是王安石历史评价的第二方面：身后骂名，空前绝后。

与商鞅、张居正、康有为、梁启超这些历史上的改革家相比，王安石遭受的批评，时间长、罪名大、范围广、程度深，可以说是空前绝后、非同寻常的。骂王安石的人里，级别最高的就是下令杀岳飞的宋高宗赵构。宋钦宗靖康二年（1127），北宋灭亡，宋徽宗、宋钦宗两个窝囊皇帝被金国俘虏。那么，到底谁该为北宋的灭亡承担责任呢？宋高宗赵构认为，北宋灭亡，王安石是罪魁祸首。当时的宗正少卿兼直史馆范冲曾对赵构说过这样一段话：

王安石自任己见，非毁前人，尽变祖宗法度，上误神宗皇帝，天下之乱实兆于安石，此皆非神祖之意！（宋·李心传《建炎以来系年要录》卷七九"绍兴四年八月戊寅"）

大意是说，王安石一意孤行、诽谤前辈、蛊惑宋神宗。天下大乱的根源就是从王安石变法开始的，王安石就是北宋灭亡的总根源！赵构认为范冲所言极是。这还不算是最严重的，宋朝甚至有人认为王安石跟秦桧一样坏，为什么呢？因为：

> 国家一统之业，其合而遂裂者，王安石之罪也。其裂而不复合者，秦桧之罪也。（宋·罗大经《鹤林玉露》）

让国家由统一走向分裂的罪魁是王安石，让分裂的国家无法统一的祸首是秦桧！有人干脆就说王安石是天下第一奸邪之人：

> 神宗之昏惑，合赧亥桓灵为一人者也；安石之奸邪，合莽操懿温为一人者也。此言最公最明矣。……求之前古奸臣，未有其比。（明·杨慎《丹铅录》）

宋神宗是古代最昏庸、荒淫皇帝的结合体，而王安石则是王莽、曹操、司马懿等大奸臣的集合体。古往今来的大奸臣，没有一个人比得上王安石！

可能觉得这样骂还不解气，有人恨不能直接说王安石不是人。宋朝有人编了个故事，说王安石出生的时候，家里突然闯进一只獾猪，不一会儿王安石就出生了，所以家里人就给王安石起了一个小名儿，叫做獾郎。用现在的话来说，就是小狗子，或者小猪仔。（宋·邵伯温《邵氏闻见录》）

按照史书记载的惯例，古代王侯将相、圣贤才子出生的时候，不是满屋子香气扑鼻，就是天上地下大放光芒。而且圣人小的时候，一般都是天庭饱满、地阁方圆、两耳垂肩、双手过膝、反正跟一般人不能一样！哪有像王安石出生这么窝囊的！

王安石的第二个不寻常：婚恋观念不寻常。

王安石曾在朝廷担任知制诰之职，负责给皇上起草诏书，职位很重要，但是王安石的心一点儿也不花。有一天，他正在书房里办公、看书，有个人给他端来一杯茶。王安石抬头一看，哎呀，端茶的是一个挺漂亮的女子。王安石赶紧问：你是谁啊？从哪儿来的？我怎么没见过你呀？王安石的夫人赶紧上前来说：老爷，这是我给您买的小妾，专门服侍您生活起居，花了90万钱呢。好家伙，这还了得！按常人的想法，这该不是夫人在考验王安石吧？

王安石没理夫人的话茬儿，接着问那女子：你是谁家的女子？怎么来到这里的？女子回答说：我的丈夫本是一位将军，负责押运粮食，结果运粮船翻了，无法弥补损失，只能将我卖了还债。王安石听罢心里很难过，派人请来这女子的丈夫，对他说：你们回去好好过日子吧！那90万钱我也不要了，我再给你们一些钱，以后再困难也别卖老婆！（宋·邵伯温《邵氏闻见录》）

这故事听着新鲜吧？要知道，唐宋时期的官员、士大夫纳妾是寻常之事。唐代大诗人李白、白居易，大散文家韩愈、柳宗元，家中都有小妾，有的还不止一两个。宋代大文学家欧阳修、苏轼、辛弃疾家中也有小妾。模范夫妻李清照、赵明诚也不例外，俩人虽然两情相悦，可赵明诚还是纳妾不误。王安石的夫人主动给他买来了小妾，可是他却不要，这是为什么呢？

王安石也是个男人，我们不相信他看见了美女不动心，不赏心悦目。他一生个性倔强、独立，绝对不是一个惧内的人。他的言行可见：人活在世上固然是为了过得好、看得好、吃得好，但还要有原则。什么原则？从爱情角度来说，既然彼此有了忠诚的承诺，就应厮守一生，绝无二心。这与其他女子长得是否漂亮没关系，与自己的夫人是否变成黄脸婆也没关系。与什么有关系？与承诺和坚守有关系。坚守的是一生的承诺，承诺的是一生的坚守。

王安石一生只有吴氏这一位妻子，在那个纳妾合理合法甚至合情的时代，这难道寻常吗？在刚才的故事中，夫人吴氏买这个小妾的所有手续都符合法律程序，但是符合法律的事情并不一定都符合情理，而符合情理的事情也不一定都符合道德。总之，无论是从爱情、婚姻还是道德的角度看，王安石的所作所为都够得上一个正人君子，这样的做派在当时是很不寻常的。

王安石的第三个不寻常：生活方式不寻常。

北宋是中国封建社会官员俸禄最高的时代。官员们的待遇都很好，生活也相对比较奢华。王安石曾经担任过宰相，一个月能挣多少钱呢？据有关史料记载，宋代宰相的俸禄主要由四部分组成：工资、餐费补贴、着装补贴、粮食补贴。每个月工资大约300贯钱，也就是30万文钱。餐费补贴每个月大约5万文钱。着装补贴每年大约100匹绫罗绸缎，100两绵。宋神宗熙宁年间，一匹绫罗绸缎大约值1700多文钱，一两绵大约值80文钱，折算下来每年着装补贴大约18万文钱。还有每月100石米面的粮食补贴。宋代一石米面大约600文钱，一百石米面大约值6万文钱。所有这四部分加起来总计大约50余万文钱。如果按照一个铜板兑换2角人民币来算，王安石一个月大约要挣10万多元人民币。

需要说明的是，这还是个保守的数字，因为宰相的收入还应当包括给仆人们的着装费、餐费，还包括日常所用的茶钱、酒钱、木柴钱、煤炭钱、马料钱，以及用于公务招待的招待费等等，所以宰相每个月的实际收入要远远超过50万这个数字。

这个数字在今天也算是超高的收入了。王安石如此的富有，生活应该非常奢华。事实上宋代大部分高官的日子都过得够奢华，但王安石这个宰相不一样，他虽然有钱，但是生活异常简朴。

举个例子，王安石的儿媳妇的娘家有个姓萧的公子哥儿来京城游玩，王安石说：我请你吃饭！萧公子挺高兴，赶紧换了一身又时尚、又华丽的衣服来拜见这位宰相亲戚。他心想：宰相请我吃饭，那还能差得了吗？肯定是四个碟子八个碗，反正得美美地撮一顿！可等坐到饭桌上就后悔了，桌上开胃菜都没有。萧公子觉得很奇怪，不过还是心存侥幸，心想也许好戏在后头呢。菜终于端上来了，既没有山珍海味，也没有美味佳肴，只有几张胡饼，接着又上了几块烧猪肉，然后就上饭了，每碗饭搭配一碗菜汤。这位萧公子虽说不是宰相公子，但也是个富家子弟，平时吃香的、喝辣的习惯了，他一看这满桌子没什么可口的饭菜，就把筷子放在一边，拿起胡饼象征性地吃了几口，而且只把饼中间带馅儿的部分吃掉，边儿上的部分没吃，然后将饼放在一旁。这时候发生了一件萧公子做梦也想不到的事情，王安石随手将萧公子吃剩下的胡饼拿过去吃掉了。萧公子羞得面红耳赤，赶紧拱手走人。（宋·曾敏行《独醒杂志》）

也许有人说，王安石真是个吝啬鬼、守财奴，连请人吃饭都这么抠门儿！但王安石真的吝啬吗？我们前面讲过，他的夫人花了90万钱买来小妾，王安石不仅让他们夫妻团圆，连90万钱也不要了，这算是大方还是吝啬呢？这样的做派在奢侈成风的宋代社会，简直是凤毛麟角，简直是超级反常。但是对王安石来说，朴素是一种本色，也是一种生活态度，更是一种淡泊的君子品格。王安石犯不着在萧公子面前作秀，他的朴素是一生的风范。

王安石的第四个不寻常：对待功利的态度不寻常。

宋仁宗庆历元年（1041），21岁的王安石参加了这一年的科举考试。考完后，主考官们一致的意见是：第一名王安石，第二名王珪，第三名韩绛，第四名杨寘。这当然是内部消息，还没有正式放榜，外人什么也不知道。

这时候，第四名杨寘沉不住气了，他求哥哥杨察帮他打探消息。杨察是宰相晏殊的乘龙快婿。晏殊第二天上班讲打听后得知杨寘排第四，但并不知道其他人的名次，更不知道谁是状元。杨察赶紧将这一消息告诉了杨寔。杨寔正在酒馆里跟一帮哥们儿喝酒，听到这个消息，拍案而起，破口大骂说：

> 不知那个卫子夺吾状元矣！（宋·王铚《默记》）

不知道是哪头驴夺走了我的状元！"卫子"在宋代口语中指驴。

几天后，主考官们将录取名次交宋仁宗最后裁定。第一个当然是看王安石的试卷。试卷里使用了一个典故："孺子其朋"。宋仁宗一看这个典故很不高兴。为什么？"孺子其朋"出自《尚书·周书·洛诰》："孺子其朋，孺子其朋，其往。"这是周公辅佐周成王时，教育周成王的话，意思是："你这孩子啊，今后和群臣要像朋友一样融洽相处。"周成王是周公的侄子，当时周公 50 多岁，乃是摄政大臣，周成王刚刚即位，才 12 岁。所以"孺子其朋"是长辈教育晚辈的口吻。

可是此时此刻的宋仁宗已经 30 多岁，在皇位上也待了 20 多年了，他比王安石大十几岁，看到王安石年纪轻轻的，却以长辈的口吻说话，心里自然有些反感，觉得这个人做状元不合适。那么谁比较合适呢？宋仁宗就拿起第二名王珪的卷子来看，觉得不错，可以当状元，但一查王珪的档案，发现他是在职干部。按照规定，在职干部考进士，不能做状元。怎么办？只好再看第三名韩绛，结果韩绛也是在职考试。于是仁宗皇帝又拿起第四名杨寔的试卷来看，觉得挺好，杨寔又是应届考生，那么就是他了。结果杨寔这个第四名就这样成了状元。其他人的名次不变，就将第一名与第四名掉了个个儿：杨寔第一名，王珪第二名，韩绛第三名，王安石第四名。

杨寔在酒馆里撒野破口大骂时，并不知道自己能够得状元。这件事情不久就被传开了。王安石的反应如何呢？关于这件事情，史料中只有一句话：

荆公生平未尝略语曾考中状元。（宋·王铚《默记》）

王安石一生都不曾谈论过自己曾经考中状元这件事。按照我们一般人的想法与心理，王安石肯定很不平衡，非常委屈：难道就仅仅因为一个典故，我就从第一名变成第四名了吗？本来第四名的杨寘尚且破口大骂，我这个"被"第四名的第一名不更应该破口大骂几句吗？但是没有资料表明王安石曾经破口大骂。他到底是怎么想的呢？两年后，王安石回江西抚州老家探亲，写了一首诗，诗中说道：

属闻降诏起群彦，遂自下国趋王畿。刻章琢句献天子，钓取薄禄欢庭闱。（《忆昨诗示诸外弟》）

大意是说，天下的读书人纷纷到京城去参加科举考试。对我来说，参加科举考试，雕章琢句、写好文章献给天子，为的是什么？不过就是为了能够钓上一个小小的官职，拥有一份工资，这样就能够养活家人，让老婆孩子高兴啊！看起来，在王安石心中，科举考试没有那么神圣庄严，也不是什么要命的大事，无论是第一名还是第四名，都只不过是他钓上来的一条小鱼，为了让家人高兴而已。那么，王安石为什么这样看待科举考试呢？难道说他真的不重视科举考试？那他看重的到底又是什么呢？在这首诗中他也说得很明白：

此时少壮自负恃，意气与日争光辉。……材疏命贱不自揣，欲与稷契遐相希。（《忆昨诗示诸外弟》）

我虽然年龄不大，但是胸怀壮志，想要跟太阳比比到底谁更光辉、更明亮。我虽然才疏学浅，是个穷读书人，可是我的内心里，想要成为像尧舜禹时代稷、契那样的千古能臣！

原来，在王安石的心中，科举考试只不过是他人生道路中的一个过程，也仅仅只是一个过程而已，他没有必要为了第一名还是第四名大动肝火。他的目标要大得多，是要做与日月天地争辉的伟人，要做天下数一数二的宰相！所以王铚在《默记》中紧接着评论了一句：

　　　其气量高大，视科第为何等事耶！

　　王安石心胸广阔，气魄宏大，在他眼里，科举算个什么事情！与杨寘的患得患失相比，真是一个天上一个地下。你说，王安石是个简单的人么？

　　我们现在回过头看看王安石的这些不寻常：淡泊名利，生活简朴，不近女色，廉洁自律。一部分政治家将他捧上天，一部分恨不能将他打入地狱。他到底是怎样的一个人呢？

　　古人有一句话叫做公生廉，廉生威。以天下公正公平为原则，这样的人自然就会廉洁自律，一个廉洁自律的人自然能够令百姓信服，自然有一种不怒而威的权威。王安石就是这样的人。

第二讲

奋力辞官的 N 个理由

在中国古代封建社会中，读书人最大的理想就是学而优则仕。学得好，目的就是做官，不仅要做官，还要做大官，最好是不断地升大官发大财。可是，王安石不喜欢升官，也不喜欢做大官。

宋仁宗庆历二年（1042）秋天，考中进士后的王安石被授予签书淮南东路节度判官公事，大体相当于扬州市政府办公厅秘书。这一年王安石22岁。这个官一做就是四年，到了庆历五年（1045）底，任期满了。这个时候王安石有一个非常好的选择，通过考试到中央去做官。他才25岁，怎么会有这么好的机会，一下子就可以提升到中央去做官呢？

原来在宋代有这样一个规定：凡在进士考试中取得了甲科高第者，在派往外地任职满一任之后，就可以向朝廷进呈他的某种述作，比如一篇论文或者一份调研报告等，就可以申请考"馆职"。什么是馆职？就是史馆、集贤院、弘文馆、秘书省等馆阁中的官员。所谓史馆、集贤院、弘文馆、秘书省，其职能大体类似于现在国家图书馆、国家档案馆、中央文史馆以及国家高等研究院，主要负责整理、编撰图书、典籍，修撰国史，也承担一部分政策咨询与顾问的职能。这种官职听上去好像没有多么重要，其实不然。

在北宋，只有那些学养深厚、文辞斐然的文人雅士才有资格担任这样的官职。宋朝重文士轻武夫，凡是宰相、部长之类的高官绝大部分都是由文士来担任的。对于像王安石这样20多岁的年轻官员来说，史馆、集贤院这类馆阁职务是向更高一层中央高官前进的必由阶梯。

举个例子。宋代著名文学家欧阳修考中进士后也曾在馆阁中任职，后来一步步进入中央。在宋代，从史馆、弘文馆、集贤院这三馆，再加上秘书省中选拔的官员，最有可能入选"两制"，即翰林学士与中书舍人，负责为中央起草诏书。"两制"又最容易入选"两府"，即枢密院与宰相府。可见，今天是国家图书馆的校对员、研究员，明天就可能一步登天成为国家总理，这在宋代并不是神话，而是被很多人证明了的事实。

王安石进士考试考了第四名，属于甲科进士，在地方任期满了之后，可以立刻申请参加考试，去馆阁任职，这对他今后的发展极为有利。王安石虽然科举考试被第四名了，但只要抓住这次机会，未来的前程依然远大。

然而，出乎所有人的意料，王安石主动放弃了这一考试资格。史书记载王安石："独否，再调知鄞县。"（《宋史·王安石传》）被朝廷任命为鄞县（今宁波鄞州）县令，到地方去做官了。大家可能会觉得很奇怪，这到底是为什么呢？我们后面再说。这是王安石第一次放弃升官的机会。这一年他 25 岁，正是提升的好年龄。王安石在鄞县一干就是五年。仁宗皇祐三年（1051）二月，任期到了，又被任命为舒州通判，大体相当于今安徽潜山市副市长，从六品。四月，当朝宰相文彦博上书朝廷，请求提拔王安石到中央来做官。他的理由是：

> 殿中丞王安石，进士第四人及第。旧制，一任还进所业求试馆职，安石凡数任并无所陈，朝廷特令召试亦辞以家贫亲老，且馆阁之职士人所欲，而安石恬然自守，未易多得。（宋·程俱《麟台故事》）

意即王安石当年考中进士第四名，本来按照规矩，只要在地方做满一任官职，就可以参加升官考试来中央做官了。可是这个王安石就是不动窝儿，朝廷多次专门邀请他来参加考试，他总推脱家里经济困难，来京城做官有诸多不便。在馆阁中做官是很多读书人梦寐以求的事，王安石却主动放弃了。他真是一个只爱工作、不爱升官的好官啊！这样的人才不可多得，所以要向朝廷郑重推荐！

大体在同一时间，朝廷的另一位官员、著名学者陈襄，也向朝廷郑重推荐王安石。他说：

> 有舒州通判王安石者，才性贤明，笃于古学，文辞政事已著闻于时。（《与两浙安抚陈舍人荐上书》）

王安石要人品有人品，要学问有学问，文章写得好，做官有政绩，名气大，特予推荐！那么朝廷的态度是什么呢？朝廷说："召王安石赴阙，俟试毕别取旨。"（清·毕沅《续资治通鉴》）让王安石赶紧来东京汴梁，参加升官考试！王安石的反应如何呢？不来。为什么呢？他给朝廷写了一个申请《乞免就试状》，即请求不参加升官考试的申请。归纳起来，主要有三个理由：

第一，祖母在老家生活，年纪大了，需要有人照顾。如果将她带到京城，不便于照顾，而且京城花费太大，工资负担不起。第二，父亲还没有归葬到老家，这需要很大一笔费用。第三，弟弟妹妹要结婚，也需要很大的花费。要是在京城做官，各项花销都太大，入不敷出，所以不能在京城做官。宰相认为我不喜欢做官是因为品德高尚谦和，这真不是我的本意！我就是因为家里经济状况困难，所以请求皇上还是让我在地方上工作吧，花费小得多，也便于照顾家人！

看来王安石几次三番不愿意来京城做官，主要是因为家里经济太困难，在京城工资不够用。既然如此，那就在舒州好好做官吧！这是他第二次谢绝升官的机会，这一年他31岁，正是一枝花的年龄。一转眼，三年又过去了，宋仁宗至和元年（1054），舒州任期也满了。这回朝廷直接下了一道命令，让王安石去集贤院做校理，大体相当于图书馆的高级研究员，负责整理校勘皇家收藏的图书文献。

这一次可不能再错过机会啦！已经34岁了，而且这一次朝廷也比较大方，给王安石以特别的优惠政策：第一项，本来需要参加升官考试才能得到这个官职，王安石免考，直接就任！第二项，按照规定，在集贤院校理任期满一年以后才能提升一级官阶，王安石只要来集贤院担任校理，就直接提一级官阶。这一回王安石应该爽爽快快地答应了吧？令人意想不到的是，王安石还是不干。他给朝廷连上四道辞呈表示谢绝。综合起来有这么几个理由：

第一，这几年我的祖母、兄长、嫂嫂相继去世，办丧事花费不小，家里经济压力很大，不能进京为官。

第二，朝廷给我这么多优惠，我很感谢。可这样一来，这个官我更不能做了。为什么？我反复推辞不做京官，朝廷却执着要我做，别人以为我一定是欲擒故纵，在跟朝廷讨价还价。我如果答应了朝廷，就等于承认自己在讨价还价。

第三，朝廷不要再强迫我了，"匹夫不可夺志"，朝廷可以不听我的意见，但是也不能强迫我。我虽然想接受官职，但是也不想轻慢皇上！希望朝廷收回成命，让我去地方做官。

你看看，这个王安石架子也太大了！然而谁也想不到，王安石的名气却日益增长！宋代笔记《邵氏闻见录》中记载王安石：

> 由是名重天下，士大夫恨不识其面，朝廷常欲授以美官，惟恐其不肯就。

天下的士大夫们都恨自己不认得他，都迫切地想看看这么牛的人到底长什么样儿。王安石真行，朝廷基本等于腆着脸求他做官，给你好职位还不做，真牛！不过牛归牛，名气大归名气大，王安石这次辞官的主要原因还是经济困难。我们不禁奇怪了，前文曾说宰相一个月收入大概50多万钱，不愁吃穿用了。现在他虽然不是宰相，但是做个馆职至于这么缺钱吗？至于让王安石如此一而再再而三地推辞不就吗？

集贤院校理是多大的官？大概是个六品官。按照宋代官员的收入结构，集贤院校理这个京官每个月工资大约4万文。那么，4万文钱在京城开封有多大的消费能力呢？当时一石米面（60公斤左右）大约600文钱。王安石家里人口多，以十口人举例，一个月消费的米面最低两三石（150公斤左右），粮食消费需1500文钱左右。还有住房消费。根据《宋会要辑稿》等史料记载，当时京城开封一间房屋的月租是5000文左右，如果是十口人，最少需五间房，算下是25000文。一个月吃饭、住房的消费总计大约27000文，加上其他开销，最少要30000文，一个月下来还剩10000文左右。当然，这笔账的算法比较保守，实际花费肯定超出了这个数字。总之不是很宽裕，所以王安石抱怨在京城没法做官，花费太大，不完全是虚辞，也是实情。

既然是实情，朝廷就得考虑这个问题。王安石一直说经济压力大，到京城做官花费大，发愁没有足够的钱养家。没过多久，朝廷下令让王安石担任群牧司判官。这是个什么官？负责指导、检查、监督全国各地的养马场。马匹、马车在古代就相当于现在的汽车。国家设立了很多养马场，专门提供公务用马。王安石的工作就是专管公务马匹，权力大、油水多、俸禄高。王安石本来还想继续辞官，这时欧阳修出来劝了劝他：别再一个劲儿地辞官了，弄得朝廷很难堪。王安石这才不吭声了。

王安石不吭声了，可是有人吭声了。有个官员叫沈康，担任馆阁校勘，等着升官很久了。沉不住气了，听闻王安石不想升官，便自己推荐自己！他去找宰相，说：我已经等升官等很久了，一直想到群牧司判官这个位置，王安石资历比我浅，既然他不想做，就让我来做吧。宰相看了看这位仁兄，说：王安石屡次不按常规到中央做官，朝廷很欣赏他的人品，所以才给他特别的优惠，自然不会论资排辈来考虑他的问题！朝廷设置馆阁校勘等文职是为了招揽天下英才，并不是让读书人争夺官位，您这张脸比起王安石来可是厚了点儿啊！（宋·魏泰《东轩笔录》）你看，同在一个屋檐下，人跟人的差别咋就这么大呢？但也说明这个官的确是个肥缺，诱惑力很大。

也许会问，王安石到底为什么拼命地不要升官的机会呢？要说经济困难，京城的官员多得是，足见大家并没有因为经济困难就不来京城做官。再说，京城的花费固然大，毕竟没到"月月光"的程度，还是小有盈余的。王安石不是还年轻吗？凭借他的才华，一步一步升官，经济压力不就越来越小了吗？难道因为经济困难就不求上进，就永远不到京城做官了吗？而且，王安石后来不也到京城做宰相了吗？可见，始终以经济困难为理由推辞，有点站不住脚啊！

那么，王安石不愿意来京城做官的根本原因到底是什么呢？

经济压力不是根本原因。他担任群牧司判官只有两年，在这两年里，他给朝廷写了十多封要求调离中央去地方任职的申请。既是京官，俸禄又高，为什么还不愿意在京城呆着？在写给宰相文彦博的信中，他说：

我做这个官两年，不开心，主要有两点：第一，在京城不方便照顾家中老小，也不方便处理家里的一些事务。第二，我身体不行，以前读书太用功，落下头痛头晕的毛病，京城做官事情多，太庞杂，时间长了，脑袋发昏。与其在这里尸位素餐，白拿国家的高工资，不如让我到地方上去做官。

他请求朝廷在"东南宽闲之区，幽僻之滨，与之一官，使得因吏事之力，少施其所学，以庚禄赐之入，则进无所逃其罪，退无所托其身，不惟亲之欲有之而已"（《上执政书》），意即在东南地区选择一个比较僻静的地方做官，将他平生所学的治国之道，通过具体的地方日常工作实践得以实现。如此，对朝廷、对家人、对自己都有个交代，也算对得起国家给我的这份工资。

王安石接着说：我到地方去做官，算是找对地方啦。自古君王任用人才，都是人尽其才，各得其所。我去地方做官，就是人尽其才。至于朝廷的恩典，我领情，也很感激。但我只有在地方做官才能施展出我的才华，那里最适合我。请朝廷满足我的愿望，我再也不愿意在国家机关消磨时间、混吃混喝了！

原来如此！绕了大半天，总算说出真话来了。在王安石看来，只有在地方做官，才能施展出自己的才华，才能为老百姓实实在在地做点儿工作。这一年，王安石写了一篇小文章《通州海门行利记》，表彰江苏海门县县令沈起的政绩。文章说：沈起在海门县做县令，修建防潮大堤，疏通河流水渠，灌溉农田，减少赋税，召集流亡人口，鼓励生产。他是个好官。有人认为一个小小的县城有什么好写的，可是天下就是由这样一个个县城组成。天下的县城多了，可是像沈起这样为老百姓做实事的好官太少了！这就是我为什么要专门写文章表扬他的原因！

对于那些不想给百姓谋利、只想扬名的官员，王安石则极为不齿。比如，一位叫钱公辅的官员请王安石为他去世的母亲写墓志铭，写好之后钱公辅很不满意，嫌王安石将他母亲写得不够伟大。为什么呢？钱公辅曾经是进士科第二名，又曾担任过通判。他认为该将这样的荣誉写到母亲的墓碑上去，可增加母亲的光荣。针对钱公辅请求，王安石在回信中大发议论，说：

> 如得甲科为通判，通判之署有池台竹林之胜，此何足以为太夫人之荣，而必欲书之乎？贵为天子，富有天下，苟不能行

道，适足以为父母之羞，况一甲科通判，苟粗知为辞赋，虽市
井小人，皆可以得之，何足道哉，何足道哉？

意即得到高考第二名，做了通判，办公室周围有亭台楼阁、有
小桥流水、歌台舞榭，这就是太夫人的光荣吗？就值得在墓志铭中
大书特书吗？即使是皇帝，富有天下，如果事情做得不好、不合格，
足以让父母丢脸！一个榜眼出身的通判，有什么了不起？即便是市
井小人，只要略懂得些诗词文章，也可以当这个官，这有什么好炫
耀的？科举考了第二名，然后做了通判，这就是光宗耀祖的资本
吗？错！关键要看做官后干了什么，为老百姓、为社会做了什么实
实在在的事情，否则，所有这些所谓的荣誉都等于零！

最后，王安石来了句：这篇墓志铭不会修改了，要改就另请高
明吧！

可见，王安石对当官的态度是：关键不是做了多大的官，而是
为国家、为百姓办了多少具体的事。在他看来，钱公辅虽然官大，
但是算不上好官，沈起虽然官小，却是个好官。

但是，我们也有疑问：朝廷要升王安石的官，让他在中央做官，
在机关里做官，这难道不能施展他的才华吗？只要认真工作，不一
样是在为国为民效力吗？在京城升官不意味着不做实事，在地方做
官也并不意味就一定能做实事啊。

王安石到底为什么这么排斥在京城做官，一根筋地非要去地方
做官呢？

第三讲

给力的基层一把手

2010 年最流行的一个词是什么？是"给力"！给力是什么意思？最给力的解释有：带劲儿，够劲儿，提气，够猛，够精彩，够酷等等。我们这一讲的题目是：给力的基层一把手，核心是讲王安石这个基层一把手为什么给力？他的给力表现在哪些方面？

上一讲说王安石死活不做京官，在他看来，做官最重要的是能够为国为民办实事。但问题是，做京官难道就不能为百姓办实事吗？从理论上讲，京官权力大，能够更好地为人民服务；再者，地方官虽然权力小，但从理论上说，如果连一分钱都贪污，又如何能够更好地为人民服务呢？

要想弄明白王安石为什么死活要做地方官，就要弄明白王安石在地方做的都是什么官，这些官对他为什么有这么大的吸引力。

王安石的仕途经历从 22 岁开始，担任的第一个官职是签书淮南判官，大体相当于扬州市政府办公厅秘书。26 岁任鄞县县令，这是他担任的第一个一把手。31 岁任舒州通判，大体相当于地级市的副市长。37 岁任常州知州，大体相当于地级市市长。40 岁任提点江南东路刑狱。北宋的路相当于现在的省，江南东路的管辖范围大体相当于现在江西东北部与安徽东南部。提点江南东路刑狱相当于一个省主管政法、检察与考察干部的最高首长。47 岁任江宁知府，相当于南京市市长，地位相当于现在直辖市市长。

从 22 岁到 47 岁这 25 年的时间里，王安石所任地方官有六个。除了签书淮南判官和舒州通判外，这些官职要么是政府一把手，要么是核心部门一把手。

先来看不给力的表现。第一个不给力，就是领导不重视，不理解。举两个例子。

王安石在扬州做政府办公厅秘书时，他的上司是扬州市市长韩琦，这个人很有本事，后来官至宰相。这一老一少都很有能力，工作本应配合得不错。但事实恰恰相反，王安石在韩琦手下很不愉快。王安石特别喜欢读书，一读起来就忘了白天黑夜。工作以后还是那么勤奋刻苦，常常忘记时间。比方读到凌晨四五点钟，瞌睡了，就眯一会儿，这一眯不要紧，过了上班时间，赶紧爬起来，不洗脸、不梳头、不刷牙、不吃饭，随便套件衣服、趿双鞋，头发蓬乱、两眼红肿、脸色煞白的就去上班了。韩琦是个很重仪表的人，一看这20岁刚出头的年轻人怎么这副打扮？心中暗想，昨晚肯定又去花天酒地了！一来二去，韩琦实在忍不住了，有一天就专门找王安石谈话。大意无非是年轻人要多用心读书工作，不可只贪图享受！少壮不努力，老大徒伤悲！要好自为之！王安石是很倔强的人！当时一声没吭，下了班跟别的同事说：这个老韩，根本不了解我，把我看成什么人了？（宋·邵伯温《邵氏闻见录》）

这就是王安石的性格，彪悍的人生不需要解释！可是这样也不对呀，你不解释人家怎么能够了解你呢？要是一般的年轻人，一定会赶紧跟领导说明情况，说不定领导还会夸奖自己的学习精神呢！但王安石的个性就是这样被动，总等着人家来主动认识自己，等着人家来挖掘自己。对于不理解自己的人，他不会去主动解释。像王安石这种性格，就不太适合做二把手与下属。

第二个例子，王安石很有政治抱负，参政议政的热情很强烈，商讨工作时，喜欢发表意见。他读书多，理论水平高，常引经据典，大发议论。可是韩琦根本不听他那一套。王安石读书虽然多，但说的那一套根本不实用，所以你说你的、我干我的，从来不给王安石

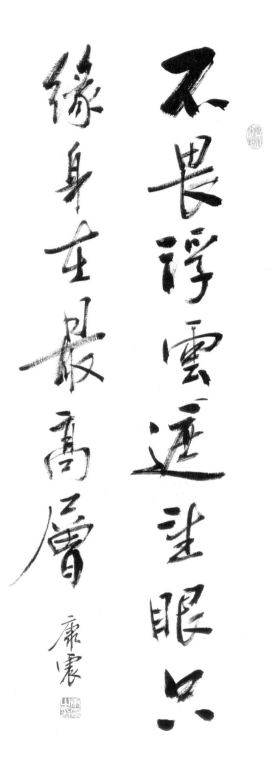

不畏浮雲遮望眼
緣身在最高層

康震

安排实际的工作，让他满腔的工作热情无处释放。王安石调走后，有人给韩琦写了一份公文，里面使用了很多古文字。韩琦笑着跟别人说：王安石现在不在这儿，不然这份公文让他看最合适，他认得的古字多！（宋·司马光《涑水纪闻》）可见韩琦根本没把王安石当作一个有工作能力的人来看。但是领导误解，也没办法呀。人在屋檐下，低头的不是领导，只能是你自己。

　　第二个不给力，就是凡事自己做不了主，拍不了板，办不成事，只能干瞪眼干着急。王安石任舒州通判期间，连年遭遇旱灾，粮价飞涨，饿死很多人。在与一位县令的通信中，王安石提出一个解决方案，即政府以高于市场的价格强行收购富人囤积的粮食，再低价卖给灾民。可是有的富人并不愿意卖给官府，想要囤积粮食，哄抬粮价，牟取暴利。针对这种情况，王安石对县令说：

　　　　然闻富室之藏，尚有所闭而未发者。窃以谓方今之急，阁下宜勉数日之劳，躬往隐括而发之，裁其价以予民。损有余以补不足，天之道也。悠悠之议，恐不足恤，在力行之而已。（《与孟逸秘校手书四》）

　　听说富人家里还囤积着不少粮食，现在情况紧急，请您继续严格追查，必须将粮食低价卖给灾民。损有余、补不足，这是天下的公理。至于那些闲言碎语，则不必管它，赶快行动吧！富人不肯卖粮食怎么办？好办，杀一儆百："邑中但痛绳之，岂有不从者乎？按置一二人，自然趋令矣。"（《与孟逸秘校手书六》）

　　做法如此强硬，富人当然不高兴，打破他们哄抬粮价的如意算盘，更不高兴。从书信中还可获知，王安石的上司对他的想法不大支持。正因为如此，王安石的这个主张贯彻得并不理想，何以见得？有诗为证：

皖城西去百重山，陈迹今埋杳霭间。白发行藏空自感，春风江水照衰颜。(《过皖口》)

王安石在舒州三年，头发白了，人也老了，却一事无成。按理说通判比签书淮南判官的职务要高，应该有所作为。但舒州三年，王安石几乎没什么像样的政绩。究其原因，就是没有决策权，心有余而力不足。

王安石做二把手不给力，做一把手就给力吗？答案是肯定的。这种给力主要表现在四个方面。

第一个给力就是调查研究不怕吃苦，千方百计为百姓着想。在鄞县时期，王安石看到当地江海交汇，湖泊交错，水资源非常丰富。但由于水利设施落后，江河湖泊的水都白白流入大海，这个水资源丰富的地区反而常常遭受旱灾。于是他决心组织本县劳力兴修水利。为此，他亲自勘察地形，亲自动员、督促百姓兴修农田水利。下面有一张时间表，可以略窥王安石工作之一斑：

宋仁宗庆历七年(1047)十一月七日，王安石从县城出发，奔赴城东万灵乡，视察、动员百姓开挖水渠，当晚入住慈福院；十一月八日，登城东金鸡山，看望凿石建水闸的工匠，天降大雨，无法出行，当晚入住广利寺；十一日，雨停后抵达灵岩山，渡石湫水潭登高望海，计划在江海交汇之地设置水闸以便蓄洪灌溉；十三日，到达芦江村，视察水渠开渠之处，当晚入住瑞岩山开善院；十四日登天童山，入住景德寺；十五日一早，与景德寺长老瑞新大师登山考察玲珑岩，饭后继续出发，到达东吴村，坐船连夜奔赴鄞县以西；十六日一早，在大梅山保福寺用餐，餐后经五峰山步行十余里后又乘船西行，半夜到达小溪村；十七日一早，视察新修水渠后在普宁寺用餐，下午视察林村，当晚入住资寿寺；十八日一早，视察县城以西桃源、清道二乡，动员乡民兴修水利。(《鄞县经游记》)

王安石此次实地调查，花费整整两周时间，可谓风餐露宿。他发动浚治渠川"凡东西十有四乡"（《鄞县经游记》），夜以继日，不惜辛劳。他将兴修水利看作是为官者的责任，在诗中写道：

> 灵场奔走尚无功，去马来车道不通。风助乱云阴更密，水争高岸气尤雄。平时沟洫今多废，下户京困久已空。肉食自嗟何所报，古人忧国愿年丰。（《苦雨》）

第二个给力就是实事求是，突破陈规，敢于革新。《宋史·王安石传》谈到："再调知鄞县，起堤堰，决陂塘，为水陆之利。贷谷与民，立息以偿，俾新陈相易，邑人便之。"庆历七年（1047），王安石在青黄不接、民户生活困难之际，将县粮仓里储存的粮食借贷给贫民，让他们在秋天收成之后加息偿还。不仅解了农民的燃眉之急，也使公家的陈粮得以更新。这是一项很有魄力的改革。

王安石担任提点江南东路刑狱之时，在饶州视察公务，来到督造酿酒官员的办公室，看见屏风上有一首小诗：

> 呢喃燕子语梁间，底事来惊梦里闲。
> 说与旁人浑不解，杖藜携酒看芝山。

诗意是，燕子在房梁上呢喃地说着话，它们说的是什么，居然惊醒了我这个梦中人。别人是不会懂得的，我还是挂着手杖带着酒，去看这饶州芝山的风景吧！

王安石看后，大加赞赏，问是谁写的？有人答是左班殿值监饶州酒刘季孙所作。王安石立刻召来刘季孙，跟他聊了很久才乘车回府。适逢饶州学人上书请官府派员主持饶州教育，王安石当机立断，宣布由刘季孙主持饶州文教工作。这一任命引来一片哗然！因为刘季孙原任官职本属较低的武职，现在忽然提拔他主管一州文教之事，实在不合官场规矩。但这正是王安石的过人之处，看准的人才会突破常规，大胆使用。当然，王安石之所以能这样做，是因为他所任的官职让他能够做主。（宋·叶梦得《石林诗话》）

第三个给力就是不畏权贵，不怕得罪人，敢于挑战上级指示。

宋仁宗庆历八年（1048），浙东路转运司下一道公文给所辖各县，要求吏民定期交钱，然后用这些钱做赏金，鼓励人们揭发私自制盐贩盐的人。王安石见到公文后立刻给转运使写了一封长信（《上运使孙司谏书》），主要观点有两个：

第一，这样的措施会酿成大祸，可堪忧虑。沿海地区渔民私自制盐贩盐，已成风气，难以禁止。现在用重金奖励告密之人，被捕之人一定很多，人心也会浮动。而别有用心之人肯定会乘乱骚扰渔户，彼此仇杀争斗，引来社会动荡。

第二，鄞县并不富裕，所谓的有钱人也只不过有百亩田地，总共也值不了多少钱。全家的生活费用以及交给朝廷的赋税都来自这些田地。如果要求百姓定期缴纳赏金，势必增加他们的负担，如果有人因经济困难不肯缴纳这笔钱，官府势必要严加督责，弄得鸡飞狗跳。这些做法不是真正的为政之道。

在信的结尾，王安石的语气非常严厉，也非常巧妙：

现在的下级对上级往往是盲目顺从，而上级根本听不得下级的话，只要不好听，就勃然大怒。所以下情不得上达，上级往往为所欲为。但是我相信，您是一位能够听取下属意见的领导，我是那个大胆的下级，所以还是请您收回成命吧！

这位领导看了之后，恐怕是哭笑不得。

第四个给力就是勇于开展工作，不怕失败，不怕挫折，始终保持昂扬的工作热情。王安石任常州知州期间，决定在当地开凿运河。他的下属官员对此事不积极，认为任务太重，不可操之过急。但王安石认为应当尽快开工，这样会早日产生效益。他的上司浙西路转运使对这个计划不感兴趣，只允许王安石在常州所属各县调集民夫。加之开工后阴雨连绵，民夫劳苦多病，工期很难保证，最终这项工程不得不半途而废。

王安石极其苦恼，心情沉重。友人刘敞来信劝他："要当如宗人夷甫，不与世事可也。"（宋·魏泰《东轩笔录》）意即凡事不必那么认真，差不多就行了！何必跟自己过不去呢？可是王安石是个给力的地方官，在给刘敞的回信中，他阐明了自己的立场：

> 今劳人费财于前，而利不遂于后，此某所以恨愧无穷也。若夫事求遂，功求成，而不量天时人力之可否，此某所不能。则论某者之纷纷，岂敢怨哉？阁下乃以初不能无意为有憾，此非某之所敢闻也。方今万事所以难合而易坏，常以诸贤无意耳。（《与刘（敞）原父书》）

大意说，这次劳民伤财却没有收到任何效益，我非常惭愧。我只是一味地想要成功，却没想到做事需要天时、地利、人和等各种因素。要说我无能，我承认，绝无怨言。但是让我总是安于现状、无所事事、尸位素餐，我决不能苟同。我认为，当今社会之所以难以办成事情，主要是大家一味苟且偷安，只顾自己过得快活，将国家利益抛在了脑后。

王安石的朋友、宋代大诗人梅尧臣，在《送介甫知毗陵》一诗中，对王安石的工作作风有很精辟的评价：

> 每观二千石，结束辞国都。丝鞯加锦缘，银勒以金涂。兵吏拥后队，剑挝盛前驱。君又不若此，革縏障泥乌。欸行问风俗，低意骑更驽。下情靡不达，略细举其粗。曾肯为众异，亦罔为世趋。

那些当大官的，外出时都是前呼后拥，旗帜招展，威风十足，把老百姓赶得远远的。王安石每到一地，总是深入基层，到百姓家中，调查研究，解决实际问题。在常州工作期间，王安石曾数次上书朝廷，请求延长在常州的任期，希望做更多的实际工作。(《知常州上中书启》《知常州上监司启》)

综上所述，王安石在地方工作很给力，给力的根本原因在于他做官的目的不是升官发财，而是为国家、为百姓做实际的工作。给力的重要条件在于王安石必须担任有最终决策权的一把手，这样才能将自己的想法真正贯彻到底，让想法变成现实。

这当然不是说王安石要跟朝廷讲条件：做地方官必须做一把手。但是从王安石的地方官经历来看，第一，他年纪轻轻能做一把手，证明工作能力强；第二，不管是做一把手、还是二把手，王安石都努力以一把手的工作热情与责任感来工作。

王安石的工作这么给力，真是做到了"权为民所用、情为民所系、利为民所谋"，简直就是人民的好干部！王安石之所以有如此上乘的表现，除了受儒家传统的治国平天下思想的影响之外，他的家族对他也有很大的影响。

王安石的家族也是一个很给力的家族。他的祖父王用之做过卫尉寺丞，从六品官，主要负责掌管军械库。叔祖王贯之是进士出身，曾长期在地方州郡担任通判、知州、知府，还当过淮南路的提点刑狱等。王贯之是个干实事的官员，他劝农桑，修水利，为政宽简，曾得到宋真宗的嘉奖。

王安石的父亲王益也是进士出身，做过多任知县、通判、知州等职。王益为官关心民间疾苦，吏治严明，严于律己，宽以待人，政绩突出。王安石的少年时代曾先后跟随父亲在四川新繁、广东韶州、江宁府、开封府等任所生活。王益的为政之举给幼小的王安石留下了深刻的印象。他后来回忆说："盖先君所存，尝欲大润泽于天下，一物枯槁，以为身羞。"（《答韶州张殿丞书》）意思是，父亲总是以天下为己任，只要百姓生活得不好，就认为是自己的耻辱。

王安石的母亲吴氏好学强记，擅长诗词，见识不凡。朝廷数次召王安石进京，王安石坚辞不就。有人问吴氏，为何不劝王安石接受朝廷的任命呢？她回答说：人各有志，我怎么能强迫他呢？王安石觉得外出做官难以养家，不想做官了。吴氏劝他说：只要是你认为值得做的事，你就放心离家，我不会有意见。吴氏有这样的见地，与她的家庭环境有关。吴氏的娘家是临川大族，王安石的外祖父之兄长吴敏乃进士出身，有四个儿子，两个中了进士，长期在地方为官。吴敏的夫人曾氏是曾巩祖父的姐妹。因此，王安石与曾巩算是表兄弟。

如此看来，王安石的父亲家族与母亲家族都是学而优则仕的家庭，不仅读书风气浓厚，而且父祖辈中进士出身者甚多，很多人长期担任地方官，政绩虽然说不上非常突出，但是为人都很本分踏实，是所谓的好官、好人。这些因素都促使王安石非常重视在地方任官，而不是贪图功名富贵，贪图一时之名。

总结起来，王安石之所以要做地方官，做地方一把手，主要原因无非是这几条：

第一，在地方做主官，可以统揽全局，了解全局。常言说："麻雀虽小，五脏俱全。"州县虽然很小，县积而郡，郡积而天下。郡县治，则天下无不治。

第二，在地方做主官可以坚定的贯彻自己的意志与想法，有条件突破传统的阻碍，大胆实验，大胆改革。

第三，在地方做主官可以接触到最底层的民生，可以制定最切实的政策。

总之，一个年轻的官员在最基层的单位，独当一面，统揽全局，接触最基层的民众，可以为将来谋大事打下最坚实的基础。对于王安石来说，客观上为他将来进行改革变法打下了基础。

现在，我们也许明白了为什么王安石愿意在地方做官，因为能做实事，做事很给力。但是有人也会问：难道在京城做官就一定不给力吗？就一定不能做实事吗？要回答这个问题，必须看看王安石在京城到底做过什么官，为什么做这些官让他觉得不给力。

第四讲

京官中看不中用

在一般人看来，京官既风光好看，又体面实惠。但是在王安石看来，一个年轻人做京官就是银样蜡枪头、壁画上的花瓶——中看不中用。为什么？还是先来看看王安石在京城都做过哪些官吧。

34岁，朝廷任命他为集贤院校理，他谢绝了，紧接着任命他为群牧司判官。39岁，任命他为三司度支判官，大体相当于财政部预算司处长，负责管理全国财政金融的预算收支情况。40岁，任命他为同修起居注，负责记录皇帝公开的起居言行。王安石数次谢绝，最终被迫接受。41岁，任命他为知制诰，负责起草诏书。

这些官职到底是否中看不中用呢？集贤院校理，这个职位我们曾在第二讲中介绍过，虽然本身没什么权力，却是向上攀升甚至爬到宰相的重要台阶。很多文人学士对这个位置趋之若鹜。但王安石显然不感兴趣，居然谢绝了。因为在他看来，这个官每天就是与书本、文件、官员打交道，离老百姓太远，离实际民生太远。对于一个年轻的官员来说，不是什么好位置。所以，集贤院校理这个官对别人来说中看也中用，但对王安石而言只中看不中用。

再看群牧司判官，对王安石来说更不靠谱。这是一个肥缺之职，朝廷送给他这个官，是为了解决王安石的后顾之忧。从实惠的角度来说，真是中看又中用。但王安石做官一不为升官，二不为发财，所以这个肥缺对王安石而言毫无意义。举个小例子。王安石任宰相后，送礼的人很多。王安石有哮喘病，山西壶关紫团山所产人参可治哮喘，但这种人参很名贵，不易得到。有人从山西来京城，就送给王安石几两紫团参，王安石坚决不要。有人劝他说：还是要了吧，这不是为了治病吗？王安石回答得很干脆：我活了一辈子，没有这个紫团参，不是也活到现在了吗？（宋·沈括《梦溪笔谈》）

还有一次，有人要送给王安石一方名贵的砚台。王安石问他：这方砚台为什么如此名贵？这人回答说：这个砚台可不得了，只要呵上一口气，砚台上就会出现水汽，不用水就可以直接研墨了。这说明砚台石质细腻光滑，密度大，导热快，质量高，因此很值钱。王安石眨眨眼睛，俏皮地回绝说：是这样啊！那我就不断地呵气，不过就算呵出一担水来，也值不了几个钱嘛！（宋·吴坰《五总志》）你看，这就是王安石对待钱财利益的态度。

再来看同修起居注，这个官最风光最好看。实际大体相当于皇帝的私人生活记录官。对喜欢巴结皇上的人来说，这个官太中看中用了。可对王安石来说，他一不会拍马屁，二不会行贿赂，做这个官等于浪费时间。

最后，来看三司度支判官与知制诰这两个官。

三司度支判官这个官牌子亮，派头足，够给力。既然是给全国人民做预算的，那也就是为全国人民服务的，是给国家办大事的，按照王安石的原则，应当是中看又中用。知制诰更是如此了，专门负责起草诏书，自然是中看又中用。正因如此，王安石在做这两个官时，还是努力做了一点务实的工作。

比如，他对官府茶叶专卖制度提出修正意见，最终使朝廷废除茶叶专卖制度。茶是北宋日常生活的必需品，也是重要的出口商品。北宋实行榷茶制度，即全国大部分地区的茶叶产、供、销均由政府统一控制。具体做法有两种：一是茶商给政府交钱，然后从政府手里领取茶叶，贩运买卖；二是茶商给政府交钱，政府发茶票，凭票从茶农手里买茶叶。总之，朝廷授权买卖茶叶，然后从茶商利润里抽取一部分钱。这个制度的好处是国家掌控着茶的利润，但弊病也很多：由于官府中间环节过多，茶叶进入市场后质量下降，价格更贵。而走私茶叶由于质量、价格适当，利润大，屡禁不止。

王安石坚决反对官府垄断茶叶买卖，主张让茶农、茶商自行贩卖，由国家统一收取茶税。他在《议茶法》中说：茶叶对于百姓犹如米盐，官府买卖的茶叶粗糙难食，不能满足百姓需求，所以走私茶叶屡禁难止。如果让茶农、茶商买卖茶叶，不仅能提高茶叶的质量，也能提高国家的收入，这是一举多得的好事。

王安石这个建议适当其时，当时茶叶专卖制度不仅损害了百姓利益，也损害了朝廷收入，很多大臣都要求取消这项专卖制度。在这种形势下，朝廷很快采纳了王安石的建议。取消专卖后，茶叶的产、供、销全部实现市场化，政府只行使监管与税收的权力。所以，就这件事来说，王安石这个京官还真是中看又中用。

也许是因为这件事情的成功激励了王安石。宋仁宗嘉祐三年（1059），他给宋仁宗呈上一封长信，名曰《上仁宗皇帝言事书》。这是王安石从 22 岁步入仕途以来，在朝廷、地方为官将近二十年，观察、调研、思考之后的一次总爆发。这个题目还可以叫做《说给宋仁宗的心里话》或者《关于目前改革朝政的若干意见》。这封信长达 10000 余字，所以《宋史》中也称它为万言书。这封万言书的内容涉及北宋王朝几乎所有的方面，诸如政治、经济、税收、人事、文化、教育、科举、军事、外交等等。不仅涉及范围广，有些问题还谈得非常深入具体，可以算是北宋朝政改革的一部大纲。按理说，以王安石在朝野上下的名声、政绩，这样一封超长信件递交上去之后多少该有点儿响动才对，可不知为什么，却是泥牛入海连半点儿动静也没有。

这可是太"杯具"了！太伤自尊了！一个人说完话后，不管是反对还是赞同，总要有点儿回声！没有回声，说完话后，只剩下空气的振荡，这是最大的"杯具"啊！王安石并不灰心，他要尽到一个京官的责任。他又给宋仁宗写了一封信，这就是同样著名的《上时政疏》。这封信比较短，八百多字，不及万言书的十分之一。短是短，但火力却猛得多了。这封信大致是警告仁宗：一个君王一味苟且偷安，不思改革，没有忧患意识，即便他道德高尚、在位时间长，最终仍然无法避免国破家亡、生灵涂炭的下场。他举了三个例子：晋武帝司马炎在位 25 年，去世后 27 年西晋灭亡。南朝之梁武帝萧衍在位 47 年，最终饿死在叛军的手中。唐玄宗在位 44 年，可是在他手中爆发了安史之乱，唐代由盛转衰。王安石的结论是：这些皇帝不思变革，安于现状，不用贤才，不修法度，最终落得个国破家亡、身败名裂的下场。然后笔锋一转，对宋仁宗说：皇上您现在在位时间已经 38 年了！您道德高尚，英明神武，勤政爱民，是很好的皇帝！但是我认为您应该以那三个皇帝为戒。为什么？因为我看到现在的朝廷没什么像样的人才，没什么像样的法度，做官的上梁不正下梁歪，老百姓越来越穷，社会风气越来越坏，国家财富一天天在缩水。可是皇上您还把手拢在袖子里，安逸无忧，一点儿也不在意，这样下去可不得了！等到灾祸发生时再后悔就来不及了。

王安石送给宋仁宗的结论是：不用猛药治不了恶疾，矫枉必须过正。他告诫宋仁宗，现在必须立刻开始推行改革变法，整顿朝纲，制定法度，选拔人才，要以治疗国家长久的病痛为念，不必担心改革带来的暂时的疼痛。

在信的结尾处，王安石强调自己身为知制诰，乃是皇上的侍从之官，有义务和责任给皇上提意见，也就不考虑措辞是否适当的问题了。这就是京官对于王安石的中用之处。其实对于王安石来说，京官本来不存在中看不中用的问题，关键在做什么、怎么做这个京官。对于任何一个尸位素餐的官员来说，任何官职都是中看不中用的，甚至连宋仁宗都有可能是个中看不中用的皇帝。事实也是如此，王安石这封信投出后不过两年，宋仁宗就去世了，对于这个在位 40 年、垂垂

老矣的暮年皇帝，还能对他寄托什么希望呢？果然，这封短信的命运
与第一封一样，好像扔进悬崖里了，连半个声响也听不见。

不管是苦口婆心还是壮怀激烈，不管是和颜悦色还是声色俱厉，
总以不变应万变，让他踩在棉花上练跳高——没着没落，有劲使不
出，干着急，这就是当时的朝廷！并不是王安石认为京官中看不中
用，也不是京官本身中看不中用，而是当时朝廷的风气决定了京官中
看不中用。对于王安石这样的有志青年来说，与其将时间精力浪费在
中看上，不如花费在中用上，什么官儿还比较中用？就是地方官。

当然，王安石不喜欢做京官，也不仅仅是因为宋仁宗没有回音，
还因为在京城做官，王安石满肚子的想法只能憋在肚子里，不能说，
说了也没用，说出来还会得罪人，更别说做事了。王安石担任知制
诰，负责起草诏书。朝廷规定，知制诰们只需按照宰相们的意图起
草诏书即可，不得随意修改原始文稿的字句。王安石认为这极不合
理，他立刻上书宋仁宗：

第一，知制诰是皇上身边的近臣，职责就是起草诏书，如果连
诏书中的文句字词都不能改动，那知制诰还有什么用处呢？难道就
是按照宰相们的吩咐照猫画虎？我认为这样的规矩不对。

第二，我曾将不同意见呈给皇上，但是没有得到回信。我摸不
清您是什么意思。您认为这种规矩是对的，不必改？还是认为这规
矩不对，只是因为宰相们坚持所以不便改？如果是前者，我认为自
从有文字记载以来，还没有一个朝廷如此堵塞皇帝近臣的言论！如
果是后者，可见根本没考虑是非曲直的问题，只是一味地迁就宰相
们罢了。朝廷的权力根本不在您的手中，我们以后也用不着再给朝
廷提建议了，就在这儿郁闷着算了！

第三，这些年，人们总以为宰相们主持国家大事，能够励精图
治，兴利除弊，可现在看来并非如此。没本事的一味明哲保身，但
求无过，事不关己，高高挂起；有本事的假冒圣意，不改专横跋扈，

恣意妄为，压制言论，大臣们敢怒不敢言。

第四，皇上总是保持沉默，任由朝廷这样因循苟且无所作为，不出乱子才怪！自古国家败乱，并不一定说君臣都是坏人，只是因为他们不辨是非，无心治国，只听好话，不听忠言，小错不改，小恩不施。如果皇上认为我说的话对，请改正宰相们关于起草诏书的规定，如果认为我说的不对，认为我狂妄无知诽谤朝政，请您另请高明吧！（宋·王安石《王文公文集》，宋·李焘《续资治通鉴长编》）

先是洋洋一封万言书，紧接是八百多字的强烈指责，然后又是这一番兴师问罪式的讨伐，难怪王安石这个京官在京城里不舒服不自在，他简直就是个刺儿头嘛！这个刺儿头总与朝廷的规矩、章程唱对台戏。难道说王安石就喜欢标新立异、与众不同？当然不是。王安石是对朝廷万马齐暗的局面忍无可忍了，所以只要有机会，他就希望能够打破这种沉闷的格局，给朝廷带来一缕清新的空气。

但这是京城，王安石也不是一把手，任何事情只能给皇上提建议，不能替皇上做主，皇上不理睬，也没办法。给上级提意见，上级要是讨厌，就没前途了。总之，在京城，一切事情都无法自己做主，有想法也无法付诸实施，实施了也没有结果。所以王安石怎么可能喜欢在京城做官？在地方做官，不管成功还是失败，多少能实现一点儿自己的想法，多少还能做一点儿实事，这不正是一个为官之人应当做的吗？这也正是一个为官之人应该有的良心。

王安石不愿意在京城当官，还因为他个性太倔强，不轻易妥协，也不喜欢在复杂的官场中左右周旋。宋仁宗嘉祐七年（1062），朝廷委托王安石对开封府的一桩案件进行复审。案情是这样的：有个少年，姑且叫他某甲，喜欢斗鹌鹑，他的朋友，姑且称之为某乙，跟他关系很好，也非常喜欢这只鹌鹑，就向他借来玩玩。某甲不同意，某乙跟某甲平时打打闹闹惯了，于是推推拉拉，硬将鹌鹑抢了过去。这时，两个人还只是打打闹闹，并没有真的打架。接下来事情突发变故，某甲也是闹着玩儿，飞起一脚踢到了某乙的肋下，没想到这一脚踢得太狠了，一脚把哥们儿某乙给踢死了。于是某甲被开封府抓起来，判处死刑。

王安石复审此案，认为按照法律，某乙在某甲不同意的情况下强行拿走鹌鹑，已经构成盗窃罪，某甲踢某乙乃是在追捕强盗的过程中发生的行为，虽然踢死某乙，但不能算是杀人罪。王安石进一步弹劾开封府有失职罪，将无罪错判为有罪，将轻罪错判为死罪。开封府当然不服，双方将案子提交大理寺，大理寺最终裁定王安石错判，命令维持开封府的判决。按照规定，错判此案的王安石应当去开封府谢罪，至少应该写一封深刻的自我检查。朝廷为此再三发公函督促王安石去开封府，但王安石坚持认为自己无罪，死活就是不去。宰相们也知道他的牛脾气，加之他名气较大，就不再勉强，只是将他调离这个岗位了事。（宋·李焘《续资治通鉴长编》）

其实，以现代人的眼光来看这个案子，双方都有错误。这本是个误伤致死案，不至于判死刑，这点王安石是对的。但王安石为了让某甲免于死刑，非将某乙的行为说成是强行盗窃，所以某甲杀他不算杀人，这也不对。这件事本身没有讨论价值，关键是通过这个故事，可以看出王安石倔强的性格。他认准的原则很难改变，别人很难动摇他的决心，他也不会轻易妥协。王安石的这种性格有其可贵之处，主大局、做大事的人是不能轻易妥协的，可是对于身为普通京官的王安石来说，死不妥协、死不认错会给他带来很大的麻烦，会影响到他的升迁。

有一年，翰林学士出现一个空缺。按规矩这个空缺可由资深的知制诰来填补。一般认为翰林学士是未来宰相的预备人选，所以入选翰林学士是很重要的一步。按照资历、能力，王安石完全符合条件，但是宰相韩琦等人并没有推荐王安石，推荐了其他人。（宋·魏泰《东轩笔录》）也许在韩琦等人看来，王安石来到朝廷，简直就是一个麻烦的制造者，是一个格格不入的愣头青，这样的人怎么能做翰林学士呢？而王安石也一直看不起韩琦。一次，他俩因为一件事意见不合，王安石当即就说：如果按照您的意见办，那就是一个庸俗官员的水平。韩琦立刻回答：您有所不知，我正是这样一个庸俗的官员。（宋·晁说之《晁氏客语》）由此可见王安石为人处事的方式方法，也猜得出他在京城的人际环境，难怪他总是看不中京官。

王安石对京官的厌恶已经发展到登峰造极的地步。宋仁宗嘉祐五年（1060）十一月下旬，朝廷任命王安石为同修起居注，王安石连上五道辞呈坚决不干。朝廷不改主意，坚决任命。宋仁宗派使者将任命书送到王安石的办公室，王安石不要，直接跑到洗手间躲了起来。使者不管三七二十一，将任命书放在王安石的办公桌上，扬长而去。王安石也不示弱，从厕所里冲出来，追上去，将任命书又塞回使者的怀里。朝廷依然不肯罢休，连续下达任命书，王安石又先后七次上章请辞。事情闹到这一步，他的朋友们看不下去了，纷纷劝王安石：别老是觉得自己方便舒服，让朝廷一再丢失脸面。王安石这才接受了这个任命。（宋·李焘《续资治通鉴长编》）

宗上所述，王安石并不认为京官本身有什么问题，但是对他这样一个不愿意墨守成规、有革新思想的人来说，在京城任官，不中看也不中用。

然而，世上的事情总是难以预测。就在王安石对京城的官职越来越厌恶、越来越不感兴趣时，朝廷突然发生了一件大事，紧接着王安石收到朝廷的旨意，任命他为翰林学士。让我们大为震惊的是，这一次王安石毫不犹豫地接受了这个任命，立刻奔赴京城，这究竟是怎么回事呢？

百年帝国烂摊子

正当王安石对京官避之唯恐不及之时，朝廷发生了一件大事，当朝天子宋英宗驾崩了！年仅 36 岁。

旧皇帝死了，新皇帝来了。新皇帝就是大名鼎鼎的宋神宗赵顼，时年 20 岁。神宗一上台就下旨召王安石进宫，担任翰林学士。神宗跟他的父亲英宗、叔祖仁宗（英宗是仁宗的侄子）一样对王安石很感兴趣，好像不让王安石进京城做官就不是好皇帝似的。现在轮到我们看热闹了：47 岁的王安石不给你叔祖、父亲面子，能给你这个娃娃皇帝面子吗？按王安石这个倔脾气，肯定不会来，还是老样子：坚辞不就！

然而，出乎所有人的预料，时任江宁知府的王安石这次不仅没有推辞，而且很爽快地答应了；不仅答应了，而且欣然前往。到京城前，王安石的朋友写了一首诗给他送行，其中有两句是这样的：

草庐三顾动春蛰，蕙帐一空生晓寒。（宋·叶梦得《石林诗话》）

这首诗里用了两个典故，第一个是三顾茅庐，意思是刘备三顾茅庐，诸葛亮终于不再隐居卧龙岗，出山了，这个举动真好比春雷阵阵，万物为之震撼。第二个典故是南北朝时期隐士周颙常常标榜自己品格高洁、不爱做官，可是当朝廷让他出山做官时，他却欢天喜地地去赴任了。同代人孔稚圭写了一篇文章嘲讽老周的假隐士行为。其中有两句说：

蕙帐空兮夜鹤怨，山人去兮晓猿惊。（《北山移文》）

意思是老周这个假隐士去做官了，夜晚，曾经陪伴他的仙鹤怨恨不已；早上，曾经陪伴他的猿猴感到震惊。整个紫金山都因为周隐士的行为而感到愤怒与羞耻，表示要跟这个假隐士坚决划清界限，坚决将这个假隐士扫地出门。

显然，王安石的朋友在揶揄他：之前一再坚辞不就京官，朝野上下沸沸扬扬，可是现在呢？清高了半天，原来也是个假清高，一听到朝廷给自己一个大官，就出山了！面对朋友的揶揄玩笑，王安石的回答也是一首诗，名曰《松间》：

偶向松间觅旧题，野人休诵北山移。

丈夫出处非无意，猿鹤从来不自知。

大意是我过去的确写过一些隐居乡野的诗，但并不意味着我是个隐士。我从来都不是一个隐士，所以不要在我面前朗读这位孔先生的文章。大丈夫在世，无论是出山做官，还是在家隐居，都有自己的原则。这个原则就是儒家所说的"穷则独善其身，达则兼济天下"。

王安石一贯我行我素、性格倔强，不拿朝廷的任命书当回事，这次不仅积极响应神宗的号召，而且面对朋友的揶揄，还为自己的行为辩护、解释。看来他是真心要做这个京官了。那么，年轻的神宗到底有什么神奇的法术，能让王安石"乖乖就范"呢？

前面几讲中说过，王安石推辞京官，不是为了沽名钓誉，做京官也不是为了追求荣华富贵。他做官的原则只有一条，就是为民谋福、为国谋利。仁宗、英宗时期，他拒绝来京城做官，是因为当时朝廷环境不利于发挥才干，不如在地方任官更有效率。现在他之所以"乖乖"听从神宗的调遣，想必是神宗的邀请与王安石的应诏之间有一种微妙的默契。也就是说，神宗一定非常需要王安石入京任职，而王安石对神宗的这个需要也一定充满期待。

那么，神宗到底需要王安石做什么呢？这要从神宗给老爸宋英宗办丧事说起。

帝王驾崩，是国家的头等大事。对神宗来说，给去世的老爸修建宏伟的陵墓、大操大办丧事，可以借此树立自己仁爱忠孝的形象，对于巩固皇帝的宝座大有好处。但是办丧事、修皇陵、树形象需要大把地花钱。当初，秦始皇给自己修陵墓，费时 40 年，调动工匠、囚徒 70 多万人，整体面积 50 多平方公里，相当于 80 个故宫大小。花费该有多少？汉武帝的陵墓修建了 50 多年，花费天下税收的三分之一。汉武帝身穿金缕玉衣下葬，这件特殊的衣服使用 2400 多片玉，1 吨黄金。下葬后又派 5000 人管理陵墓。你想想花费了多少？

这样算来，神宗怎么办？他的做法恰恰相反。登基不过四天，他接连下达旨意，强调英宗的丧事一定要厉行节约。这也难怪，四年前仁宗驾崩，英宗即位；现在英宗又驾崩。短短四年间两位皇帝办丧事，朝廷财政如何能不吃紧？神宗唯恐大臣们误会他这么说只是打打官腔，摆摆姿态，所以特别派出特使去各地督办丧事，千万不能乱花钱。大家也许有点奇怪，秦始皇、汉武帝的丧事固然太奢侈了，但以堂堂大宋朝一百年的积累与国力，给先皇办个丧事，至于这么扣扣索索吗？你还别说，真至于。神宗从他父亲英宗手中接过来的这个百年帝国，已经快变成一个烂摊子了。

这是怎么回事呢？遥想北宋建国之时，宋太祖赵匡胤、宋太宗赵光义东征西战，励精图治，结束了五代十国的分裂局面，宋朝逐渐强大起来。美中不足的是东北的燕云十六州（今属京、津、冀、晋等地）依然还在辽国的手中。当初五代时期，辽国扶植后唐河东节度使石敬瑭反唐建晋，作为交换条件，石敬瑭将这十六个州献给辽国，从此不再归属中原版图。现在要想收复谈何容易？于是赵匡胤

专门设置左藏库，将国家每年税收的结余部分存于此库。他对大臣
们说：等库里的钱攒到 500 万贯时，要么将十六州买回来，要么招
募军队将十六州夺回来！赵匡胤简直就是宋朝的巧媳妇，这些钱好
比是巧媳妇给家里存的储备粮、种子粮，相当于现代国家的战略资
源储备。顺便说一句，后来王安石变法，加大税收，充实国库，其
中一个原因就是希望积累财富，扩军备战，收复燕云十六州。

赵光义继承了兄长的左藏库传统，继续储备财富，勤俭持国。
有的大臣不理解他们的做法，觉得这皇帝做得太小气，太吝啬，太
不懂得享受富贵。赵光义给他们讲道理：我难道不喜欢享受富贵？
谁不知道柴米油盐酱醋茶的琐碎小事很麻烦？可我要是不管，朝廷
的钱财就都流到王公贵族、将军重臣的腰包里去了。当年唐德宗遭
遇藩镇反叛，朝廷想要平叛，一没钱财，二没粮食，德宗派儿子到
处央求地方节度使借粮借钱，本来贵为皇室贵胄，这时却是落毛的
凤凰不如鸡，得看这些节度使的脸色行事。可见朝廷手中无兵无钱
是多么可怕！现在费心费力给朝廷存钱，省得危难之际两手空空。
自己腰包有了钱，不靠别人脸色活，豪强富户更休想拿走一分钱！
（宋·李焘《续资治通鉴长编》）

"巧媳妇"的话多么自信，为什么？因为手里有钱！想居天子
之贵，必须有钱有权，说话才硬气，才是真皇帝，不是假皇帝。王
安石变法的本质是什么？就是要给国家、给皇帝积累财富，皇上手
里有了钱，中央才有话语权，国家才能真正长治久安。在这样的形
势下，北宋王朝社会经济发展迅猛，社会财富日益丰富。这里可以
列举一些数据：宋太宗时期（公元 10 世纪），国家每年财政收入达
1600 多万贯，是唐宣宗时期（公元 9 世纪）的两倍；而宋太宗时期
的人口总数只有唐宣宗时期的二分之一，国土面积只有唐宣宗时期
的三分之一。

但是很快，败家子就出现了，这就是北宋的第三位皇帝宋真宗

赵恒。宋真宗景德元年（1004），辽国发兵攻宋，宋真宗御驾亲征。两军交战，各有损伤，辽军损失惨重，请求议和。宋真宗怯战，立刻答应谈判，并嘱咐谈判使者，如若辽国索赔，赔款以百万为限。时任宰相的寇准私下密令给使者：如果赔款超过30万，必杀之。使者谈判归来，真宗派宦官问讯。使者因为事涉机密，不便明言，便以三指示意宦官。真宗听报后误以为是300万，失口便说：太多了！但旋即迅速改口说：只要赶紧结束此事，300万就300万吧！再后来听使者说不过30万，大喜过望，立刻与辽国签约。条约规定双方以兄弟相称；宋朝每年给辽国岁币银10万两，绢20万匹，总计30万贯；两国永不开战。这就是历史上有名的"澶渊之盟"。（宋·李焘《续资治通鉴长编》）

诚然，宋真宗时期，全国年财政收入已达2600多万贯，与动辄数千万贯的战争支出相比，30万贯不过是九牛一毛，以很小的经济代价换取较长久的和平环境，为社会经济的发展创造了条件，这个条约有一定的积极意义。但从另一个角度来看，这个条约并不完全是靠强大国力赢得和平，而是用金钱换来和平。从条约性质来说，是屈辱的条约。不论钱多钱少，都使大宋王朝颜面扫地，有辱国格。后来王安石执政，力主对辽国、西夏采取强硬的政策，但很多大臣依然想走宋真宗的老路，想用钱来买和平。他们不明白，这根本不是钱多钱少的问题，而是国家与民族的尊严问题。

拿钱买的和平是屈辱的和平，总是不大光彩，有损颜面。真宗就要想办法花大价钱买一块遮羞布替自己遮羞。这块遮羞布是什么呢？就是封禅。古代帝王为了加强统治，证明自己的统治是上天授予的权力，便在泰山举行大型的祭祀天地的活动。在祭祀中，向上天汇报自己的政绩，祈求上苍的福佑。根据《史记》的记载，举行封禅要具备两个条件：要么天降祥瑞，要么国泰民安。换言之，凡是能够封禅的皇帝就是好皇帝。但是封禅之前必然要有预兆，老天爷得颁发一个给皇帝的"优秀皇帝合法资质证书"。

可是上哪儿去找这个"证书"呢？宋真宗打仗没胆量，造假却是第一高手。宋真宗大中祥符元年（1008）正月的一天，真宗召集大臣开会，庄严宣布：去年十一月，有个穿紫衣的神仙要求我在宫里修一座道场，等候老天爷授予三道天书。我按照神仙的说法做了，一直在等待天书的到来。刚才有官员来报，在一座宫门的屋檐上发现一个包裹，包裹里面好像有书卷，我想有可能是天书，大家说怎么办？还能怎么办！这一班大臣赶紧跑去取回来，打开一看，果然是天书！天书云："赵受命，兴于宋，付于恒。居其器，守于正。世七百，九九定。"赵姓受命于天，建立宋朝，现在上天将这份家当交给赵恒，他就是大宋朝最合格的继承人、统治者，他一定能够长命百岁，世世代代统治下去！（宋·李焘《续资治通鉴长编》）

这份"证书"太震撼人心了，太合乎真宗的心愿了！没过多久，几个最精通拍马屁的宰相牵头，动员文武百官和2万多群众，集体请愿要求真宗去泰山封禅。于是，真宗再次召集群臣，又宣布了他的一个梦：老天爷又通知他去泰山，在那里授予他天书。以后的事情没必要再详细描述了。宋真宗率领文武百官，浩浩荡荡去泰山封禅，顺道拜了拜曲阜的孔庙，前后折腾了一个多月。三年后，他又去山西汾阳祭祀土地神。

总之，懦弱而缺乏自信的宋真宗，似乎只能自编自导自演这样一出"肥皂剧"，才能表明自己是一位真龙天子，是老天爷的亲儿子，才能在全国人民面前自信起来，只有这样似乎才能帮助他将澶渊之盟的耻辱转化为光荣。问题在于，上演这么多丰富多彩的"肥皂剧"，要达到逼真的效果，要达到让自己和别人都相信的效果，只有一个条件：花钱，花大钱。现在列举"肥皂剧"的一些费用：

泰山封禅，花费830多万贯；封禅、祭祀期间赏赐百官，花费2000多万贯；山西汾阳祭祀土地神，花费20余万贯。前面曾说，真宗时期全国年财政总收入 2600 多万贯，这根本不够折腾的成本。怎么办？只好挪用当年宋太祖、太宗存的那些私房钱，那个准备收复燕云十六州的战略储备。真是崽卖爷田心不疼啊！这样的花钱速度，别说卖儿卖女，就是把祖宗卖了也供养不起啊！这其中还不包括常年常规的财政开支。

宋真宗败家，他的继承者宋仁宗也好不到哪里去。仁宗时期的各项花费更是惊人。

第一项，军费。北宋实行募兵制，也就是职业军人制度。宋太祖时全国军队有 22 万人，仁宗时已达 120 多万人，70 年间涨了 6 倍，战争时期高达 140 多万人。一个士兵每年军饷大约 40 贯钱，军费总开支高达 4800 万贯，战争时期则高达 5000 多万贯。仁宗时期国家财政总收入不过 6000 多万贯，军费开支就用去了六分之五。冗兵之费成为北宋王朝最沉重的负担。更荒诞的是，巨额军费供养的不过是一支素质低下的军队。宋朝为了削弱社会不稳定因素，常常将灾荒年间破产的农民、城市中的流氓无产者，甚至一些作奸犯科者收入军队，以防止他们铤而走险，危及政权。国家常年供养着如此庞大的一支职业军队，负担极其沉重。

第二项，冗官。宋朝注重文官制度建设，为了延揽人才，大开科举之门。唐朝每科进士最多不过四五十人，宋朝每科进士少则百人，多则近千。宋代读书风气浓厚，有民间《神童诗》云："万般皆下品，惟有读书高。"还有一首诗云："富家不用买良田，书中自有千锺粟。安居不用架高堂，书中自有黄金屋。娶妻莫恨无良媒，书中自有颜如玉。"据说是宋真宗所作，虽无确证，但至少应是宋代的作品。

两宋时代，考中进士者多达 10 万人，几乎是唐朝的 10 倍。考中科举的人多，做官的人也就多。何况除了科举之路，达官贵人的子弟还享受荫补的权利，正所谓"一人得道，鸡犬升天"，多者一二十只"鸡犬",最少也有五六只。宋真宗时有品级的官员近10000人,40年后仁宗时达到17000多人,20年后英宗时达到24000多人。60年间官员增加两倍半。一个首长、十几个副手的现象比比皆是。就算宋朝官员月平均收入为50贯,24000人,一年的工资支出就达120多万贯,占全国总收入的五十分之一,但实际数字肯定远远不止这些。

第三项,冗费。宋朝用于祭祀、赏赐官员的费用非常惊人。宋仁宗曾经一次赏赐各级官员1300多万贯,是当年全部财政收入的五分之一。

现在回到神宗办丧事,为什么神宗登基不过四天,就再三强调要节约办丧事,不是他不懂得这个丧事的重要性,而是因为国库里已经没多少银子了,他面对的是一个已经被败过很多次的烂摊子。当初宋英宗给宋仁宗办丧事,各项花费1500多万贯,还不够用,只好又从宋太祖的战略储备库中挪用了300多万贯。这次给英宗办丧事,实在没钱了,神宗下令裁减费用三分之一。修仁宗陵寝,调派人力46000多人,耗费钱粮50多万贯;修英宗陵墓只调集35000多人,耗费钱粮30万贯。对皇家来说似乎已经很节俭了,但是耗费依然惊人。要知道,当时市场上一贯钱便可买二三百斤米面,而20贯钱便足够供养一家人一年的生活。你算算上千万贯是什么概念?

神宗皇帝现在接手的就是这样一个烂摊子,他非常需要一个强大的助手协助他治理国家,重振国力,富国强兵!在神宗眼里,这个强大的助手就是王安石。那么,年轻的神宗皇帝为什么如此信任从未谋面的王安石呢?难道满朝文武大臣,就没有一个让神宗看上眼的吗?难道那么多有知识有思想的朝廷重臣,就没有人有勇气站出来说句公道话?改改旧章程?就这样眼睁睁地看着国家财富被消耗殆尽吗?难道这满朝文武都是笨蛋,非得等着王安石出山才能收拾好这个烂摊子吗?

第六讲

小皇帝手中的双刃剑

首先，有一个问题，宋朝是谁的？是赵家的，是宋真宗、仁宗、英宗的，按理说他们应该更加爱护这个王朝才对，为什么反而要带头糟蹋、浪费这个国家呢？难道真宗、仁宗、英宗天生就是败家子吗？当然不是。北宋冗兵、冗费、冗官的痼疾，不是某一个君王、大臣的过失，而是北宋独特的政治迷局造成的，后面我们会陆续解开这个谜底。

其实，宋仁宗、英宗非但不是败家子，而且还曾是意气风发的改革者，想要励精图治，革新体制，有所作为。早在宋仁宗即位之时，宋朝"三冗"之弊已经凸显无遗，大臣们纷纷要求改革。宋仁宗庆历三年（1043）三月，朝廷任命范仲淹为参知政事（副宰相），任命韩琦、富弼为枢密副使（相当于国防部副部长），任命欧阳修等人为谏官，拉开了"庆历新政"的序幕。范仲淹等人拿出了系统的改革方案，共十条，姑且叫做"范十条"。方案的核心是改革吏治，严格考核官员政绩，政绩突出的提拔，政绩一般的拿下。彻底改变混日子照常升官的陈规陋俗。凡是占着职位不干活、干不好活、不好好干活的人统统轰出干部队伍。

范仲淹是改革的领袖，他身边聚集着富弼、韩琦、欧阳修等一批奋发有为的中青年官员。他们年富力强，锐气十足，虽然个个是君子，但做起事来绝对是君子动口也动手！范仲淹就是个典型。他手里抱着一本花名册，考察各地官员政绩，凡是庸碌之辈、政绩平平者，就从花名册上勾掉——当即免职。富弼看到这频频"勾人"

的一幕，不禁心惊肉跳，他跟范仲淹说："范公，您可是够厉害的，就这么轻轻一笔划下去，这一家子的人还不得抱头痛哭哇？"范仲淹面不改色地说："宁可让他一家人哭，也不能让那一个州郡的老百姓抱头痛哭吧？"（宋·朱熹《五朝名臣言行录》）可见，在宋神宗以前，仁宗也是个很有魄力的改革之主，这次改革史称"庆历新政"。

　　但是改革力度大，必然要得罪人。被免职的，被扣薪水的，被审查的等，利益受到损害的人，怎么能够容忍范仲淹革他们的命，革他们的既得利益呢？于是纷纷行动，罗织改革派的罪名，在仁宗跟前说范仲淹等人拉帮结派，结党营私，朝廷恐有朋党之祸。仁宗虽然力主改革，但最怕的是权臣结党营私。唐朝灭亡，与朋党之争、重臣专权不无关系。仁宗一方面想依靠改革派整顿吏治，又怕改革派羽翼丰满之后，结成朋党，威胁到皇权。所以改革的热度渐渐降温，一年后，范仲淹、韩琦、富弼、欧阳修等改革派官员纷纷调离中央。北宋建国以来的第一次革新变法活动就这样失败了。

　　改革就这么失败了，可是老问题一个也没解决。西夏国依然威胁着北宋的国家安全。宋仁宗庆历四年（1044），西夏国主上表仁宗称臣，宋朝付出的代价是每年赏赐银两、绢帛、茶合计30万贯，否则兵戎相见。依然是金钱买和平这一套。北宋为什么不能以战止战呢？首先，以北宋的军事体制、士兵素养，很难克敌制胜。其次，与战争成本相比，30万贯是一个很小的数字，所以只能走买和平的老路。

　　但这毕竟不是长久之计，东郭先生不管给多少甜头，都永远无法满足那只"饿狼"的欲望。宋仁宗虽然耳朵软，这个道理他明白。为了防御西夏、辽国，只好继续扩张军队，结果又增加了财政负担。宋仁宗时期，每年财政赤字达到300万贯，赤字窟窿怎么补？无非是增加财政税收，增加百姓负担。从宋真宗景德年间到宋仁宗庆历年间，40年时间，北宋的税收增加了两三倍，逼得老百姓不得不铤

千里澄江似練

翠峰如簇

丁酉夏
康震

而走险，全国各地的恶性事件、匪盗事件层出不穷！为了稳定局面，朝廷不得不大量赏赐各级官员，大幅度提高军饷，加强军备，但这又开始了新一轮的恶性循环。

面对这日益颓败的局面，时任三司度支判官的王安石曾给宋仁宗上万言书，提出了一系列改革的举措，但没有引起仁宗的关注。苏轼等人后来的政治立场渐趋保守，但此时正值年轻气盛，也都纷纷上书陈说改革主张。可他们的政治热情没能点燃仁宗东山再起的改革之心。政治风云的变幻已经让五十多岁的他未老先衰，再也没有了当年的锋芒与锐气。

仁宗去世，英宗即位，财政赤字不减，高达 1500 多万贯，相当于仁宗时期四分之一的财政总收入。英宗虽然健康状况不佳，但却有血性，不喜墨守成规。时任枢密副使富弼，当年曾参与"庆历新政"，英宗钦佩他的壮举，满怀期待地问富弼："现在朝廷弊端甚多，怎么办才好呢？"结果富弼的回答让他非常失望："这些事情恐怕还得慢慢一步一步来，不能太着急！"（宋·李焘《续资治通鉴长编》）此时的富弼已不再是当年那个锐气十足的年轻官员了，他年届花甲，"庆历新政"的惨败留给他太多阴影！

英宗虽有革新壮志，无奈手下一班重臣如韩琦、富弼的政治立场日趋保守，振臂而无人响应；二则英宗本人身体状况欠佳，在位四年便早逝而去，即便有什么想法也很难实现。现在，我们似乎可以回答那个问题了。仁宗、英宗及其群臣并不是天生的败家子，他们也曾想要革除北宋王朝的种种弊端，但由于种种复杂的原因，没有成功。那么，现在大宋王朝的主角换为宋神宗了，他如果力行变法改革，结果又会怎样？是成功还是依然失败呢？之所以要问这个问题，就是因为北宋的革新变法涉及北宋政治与社会的一些根本性问题、体制性问题，这些问题讲不清，就永远也弄不清王安石为什么要变法，要变什么法，变法的好处是什么。

我们要花点时间看清北宋王朝这盘棋，看看其中到底隐藏着怎样的迷局。解开了这个迷局，也就清楚为什么神宗一上台就邀请王安石出山，而王安石又为什么能够欣然前往了。公元 760 年，赵匡胤发动"陈桥兵变"，黄袍加身，建立大宋王朝。宋朝建立之初，最紧要的问题是，为什么盛极一时的唐朝会灭亡。藩镇割据、朋党之争、宦官专权是主要原因。宋朝要避免重蹈唐朝之覆辙，就必须吸取教训。

第一，所谓藩镇割据，实质是中央军权削弱，地方军权独大。因此，北宋建国后的第一步，就是将全国军队尽收皇帝手中。北宋直属中央的主力作战部队（即禁军）数量巨大，比各地方治安、后勤部队（即厢军）的总和还多。禁军兵强马壮，十分精锐，厢军则反之。这样的力量对比，确保了中央皇权的绝对军事优势。

第二，军队内部进一步分解权力，彼此牵制。北宋的"国防部"叫枢密院，首长是枢密使。枢密院秉承皇帝旨意，拥有调动兵力、制定战略的权力，但它无权统率、训练军队；北宋的将军拥有带兵训练、作战的权力，但是无权调动兵力。作战中，将军必须按照皇帝、枢密院的指令调动军队，必须遵照皇帝下达的方案指挥作战，不得擅自做主。于是，枢密院与军队各自独立，互相牵制，所有的权力都控制在皇帝的手中。这样的确杜绝了军阀割据的可能，也有效地遏制了大规模的内乱。但过度的分权导致宋朝军队将不能统兵，兵不识将，作战只能恪守皇帝的指令，毫无机动灵活的空间，兵源又多是素质低下、骄奢怠惰的泼皮无赖之徒，如何能打胜仗？当时许多禁军士兵弓箭的发射力度不过五六十斤，其射程不过一二十米远，毫无战斗力，形同儿戏。

南宋初年，因迫于战事，朝廷不得不下放兵权，给予将军较多的作战机动权。这些军队军纪严明，军令如山，内部团结，训练严格，拥有相当强的战斗力，比如著名的"岳家军"。随着宋金议和，南北敌对态势减弱，朝廷很快就剥夺了这些将军的兵权，"岳家军"这类有着"军阀倾向"的"冠名"部队就不复存在了。

　　第三，唐朝藩镇割据，导致地方政权独立于中央之外。鉴于此，北宋府州郡县的地方官均由皇帝直接任免，二级、三级地方政府无权过问。在中央，中书省主持政务，枢密院主持军务，三司主持财务，这三个机构的首脑都是宰相，他们彼此独立，分别直属于皇帝。于是，唐朝以来过于强大集中的宰相权就被分割了，皇帝的权力开始变得强大而集中。但是过度的分权格局导致行政效率低下，很难激发官员的工作积极性，助长了因循苟且、人浮于事、互相推诿的官僚作风。高度的皇帝集权与分权制衡体制，使官员们在工作中不敢轻易越雷池一步。他们小心翼翼，如履薄冰，唯恐落下结党营私、专权犯上的罪名。很多官员都奉行事不关己高高挂起、明哲保身、但求无过的官场哲学，更谈不上革新变法了！于是，一群苟且安生的官员，享有极为丰厚的俸禄，必然导致生活奢华，意志颓废。

　　宋仁宗时，副宰相宋庠与翰林学士宋祁是亲兄弟。上元佳节，宋庠在家中读《周易》，宋祁则在家中拥妓醉饮，穷奢极侈，尽情享乐。宋庠听说后很不满，派人告诫宋祁："你难道不记得当年上元佳节时，我们一同读书、吃咸菜饭的时候吗？"意思是做官后不要忘记过去的苦日子，要勤俭持家，勤谨为人。宋祁笑着回话说："问问我的兄长，当年吃咸菜饭究竟为的是什么？"意思是当年吃苦受累，吃咸菜饭不就是为了出人头地，做大官，享受生活吗？（宋·谢采伯《密斋笔记》）

　　杭州知州蒲宗孟曾向苏轼介绍自己的保健法。说他一天洗两次脸，洗两次脚，隔天洗一次澡，均分为大小两种。洗脸又曰洗面，"小洗面"只洗脸部，需换一次水，有两个仆人侍候。"大洗面"洗脸部、颈部和肩部，需换三次水，由五个仆人侍候；洗脚又曰濯足，"小濯足"洗脚掌、脚背，换一次水，由两个仆人侍候；"大濯足"洗膝盖以下部分，换三次水，由四个仆人侍候。洗澡又曰澡浴，"小澡浴"由五六个仆人侍候；"大澡浴"需要八九个仆人侍候。（宋·钱世昭《钱氏私志》，元·脱脱《宋史·蒲宗孟传》）

这就是当时一部分士大夫的生活。在如此安逸舒适的生活中，谁还会日思进取呢？这时候谁要是不识相的跳出来说搞革新变法，简直就是捣乱！宋祁、蒲宗孟们岂能赞同拥护？

第四，土地兼并严重，国家损失巨大。在唐朝，土地属于国家所有，严格限制土地买卖。宋朝放开了土地的流通领域，允许土地自由买卖。"贫富无定势，田宅无定主，有钱则买，无钱则卖。"（宋·袁采《世范》）这大大调动了劳动者的生产积极性，同时也导致土地兼并严重。南宋时期的抗金名将杨沂中，非常疼爱小女儿。小女儿生了孩子，杨沂中很高兴，于是划拨千亩良田作为礼物，送给外孙子。（宋·周密《齐东野语》）多么牛的礼物！但是算算杨沂中兼并了多少土地？数据显示：宋真宗时，全国将近900万户人口，国家控制的土地是5.2亿亩。30年后，宋仁宗时期，全国人口增加到1000多万户，国家控制的土地反而下降到2.3亿亩，近3亿亩土地跑到哪里去了？就跑到杨沂中这样的大官僚手中去了。他们倚仗着手中的权力，或者享受免税的特权，或者想办法偷税漏税，积聚了大量的财富。这不仅造成了社会贫富的分化与对立，也使国家蒙受着巨大的经济损失。不仅一般的民众对他们心怀怨恨，宋朝国家利益的代表者——皇帝，也对他们很不满意，因为这种巨大的贫富差距已经危及国家的经济命脉。整个社会都强烈呼吁要求变法，要求进行社会资源与财富的重新分配与公正分配。

以上，详细地分析了北宋社会这盘棋的迷局。就是想回答这样一个问题，为什么宋仁宗的"庆历新政"失败了？这种失败会不会也重新出现在宋神宗、王安石的身上？除了皇帝与改革者自身的主观原因之外，还有没有体制上的原因？现在我们看到，北宋的政治、经济、军事制度对于加强中央集权，稳定国内局势，发展社会经济是有益处的。但任何制度都是一柄双刃剑，有好处也有弊端：为了防止内乱而分散军权，无力抵御外侵；为了加强军备、稳定政局，必须高薪养官，投入巨额军费，又造成财政危机；为了强化中央集权必须分解事权，又导致行政效率低下。正如欧阳修所说："财不足用于上而下已弊，兵不足威于外而敢骄于内，制度不可为万世法而日益丛杂。"（宋·欧阳修《本论》）

这就是北宋社会的不治之症。这个不治之症的本质根源当然在于封建社会的中央集权体制，它要求所有的制度设计都必须无条件服从于一家之天下的需要，哪怕付出经济危机、吏治腐败、军队无能的代价也在所不惜。也正因如此，这个集权国家所有的优势制度都在为一家之天下的服从中失去了它的优势，最终导致北宋王朝的灭亡。

王安石，也许就是那个较早诊断出北宋王朝不治之症的人，而且他明明知道这是不治之症，却仍旧有巨大的信心与勇气救治这个病症，这也许就是宋神宗邀请他来京任职的主要原因。那么，神宗皇帝为什么会认定王安石就是他需要的人呢？王安石又有什么灵丹妙药来救治病入膏肓的北宋王朝呢？

第七讲

挑兵挑将费精神

其实，最初神宗的注意力并没有在王安石的身上。算起来，从王安石 21 岁考中进士做官，到他 43 岁母亲去世丁忧在家。21 年当中，他有十余年都在地方工作，在京为官的时间只有 8 年。王安石这个人一不喜欢吃喝玩乐，二不喜欢拉帮结派，三不喜欢巴结领导，四不喜欢贪赃枉法，就喜欢闷着头干活，像这样"俯首甘为孺子牛"的家伙，怎么可能进入皇帝的视野？更不可能成为皇帝的红人儿。

但此时此刻的神宗，的确需要一个得力的助手来帮助他振作万马齐喑的朝廷：巨大的财政赤字，膨胀的官僚系统，庞大虚弱的军队，不思进取的大臣……神宗的助手或者说"红人儿"在哪儿呢？神宗为了找到这样一个人，特意颁发诏书表白心迹：我刚刚即皇帝位，战战兢兢，如履薄冰，只想做好国家的事。天下文武百官，只要看到我的不足，就提出来，只要对国家大事、边防军务、州县民情有建议的，也只管提出来，不要有任何顾虑。只要说得有道理，我一定采用；只要是有才能的人，我也一定重用。

皇上既然表态了，大臣们于是纷纷上书建言献策。归纳起来，主要有以下几种意见：

第一种，比较宽泛。比如御史中丞（相当于国家监察部部长）王陶、谏官赵抃等人建议：陛下要广纳谏言，赏罚分明，远离奸臣，任用忠臣，勤俭节约，裁撤冗员，决断国事务求审慎。其实就一个意思：多做好事，少做坏事，交往好人，远离坏人。这种建议太宽泛，基本等于什么也没说。

第二种，比较具体。比如太子右庶子（东宫太子属官）韩维等人建议：陛下刚刚登基，经验不足，凡事不要急着下结论，要从长计议；陛下应礼遇重臣，耐心听取他们的意见；陛下不要事必躬亲，凡事要抓大放小，不可越俎代庖。总之就是告诉神宗：做皇上也要讲规矩，要有一二三四，不能乱来，不能为所欲为，不要多管闲事。

第三种，比较高尚。比如翰林学士司马光的建议是：陛下要修养三种道德：仁爱、明辨、决断。有仁爱就会施仁政，有明辨就会明是非，有决断就会善用人。又说治国有三个重点：一曰任官，二曰信赏，三曰必罚。其实就是一句话：选拔贤才任官，赏罚务必到位。司马光对神宗说：我今年快五十岁了，经历了三个皇帝，这六条建议也曾献给仁宗、英宗，现在再献给您。

第四种，比较玄妙。前面我们提到的富弼，曾参加过"庆历新政"。神宗很想听听他的建议。富弼小腿有病，行走不便，神宗特许他坐滑竿小轿进宫，为了简化君臣礼节，还专门在便殿接见他。富弼明白神宗意欲有为，锐意革新，但他似乎不打算为神宗呐喊助威。他的建议听上去云山雾罩，有些让人摸不着头脑。他说：君王的好恶不应该让大臣知道，否则奸邪之人就会阿谀附会。陛下应当俯视天下，明辨善恶，赏罚分明，天下自然就会太平。（清·毕沅《续资治通鉴》，清·黄以周《续资治通鉴长编拾补》）

对于这些不着实际的原则性建议，神宗嘴上不说，心里其实烦透了，他想要的是实际可操作又能够解决实际问题的建议。比如北宋虚弱的边防问题：如何才能扭转被动挨打，花钱买太平的局面？如何才能变被动为主动，不再受外族的欺辱？富弼回答说："陛下刚刚即位，应当让百姓感受到您的恩惠与好处。未来二十年里，请您别提打仗的事，也不要重赏战功。打仗的事情，千万慎重。"神宗一听这话，很失望，好一阵子没吱声。但是他还是不死心，过了一会儿，又问：治国的第一要务是什么？富弼回答：天下安宁。（清·黄

以周《续资治通鉴长编拾补》）

富弼这些话其实都很含混，回避了实质问题。天下没有人喜欢打仗，神宗之所以问打仗之事，是因为宋朝总是挨打，挨打之后又总是屈辱地用钱买和平，不仅有损国格，也加重了财政负担。如此一来，天下怎么安宁？边境倒是花钱买了安宁，国内安宁得了吗？神宗之所以一再发问，就是想要从富弼这里得到改变目前被动局面的钥匙。但显然，以富弼目前意气消沉的状态，给他的只能是深深的失望，不可能有任何的希望。

即位几个月来，神宗跟不少大臣谈了话，他希望能够锐意进取，希望找到一批志同道合的大臣协助他有所作为。但是现实让他失望，这些所谓的重臣们提的建议，要么上纲上线，要么回避现实，要么隔靴搔痒，要么无关痛痒。而年轻的神宗也只能微笑听取，谦虚接受，至于能不能用，只有他心里最清楚。怎么办？北宋这个百年帝国，正涌动着危机的潜流。开源节流，富国强兵，乃是当务之急，这时候再高谈阔论无异于慢性自杀。神宗意识到国家弊端重重，必须实行变革。但什么是最要害的弊端？如何才能有效的组织变革？怎样才能治理好这个国家？年轻的神宗无力解决这些问题。他有的是决心、热情与愿望，但他需要导师、助手与强大的团队。

这时候，他的心腹大臣韩维向他推荐了一个人，这个人就是王安石。当初神宗做太子的时候，常常与韩维秉烛夜读，纵论天下大事。神宗时常折服于韩维的精辟观点，但韩维告诉他，这些观点都是好友王安石的思想[①]。这次，韩维又向神宗推荐王安石，认为王安石是协助神宗革新变法的最佳人选。（宋·邵伯温《邵氏闻见录》）

神宗问韩维：王安石现在何处？韩维答：他母亲去世后，就回南京守孝去了。宋神宗问：我如果叫他来京城做官，他肯来吗？韩

---

① 宋仁宗嘉祐年间，王安石、韩维、司马光、吕公著文学卓越，道德高尚，关系近密，时人誉为"嘉祐四友"。

维一听就笑了，看来王安石反复拒任京官的事世人皆知啊，皇上肯定怕遭遇这种尴尬的局面，叫他来他不来，弄得皇上下不来台。韩维诚恳地说："王安石是个胸怀大志的人，意欲治理天下，并不是栖息山林的隐士，如果陛下以礼相待，他怎么会不来呢？"神宗琢磨了一会儿，还是不放心，他担心自己直接出面邀请，被这个愣头青给拒绝了，面子太难看，就跟韩维商量说：要不这样，你还是先给他写封信，说明我的意思，如果他愿意来，我就正式下诏邀请他。韩维一听忙说：要是这么做，那他肯定不来了。神宗很奇怪，忙问为什么。韩维说："您还是不了解王安石。此人以天下兴亡为己任，从不考虑个人的进退得失。他进退得失的依据就是国家利益。您作为天子邀请他来京任职，本是光明磊落的好事，如果通过我与他的私人关系来联络，反而弄得偷鸡摸狗一般，王安石肯定不高兴。"神宗说："我当然可以直接邀请他，可他万一拒绝我，岂不很糟？韩维想了想说：这样吧，他儿子王雱刚刚考中进士，就在京城。我将陛下的意思告诉王雱，请他转告王安石，您看怎样？"宋神宗一听，高兴极了，连说这样好，就这么办！（宋·叶梦得《石林燕语》）

你看，神宗要选个中意的人多么难，真是费尽周折。但这也说明神宗对王安石的器重与期待。不久，王安石守孝三年结束，宋神宗立刻任命他为江宁知府，相当于南京市市长。谁知王安石上表拒绝这个任命，和以前一样。宋神宗恼火极了，就跟身边的大臣大发牢骚："王安石，我了解这个人。我祖父、父亲在位的时候，反复邀请他入朝为官，他要么说自己有病，要么说自己家境困难，反正死活是不来。现在我请他做官，他还是不干，这个人到底是怎么回事？是真的有病，还是另有所图？不会是有什么不可告人的目的吧？"宰相曾公亮回答："王安石文学名气大，是个德才兼备的人，屡次谢绝不来朝廷做官，可能真的是身体不好，皇上不必在意。"可另一位宰相吴奎，就没有这么善良了，他认为王安石不愿任职，是因为与朝廷的关系很坏，原因有二：

一、宋仁宗的时候，王安石曾参与审判两少年斗鹌鹑误伤致死一案。开封府判处伤人致死者死刑，而王安石认为罪不至死刑。最终朝廷裁决以开封府的判决为准，并责令王安石向开封府致歉，承认错误。可王安石就是不去，不认为自己有错。吴奎认为这件事让王安石与朝廷结怨，所以他不肯就职。

二、王安石跟宰相韩琦的关系一直不好，王安石不来京城，是担心韩琦打击报复他。

曾公亮听罢吴奎这番"高论"，彻底怒了。他对神宗说："王安石是辅助国家的优秀人才，吴奎的说法简直是恶意诽谤，是小人之心，是妖言惑众，是蛊惑圣上！"吴奎争辩说："我绝对不是胡言乱语，王安石当年在京城做官时，我曾与他同事，我很了解王安石。这个人性格倔强，心胸狭窄，固执己见，不容异见。他犯错也不认错，还要拼命维护错误的意见。让这样的人担负重任必定祸乱天下！我并没有蛊惑皇上，曾公亮才是妖言惑众，他之所以拼命推荐王安石，无非是因为韩琦挡住了自己的专权之路，他想要借助王安石的力量来打压韩琦，请皇上明察！"（宋·李焘《续资治通鉴长编》）

瞧瞧，王安石本人还啥都不知道呢，朝廷为了他却几乎打起来了。你看王安石这个人，的确是够焦点的，够有范儿的，够酷的。曾、吴二位吵架固然让神宗心烦，但他最关心的，还是王安石不愿就职的真实原因。下朝后，他问韩维："这个王安石到底怎么回事？是不是存心跟我过不去呀？"

韩维回答："王安石绝对没有针对您的意思。我之前跟您说过，他这个人品行端正，从不贪图荣华富贵。他的进退出处都是有原则的，不会盲目、鲁莽从事。您想啊，王安石身体不好，为母亲守孝三年，脱离官场很久。朝廷任命他做江宁知府，如果他立刻就任，反而说明对这件事不够严肃严谨。以王安石的品行、能力他足以胜任江宁知府一职，但他反而不接受，这说明他并不是真的在谢绝您，而是在向您表示他对待重大事件的严肃、认真、负责。王安石胸怀大志，才华卓越，陛下又立下志向要大有作为，他怎么会不为您效力呢？不过像他这样的人不可强令前来，而要像当初刘备三顾茅庐请诸葛亮那样，让他充分感受到您的诚意和信任。对于王安石，陛下要敞开胸怀，以天下之大义来感动他，不能以利益来诱惑他，他自然就会为您效力了！陛下是一位英明的圣君，不要轻信他人的议论，决定了就去行动吧！"（宋·李焘《续资治通鉴长编》）

这个韩维真是王安石肚子里的蛔虫！一个人交朋友关键不在多，而在于精，不在于时间长，而在于相知深。韩维后来也不赞同王安石的变法政策，但他的确是王安石的知己，对于宋神宗任用王安石起到了很关键的作用。这样的朋友即便是不同政见者，也永远都是真正的朋友。神宗听了韩维的一番话，对王安石有了进一步的了解。他虽然年轻，却非常果断。任命王安石江宁知府半年后，神宗接着任命他为翰林学士，这是神宗给王安石革新变法搭建的第一个平台。这一次，王安石没有推辞，而是欣然接受，欣然前来。在给宋神宗的谢表中，王安石说："大臣侍奉皇上，最怕的就是尸位素餐，居宠自傲。皇上任用大臣，最怕的就是名不副实。翰林学士是皇帝的私人政治顾问，要替皇帝起草最重要的诏书，与皇帝讨论重要的军国大事。它的人选要求通晓历史，了解国情，道德高尚，人品出众，文学卓越，否则难当大任。我才疏学浅，身体欠佳，久在地方，承蒙皇上委以重任，实在惭愧。然而想到陛下英明神武，奋发图强，决心大有作为，我也就不顾自己的无能，甘愿将自己的全部献给朝廷、皇上。"（《除翰林学士谢表》）

总之就是一句话：皇帝器重我，我也不会辜负皇帝。古希腊哲学家阿基米德曾说："给我一个支点，我能撬起地球。"也许王安石想说的是："只要给我一个平台，我就能施展所有的才华，让这积贫积弱的北宋王朝重新强盛起来。"

现在这个平台、这个支点已经有了，就是翰林学士。翰林学士这个职务始自唐玄宗。到宋代又有发展，官居三品，负责起草诏书，顾问国政。本来，唐宋两朝负责起草诏书的是中书省宰相下属的中书舍人。唐朝设置翰林学士，也负责起草诏书，其实质是要分解宰相的权力，强化皇帝对决策权的控制。中书舍人直接受命于宰相，翰林学士直接受命于皇帝，所以翰林学士又被称作"天子私人"，即皇帝的私人政治秘书、政治顾问。唐朝的时候，翰林学士又称"内相"，意思是皇宫内的宰相，有别于宫外中书省的那个宰相。这说明翰林学士的重要性，它往往是宰相的预备人选。

总之，翰林学士代表皇帝，以国家的名义起草诏书。具体负责起草大赦令、国家动员令、重大祭祀典礼文书、外交文书，起草任免宰相、废立太子、废立皇后等诏书，起草对中央高级官员以及地方最高首长的批复。除此之外的其他文书则由中书舍人代表宰相，以政府的名义撰写。从这个意义上来说，翰林学士已经是国家核心决策层的重要成员。唐宋时代，很多著名的政治家、文学家都担任过翰林学士。比如唐代的陆贽、白居易、李德裕、柳公权，宋代的欧阳修、苏轼、苏辙、司马光等等。

你看看，宋神宗给王安石的平台够大了吧？王安石也很清楚这一点。所以他奔赴京城的心情是非常愉快的。王安石的朋友将他比作西汉文帝时期的著名政治家贾谊，于是王安石写诗回应说：

俯仰谬恩方自歉，惭君将比洛阳人。(《酬吴季野见寄》)

贾谊是西汉文帝时期著名的政治家，他参与制定西汉的礼乐规章制度，提出削弱诸侯王的权力，为奠定西汉的政权基础做出了重要贡献。王安石这两句诗虽然自谦无法与贾谊相比，但在他的内心，未尝不以贾谊自期，这更加坚定了他为国效命、力行改革的决心。

现在，神宗费尽周折，终于选定王安石为改革变法的导师与辅弼之臣。王安石刚刚到达京城，神宗就打破常规，越级召见王安石。那么，他们见面都说了些什么？王安石到底给神宗带来了什么富国强兵的药方呢？

北宋百年第一札

两个人一见面，神宗就问王安石："治理天下应该从何入手？"王安石答曰："最重要的、第一位的是要选择正确的方针政策。"神宗迫不及待地追问："向唐太宗学怎么样？"唐太宗当然是中国历史上数一数二的圣君。他18岁起兵反隋，24岁平定天下，29岁做皇帝，自古英雄无过于此。唐太宗在位期间，怀柔异邦，拓展疆域，虚心纳谏，网罗人才，国力强盛，创造了中国历史上著名的"贞观之治"。正因为如此，唐太宗成为了后代帝王学习的榜样，年轻的神宗当然也不例外。

　　然而出乎神宗意料的是，王安石对唐太宗却很不感冒！他说："陛下应当效法尧舜，不必以太宗为准绳。唐太宗还算不上智慧的君王，眼光也不够远大。唐太宗之所以青史留名，主要是因为隋君昏庸暴虐，才让他得以崭露头角。"意思是，唐太宗不过是"蜀中无大将廖化做先锋"，"山中无老虎猴子称大王"，真正伟大的君王应该是三四千年前的尧舜！

　　神宗一听都傻了。他有点儿难为情地说："您这不是为难我吗？我本来是想学唐太宗，您连他都瞧不上，那尧舜的高度我就更甭想了。唐太宗20岁就开始打天下，我也20岁了，还什么都没做呢！我恐怕要辜负您的一番好意了。不过，我虽然无法达到尧舜的高度，只要您帮助我，我总可以以这个高标准来要求自己吧！"（清·黄以周《续资治通鉴长编拾补》）

　　王安石为什么对唐太宗不感冒，非得拿上古时代的尧舜说事儿呢？因为在中国古代封建士大夫的心目中，尧舜禹这三位上古时代的圣君，以天下为公，禅让帝位，不怀私心，与百姓同甘苦，爱民如子，造就国泰民安的盛世，是古代最贤能最完美的帝王。唐太宗固然是古代优秀的君王，但他屡兴征伐，谋杀太子，逼父退位，在士大夫眼中道德水准比较低，与尧舜禹相比很不完美。在北宋士大夫眼里，一个真正的圣君，其为政之道是以德服人，完美的道德是仁政最完美的标准，谁能达到这个标准？只能是上古的尧舜禹。所以谈论政治，谈论为政之道，只要竖起尧舜禹的大旗，戴上治国必法先王之道这顶帽子，就可以减少对立面，消除疑虑的眼光，减轻革新朝政的压力。这就是王安石推崇尧舜贬低唐太宗的原因。

神宗接着问王安石："太祖建国至今，已历百年，从未有过大动乱，他有什么秘诀？"神宗的本意其实是想问：第一，为什么太祖能够保持百年太平？第二，我如何能继续维持百年太平？这可是个大问题。王安石回答说："这问题一两句话说不清楚，我得好好想想。宫里跟皇上说话的时间太有限，有些事儿还没说明白就该退朝了。我今晚回家后好好准备一下，专门写一篇札子来回答您的问题，您看怎么样？"（宋·王安石《本朝百年无事札子》）

所谓札子（又作"劄子"），是宋代的称谓，也就是清朝所说的奏章，是呈给皇帝的公文、报告。王安石说到做到，第二天，便呈给宋神宗这篇《本朝百年无事札子》，字数不多，一千来字，但分量很重。它讨论的是北宋建国以来的百年命运，我们姑且将它称为北宋建国百年的第一札。针对宋神宗提出的问题，王安石在札子里集中谈了三大点：

第一大点，宋太祖为什么能够保持国家百年太平。王安石认为太祖有很高的政治智慧。这表现在几个方面：1. 领袖的智慧。他见解独到，善辨真伪，驾驭属下，人尽其才；2. 施政的智慧。他宽刑薄赋，削藩诛贪，施法设官，务求实际，勤俭持国，表率为先；3. 军事的智慧。他善于统兵，也善于将将，外可御强敌，内可平天下。随后的太宗以英明神武继位，真宗以恭谦仁爱守成，再后来的仁宗、英宗也无过失之举。大宋王朝得以安享百年太平时光。

第二大点，如何继续延续百年的长治久安？这其中其实隐含了一个致命的问题：就是目前国家不怎么太平，问题很多。前面讲过的冗官、冗兵、冗费以及长期的边患，都在威胁着大宋的稳定与发展。这种危机与威胁，从宋真宗、仁宗、英宗以来愈演愈烈，渐成燎原之势。怎么办？几位皇帝当中，仁宗在位时间最长，王安石就从仁宗说起。他在位时，王安石曾任知制诰，负责起草诏书，得以随侍其左右，很了解这位皇上。在王安石看来，仁宗是个仁慈的人，他上敬天，下畏民，审案断刑务在"救人一命"，而非"置人死地"。他宁愿委屈九五之尊，每年送钱给西夏、辽国，换取和平，也不忍心开启战端，使生灵涂炭（宁屈己弃财于夷狄，而终不忍加兵）。仁宗是个宽厚的人，他鼓励谏官（劝谏天子改过的官员）与御史（纠察、弹劾百官的官员）敞开言论，大胆言事。仁宗是个公正的人，他任人唯贤，不偏听偏信。仁宗是个威严的人，他憎恶贪官污吏，对他们严惩不贷；他制定严格的保举连坐之法（被举荐的官员有过失，举荐人须受连带处分），督责百官尽职尽力，不敢懈怠。正因为如此，所以：

> 监司之吏以至州县，无敢暴虐残酷，擅有调发，以伤百姓。自夏人顺服，蛮夷遂无大变，边人父子夫妇，得免于兵死，而中国之人，安逸蕃息……募天下骁雄横猾以为兵，几至百万，非有良将以御之，而谋变者辄败。聚天下财物，虽有文籍，委之府史，非有能吏以钩考，而欺盗者辄发。凶年饥岁，流者填道，死者相枕，而寇攘者辄得。……贪邪横猾，虽间或见用，未尝得久。……自县令、京官以至监司、台阁，升擢之任，虽

不皆得人，然一时之所谓才士，亦罕蔽塞而不见收举者。(《本朝百年无事札子》)

第一，文武百官严于律己，不敢作奸犯科，不敢大权独揽，更不敢鱼肉百姓；第二，外邦不再入侵大宋，边境与内地百姓得以安居乐业；第三，军队的将士多是骁勇强横之人，虽无良将统御指挥，但是只要有阴谋叛乱者，就会暴露；第四，朝廷汇聚天下财物，虽无贤能的官员管理核查，但只要有人贪赃枉法，就立刻会被揭发；第五，灾荒年间，虽然逃荒、饿死的人不计其数，但只要盗贼敢横行不法，就一定会被官府拿获；第六，朝廷百官中肯定有奸邪贪渎之人，但他们的好日子都长不了，很快就会被检举揭发；第七,百官不敢说都是称职之人，但只要是有用之才，很少有被埋没的，大多都被任用。

这就是仁宗的德行才能带给国家的好处，但王安石这些话总让我们觉得有点儿别扭。比如，什么叫做"宁屈己弃财于夷狄，而终不忍加兵"？之前我们讲过了，用钱换和平，不是仁宗想要委屈自己，不忍心开战，而是因为打不过，不敢打，其根源就在于北宋独特的军事体制。什么叫做"非有良将以御之"？这样的军事体制就不可能产生优秀的将领，也不需要优秀的将领，因为军队的主要职能是防家贼，而不是御外侮。军队内部的权力层层分解、彼此制衡，当然不可能发生叛乱。军队是稳定了，但是军队的生命力也被扼杀了。什么叫做"非有能吏以钩考"？说的极端一些，朝廷甚至也不需要太能干的官员，因为主宰朝廷运行的主要是彼此监督、牵制的政治、财经体制，谁有不轨行为，马上就会被揭发。可是这种繁冗叠加的行政结构，大大降低了行政效率，这种体制不仅不会产生天才、干才，还会把他们变成庸才。

我们发现，王安石的这些话语，表面上似乎在称颂大宋王朝，称颂宋仁宗，实际上却一一指出了大宋王朝的顽症宿疾：

一方面重用正人君子，一方面也掺和卑劣小人。一方面听取正确的意见，一方面也听信歪理邪说。考科举注重诗词歌赋，却不重视系统的学校教育，选出的人才很难适应实际工作的需要。选拔干部大多论资排辈，不注重实际政绩。调动干部又过于频繁，政绩考核很难落实。这就便宜了那些巧言令色、以假乱真的伪君子，他们浑水摸鱼爬上高位，而勤勤恳恳做实事的人反而遭到排挤。这样下去谁还肯做事？所以朝野上下因循苟且、得过且过的风气日益盛行。军队里也是一团糟。军士要么是老弱病残之人，要么是兵痞无赖之流，加之缺乏优秀的将领来统领训练，导致军纪散漫，军事素质低下。至于农民，一年到头辛辛苦苦种庄稼，不仅得不到朝廷的抚恤补助，还要承担沉重的徭役负担。朝廷对农田水利建设缺乏统一的组织管理，对国家的财政经济工作也缺乏科学有效的调控。所以，最后的结论是：

虽俭约而民不富，虽忧勤而国不强。赖非夷狄昌炽之时，又无尧、汤水旱之变，故天下无事，过于百年。虽曰人事，亦天助也。(《本朝百年无事札子》)

君王虽然勤俭节约，但是也并没有因此而富裕起来，依然穷困潦倒；君王虽然勤勤恳恳，为国事操劳，但是国家也并没有因此而强大起来。既然如此，大宋王朝何以能够维持百年的太平呢？道理很简单：这一百年中，周边的夷狄不算强大，国内也没什么自然灾害，国家百年太平，固然来自于人事的努力，但也不能不说是老天爷给面子，帮了大忙。换言之，如果周边的夷狄足够强大，如果国内发生自然灾害，那么，以宋朝目前病入膏肓的状态，要么被外邦的金戈铁马所践踏，要么被赤日炎炎的旱灾所烧毁，要么被狂涛翻滚的洪水所淹没。总之，北宋百年无事，是运气好、撞大运的结果。究其核心原因，不外乎以下几点：

一味地延续前朝的陈规陋俗，一味地与宦官后宫相处，却不与群臣诸贤商议国事；即便是询问国政，问的也都是一些鸡毛蒜皮的小事、细节。说白了，就是缺乏战略思维和战略眼光。治理国家只是跟着感觉走，听之任之，走一步看一步，被动地应付工作。没有真正开动脑筋，花费心思，调查研究，主动积极的开展工作。说白了，就是缺乏主动性、积极性。纵观历史上大有作为的圣君，都常常与学士大夫们商讨前代圣王们的治国方略，这样才能治理好国家，像我们现在这种状态，是无法维持延续这个百年太平的。

所以，王安石在这封百年第一札的结尾，对神宗提出了要求：

> 伏惟陛下躬上圣之质，承无穷之绪，知天助之不可常恃，知人事之不可怠终，则大有为之时，正在今日。(《本朝百年无事札子》)

"皇上您拥有英明神武的智慧，承续着这个绵延无穷的王朝，要懂得一个基本的道理，那就是：治理国家，老天爷的帮助是有限度的，不是长久之计，归根结底，还是要依靠人事之努力。现在国家积贫积弱，正是皇上您大有作为的好时候呀！"

王安石的这篇百年第一札，像一记响亮的耳光，扫尽虚掩在百年帝国身上的最后一丝装饰，露出他百病缠身的虚弱真相；又像是一声呐喊，想要将大宋王朝从沉沉的百年梦魇中唤醒。这篇札子的针对性很强，表面看是在称颂仁宗皇帝，实际上是在一一揭穿隐藏在仁宗"宽仁恭俭""忠恕诚悫""刑平而公""赏重而信"等美誉背后的国家乱象。

我们都还记得，38岁的王安石刚刚来京城做官时，曾给宋仁宗上过一封万言书，但是最终却泥牛入海无消息。这一方面是因为王安石的为官经验，尤其是在中央为官的经验不足，万言书中的一些意见、建议，原则性、理论性较强，实用性、实践性较弱。但还有一个原因，当时的仁宗将近50岁，在位将近40年，早就倦于政事，有些未老先衰的气味。王安石在万言书中提出要变更祖宗法度，对此时的仁宗来说，真是多此一举，自然要将它束之高阁了。

可现在的皇帝是宋神宗，年仅20岁，充满了朝气与理想。王安石这一年47岁，有了更为丰富的经验与思想。所以一个是求贤若渴，一个是跃跃欲试，正所谓一拍即合！当天晚上，宋神宗反复将《本朝百年无事札子》读了几遍，越读越兴奋，越读越有希望。札子提出的很多问题、观点，深深地吸引着神宗，其中的忧国忧民情怀激发着神宗。第二天一早，他立刻召见王安石，对他说："我昨晚将您的札子看了好几遍，其中的很多想法、看法我之前闻所未闻。我觉得您对于治理、改革朝政早已成竹在胸，请您赶紧对我详细地说说究竟怎样具体实施这些想法吧。"谁知王安石的反应却并不是很热情，他慢吞吞地说："有关这件事的内容太多，头绪也太多，一时也讲不全。我还是先给皇上上课、讲讲学，讲学讲明白了，实施的方案也就不言而喻了。"

讲学、上课？这跟革新朝政有什么关系？神宗虽然觉得奇怪，但还是很诚恳地说："讲学很重要，讲学也能讲明白，但还是先请您给我说说革新朝政的事儿吧。"王安石没办法，只好先挑了几件要紧的事情给神宗说了说。神宗听罢非常高兴，对他说："这些想法太好了，真是从来没听说过。别人的见识果然不及您。您看这样行不行？您能不能将您刚才所说的给我写下来，让我再认真看看？"王安石的态度还是不很积极，说："我刚才已经跟您说了，只要从讲学开始，那么这些事情都不言而喻、不言自明了，但是现在我还不清楚皇上到底想要怎样做，所以我不敢说得太细致。"神宗说："您今天给我说得太多了，我担心会忘记，您还是将刚才说过的这些话都记录下来给我看，好不好？"王安石嘴上答应着，但是最终还是没有交上神宗布置的这篇作业。(清·黄以周《续资治通鉴长编拾补》)

　　你看奇怪不奇怪，要是换了别人，皇上这么重视你的想法，你还不得感激涕零，还不得屁颠儿屁颠儿地赶紧给皇上交上去，还在这儿拽什么呢？这个王安石也未免太狂妄了，难不成还要在神宗面前摆架子？神宗召你来京城，不是做大学教授讲课的，而是要改革朝政、富国强兵的，你讲的什么学呢？

第九讲

站着讲还是坐着讲？

孔老夫子曾经对子路说过一段话：

> 名不正，则言不顺；言不顺，则事不成；事不成，则礼乐
> 不兴；礼乐不兴，则刑罚不中；刑罚不中，则民无所措手足。
> 故君子名之必可言也，言之必可行也。君子于其言，无所苟而
> 已矣。(《论语·子路》)

大意是说，（君子讲话）用词一定要恰如其分，否则言语就不顺
畅，言语不畅，工作就做不好；工作做不好，礼乐制度就不兴盛；
礼乐制度不兴盛，刑罚也就不得当；刑罚不得当，百姓就会手足无
措。所以君子讲话一定要合情合理，言出有据，一定要顺理成章，
这样讲出来的话才行得通。君子讲话一点儿也不能马虎！

孔子到底是什么意思呢？简而言之：做一件事之前，要先将这
件事的意义给大家讲明白，意义明白了，做事的规矩也就明白了，
大家才能放开手脚做事，事情才有成功的可能。换言之，做事之前
要先做宣传，要制造舆论，这样才能调动人心，凝聚人心。

宋神宗急切地询问王安石改革朝政的具体举措，而王安石总是
告诉他要先讲学。这并不是摆架子，也不是盲目推脱。而是提醒神
宗：变法、变革之前要先做宣传，制造舆论，要通过讲学让大家明
白为什么要变法，变法到底有什么好处，变法的依据到底是什么。
这些道理必须要给大家讲清楚，要明确思想，统一认识，凝聚人心，

否则变法的方案设计得再好也没有用。王安石的提醒不是没有道理，实际情况比他预料的还要糟糕。我们姑且不论王安石讲学的内容，仅仅就讲课的形式大家就争论得不亦乐乎！

王安石是翰林学士，皇帝的高级政治顾问。按照有关规定，是要给皇帝定期上课讲学的。王安石与其他几位大臣就跟神宗建议说："按照原来的旧规矩，给皇上授课期间，授课之人与其他陪同皇上听课的大臣，皇上都给他们赐座。可是从宋真宗乾兴年间开始，授课之人站着讲课，陪同听课的大臣们却坐着在那儿听。我们觉得是不是可以变通变通，让授课的人坐下讲，陪同听课的大臣们都站着听讲呢？"这是个技术性的建议。韩维等一批年轻的官员也都附和王安石的建议。他们认为，从古至今，皇帝与身边的近臣、重臣商议朝政的时候，或者大臣给皇帝授课的时候，为了表示对国家人才的重视，皇帝都会赐给他们座位，让他们坐下说话，这是一种特别的优待。宋太祖时期，两位大臣给他讲授《周易》，太祖便给他们赐座。宋太宗视察国子监的时候，也曾邀请授课大臣坐下给自己讲授课程，这位大臣不敢落座，太宗皇帝不仅让他坐下讲课，还让随行视察的大臣们也都坐下听讲。这都是敬重大臣与人才的表现。现在翰林学士给皇上授课，陪侍皇帝听课的大臣们都可以落座，唯独授课的人还在那儿站着，这似乎有点儿不大平衡。最好还是按照以前的老规矩，让授课的人坐下讲授，以示皇上尊重知识、尊重人才的态度。（清·毕沅《续资治通鉴》，清·黄以周《续资治通鉴长编拾补》）

就是这么个站着讲还是坐着讲的小事，却召来了非常激烈的反对意见。以刘攽为代表的大臣们认为，随侍在皇上身边的顾问大臣，皇上的确常常赐给他们座位，但是他们一般还是"避席立语"（古人席地而坐，起身讲话表示尊重对方）。皇上虽然让他们坐下讲话，可他们还是站着讲，以示对皇帝的尊重。刘攽等人认为，在皇上面前站着授课比较适宜，因为这样便于表述得更加清晰、明白。有人认为皇上给授课者赐座，就表示他尊师重道，这是将授课者看作是皇上的老师，这样的看法是不对的。刘攽认为，这些授课的翰林学士根本不够格做什么老师，因为他们讲课的内容不过是转述前代儒生的思想言论而已，他们有什么资格心安理得地坐在那儿，像一个老师一样自爱自重呢？

反对赐座还有一个理由。翰林学士中，有负责侍讲的学士，有负责侍读的学士，职能差别不大，都是负责陪侍皇帝读书、学习，以备顾问之用的。但一般来说负责侍讲的学士比侍读的学士级别稍低。刘攽指出，如果王安石这个侍讲的学士坐下授课，那么那些侍读的学士该怎么办？是不是也得赐坐侍读呢？如此一来，凡是来跟皇上议事的大臣，只要比翰林学士级别高的官员们，是不是也都得赐坐呢？如果都这么赐来赐去，那么这个赐座的优待之礼是不是就很不值钱了？那还叫做优待之礼吗？况且，翰林学士站着授课这个规矩，从宋真宗乾兴年间以来，历经仁宗、英宗皇帝，五十多年了都没有改动，怎么一到王安石这儿就要变了？难道因为某些人的不当言论就要改老规矩吗？况且当今圣上对待大臣已经非常优待，商议朝政的时候，让大臣们始终坐下慢慢讲话，比对待三公的礼节还要高，还要如何再加优待呢？就站着授课吧！

看看，就这么个小事，却引来这么大的争论！这恐怕是年轻的神宗没想到的，课还没开始上，反对坐着授课的意见先冒出一大堆！怎么办？他只好扭过头去问宰相曾公亮：当年你给宋仁宗上过课，那个时候你是站着讲还是坐着讲呀？曾公亮老老实实地回答说：站着讲的。这下子大家都不吭气了。神宗看看这情形，便安慰王安石说：没事没事，你明天讲课的时候就坐着讲吧。王安石哪里还敢坐？这件事就这么放下了。（清·毕沅《续资治通鉴》，清·黄以周《续资治通鉴长编拾补》）

王安石提的这个建议，事实上是一颗试金石，看看朝廷的反应是什么。就这么件小事改起来尚且如此之难，更何况大事呢？一天，王安石又给神宗讲课，课后神宗对王安石说："一直很想和你谈谈。唐太宗必须得到魏徵的辅佐，刘备必须得到诸葛亮的襄助，然后才能大有作为。"意思是，我是唐太宗，你就是魏徵；我是刘备，你就是诸葛亮。我只有得到你的辅助，才能成就大事。

王安石连唐太宗都不感冒，更不用说魏徵、诸葛亮、刘备了。他回答说："陛下如果想成为尧和舜，就必然要有皋陶（虞舜时期的司法官）、夔（虞舜时期的乐官）、稷（唐尧时期的农官）、契（尧舜时期的司徒）这样贤能的大臣辅佐。如果想成为殷商王朝的圣君武丁，那就必须有傅说（殷高宗时期的宰相）那样的贤臣来襄助。魏徵、诸葛亮这两个人怎么能和他们相比呢？天下这么大，哪里会找不到辅佐陛下的人？贤能的臣子多得是，为什么您总是找不到呢？说到底，还是您的诚意不够，您的志向还不够明确。换言之，朝中其实有的是像皋陶、夔、傅说这样的贤臣，但是他们被小人排挤，无法接近圣上，只能空怀抱负，离开朝廷。"

神宗听了很不服气，立刻回答说："自古以来，哪个朝廷中没有小人？就是在尧舜的时代，也有三苗、驩兜、共工、鲧等所谓的'四凶'嘛！"那意思是，又不是只有我朝有小人，在所谓的上古盛世，也一样有小人，不是照样造就了盛世、圣君吗？我朝有小人也属正常，也不妨碍造就一个新的盛世！王安石马上回应道："关键在于，能够辨明谁是'四凶'并立刻除掉他们，这才是尧舜之为尧舜的高明之处！如果听任'四凶'横行肆虐，那么，即便是朝廷中真的有皋陶等贤臣，他们也不会在朝廷中尸位素餐，苟且偷生！一定会选择离开！"（清·毕沅《续资治通鉴》）

其实神宗与王安石争论的焦点并不是朝廷中有无小人，而是彼此在揣摩对方的真实意图，对方的底牌。神宗希望王安石像三国的诸葛亮、唐朝的魏徵一样辅佐自己成就一番事业，重振大宋王朝的

寄聲欲問塞南
事祇有羊季鴻
雁飛

歲次丁酉康瀚生學書

雄威。而王安石作为一个大臣自有他的顾虑。他不知道宋神宗与之前的仁宗、英宗有多大区别，神宗到底有多大的决心改革朝政，革除弊政，去除小人，更不清楚神宗是否能够始终不渝的信任自己、支持自己。所以，当神宗皇帝要求他将自己的想法写下来的时候，他采取了一种很慎重的态度。而刚才的这段对话看上去是在讨论贤臣与小人的问题，实际上也是在试探神宗的态度。

因为说实在的，在任用王安石的问题上，多数人并不同意他担任宰相。比如神宗曾询问王安石的老上级、三朝宰相韩琦的意见。韩琦认为王安石做翰林学士可以，做皇上的高级幕僚可以，但是做最高行政首长则不合适。宋神宗听罢没吱声。参知政事吴奎则认为，王安石缺乏合作精神，听不得他人的意见，难当大任。他举例说王安石那次复审杀人案件，朝廷认定他错判此案，并要求他就此事向开封府认错，而他却一直拒不认错。朝廷数次召他进京为官，他也坚辞不就，说明此人没有自省力，缺乏合作精神。吴奎特别强调自己曾与王安石共事，深知此人性格迂阔，固执己见，不愿听取同事意见，任用这样的人担任宰辅，必定紊乱纲纪。神宗又征求参知政事唐介的意见，唐介也认为王安石不宜担任宰相。神宗追问道："你认为王安石是文学不够格，经学不够格，还是他从政资历、经验、能力不够格？"唐介说："王安石好学但泥古不化，议论纵横但迂阔不切实际。如果让他主持国政，恐怕会有乱子。"退朝后，唐介对宰相曾公亮说："王安石如果真的被任用为宰相，天下必然纷乱，你们不信就等着瞧吧！"神宗又问身边近臣孙固："王安石可以任宰相吗？"孙固说："王安石的文学、人品都没有问题，担任翰林学士很合格。但是做宰相要有大度量，王安石心胸狭窄，不能容人，不适合坐这个位置。"神宗连问孙固四次，孙固都这样回答。神宗虽然很不满意，但心里并不以为然。（清·毕沅《续资治通鉴》，清·黄以周《续资治通鉴长编拾补》）

　　反对的声音很强烈，当时流传着这样一个著名的预言：据说在宋英宗治平年间，北宋哲学家、易学家邵雍，一次与朋友在洛阳天津桥散步，听到杜鹃啼叫，神情惨淡，闷闷不乐。朋友问他缘故。邵雍回答说：洛阳本地没有杜鹃鸟，现在杜鹃鸟迁来此地，天下将要变化了。朋友不解，问他会有怎样的变化。邵雍答曰："不出两年，皇上就要任用南方人做宰相，这些南方人喜欢变更法度，天下从此要不太平啦！"朋友又问："为什么听到杜鹃啼叫便知要有变化呢？"邵雍解释道："天下之道的规律是，如果国泰民安，那么地气将由北方转向南方，如果天下将乱，那么地气会由南向北转移。现在生长在南方的杜鹃鸟来到了洛阳，这说明南方的地气已经来到北方，要知道，鸟儿对于地气的变化最敏感啊！从此，南方的瘴疠之气来到北方，北方人要受苦啦！"后来，江西人王安石、曾布，福建人吕惠卿在朝廷执政，主持变法改革，果然印证了邵雍的话。（宋·邵伯温《邵氏闻见录》）杜鹃在鸟类中名声不大好。成语"鸠占鹊巢"中的鸠据说就是杜鹃。杜鹃总是将鸟蛋产在其他鸟的巢中，小杜鹃破壳而出后，往往将其他的鸟蛋推下鸟巢。邵雍精通《周易》，也精于占卜预言，他的这些传言之语反映了当时士大夫对王安石的抵触情绪。

　　这些传言加上朝臣对王安石的不满，当然会给宋神宗以很大的压力。一次，在与王安石交谈中，神宗似乎是给王安石也是给自己鼓劲儿，说："改革变法的事情非你莫属，今后朝廷的大政方针朕还要多多烦劳你操心。你的学问这么好，对于革新变法一定成竹在胸。未来主持规划变革就靠你了，一定不要推辞！"王安石回答得也很实在："我当初之所以爽快地来京城做官，就是想协助陛下革新变法，有所作为。现在看来，天下的风俗法度败坏已久。归根结底，是因为朝廷里君子太少，庸人太多。这些庸人一味因循守旧，浑浑噩噩，毫无见识，胡乱瞎混日子罢了。奸猾小人也趁机诋毁败坏君子。朝中既有小人忌恨诋毁在前，又有庸人附和在后，君子就算有独立的创见也不会奏效，最终必然坏在这帮奸人的手中。您如果想要发挥我的作用，恐怕不能着急，也不能马上就行动，还是要先讲学，让天下之人都明白我的所学所思所想，明白我究竟打算做什么。只有让大家将我做的事情本末曲直弄清楚了，再付诸实践，才有可能成功。"

神宗一听讲学这档子事，心头一动，就问王安石："我很早就知道你的名声很大，学问很好。可是我发现很多人并不了解你，他们都说你学问非常好，但是却不通人情世故，实际做事的能力比较差。不知你自己怎么看？"王安石一听这话，就知道神宗心里还是有点儿打鼓，对自己不太放心，于是很坦然地回答说："学问是做什么用的？儒家的学说不就是为了治国安邦吗？如果不能用来治国，还要这些学问做什么？可后代的许多儒者都是平庸之人，只知读书不懂做事，结果将学问与做事分离成两码事，殊不知这两者其实是一回事，学习经学为的就是做事啊！"神宗听到这儿就来了精神，赶紧说："我很钦佩您的道德学问。您有什么想说的尽管说出来。我就是想问问，如果您开始行动的话，哪件事儿最紧要？"

王安石回答说："移风易俗，确立法令规矩，这是目前最紧要的。所谓移风易俗，就是亲近君子，远离小人。只有亲近君子，天下人才知道什么是礼义廉耻。治理国家一定要开放通达，不能封闭保守。这样小人就没有趁乱得势的机会，礼义廉耻的公序良俗才能顺利地建立起来。于是，那些在君子与小人之间摇摆不定的中间分子才会成长为君子，如果天下人都不懂得礼义廉耻，那么这些中间分子就会蜕变为小人。"神宗听罢频频点头，认为王安石的确善于审时度势。（清·毕沅《续资治通鉴》，清·黄以周《续资治通鉴长编拾补》）

王安石的判断是有道理的。很多人不仅不同意王安石担任宰相，也不认同他的治国理念。宋神宗熙宁元年（1068）八月，河北、山西遭受重灾。宰相曾公亮向神宗建议："鉴于遭受灾害，国家收入锐减，请求今年在祭祀的时候，不要再赏赐大臣。"北宋朝廷定制，每 3 年举行一次大型祭祀活动，祭祀期间，从王公大臣到禁军士卒均可获得君王的赏赐，赏赐总额高达 1300 多万贯，每年均摊支出 400 多万贯，占每年总收入的 60%。翰林学士司马光赞同曾公亮的建议，他认为救灾节用应该从皇帝身边的近臣开始，所以他建议宰相府的工作人员应率先请辞赏赐。但是王安石不赞同曾公亮的建议。他说，唐代宗时期，宰相常衮大权独揽，为政严苛却不通情理。按照朝廷惯例，每日皇帝会赐御膳给宰相及其相关工作人员。常衮认为太浪费太奢侈，请求停止赐食。但很多人认为皇帝给予宰相优厚的俸禄并赐予御膳是为了表示国家对宰臣的重视礼遇。如果宰相不称职自当辞职，没有必要辞去俸禄与赐食。说实在的，如果一个宰相不称职，国家才会蒙受巨大的经济损失，又何止这几个工资与饭钱呢？王安石认为，当今朝廷积贫积弱的关键不在于节省，节省能省几个钱？国家没有钱，关键是没有找到合适的理财之人，说白了就是宰相不合格。

司马光反驳说："所谓善于理财之人，无非是采取竭泽而渔的方法，提高赋税，将老百姓的财富一网打尽，都揽到国家的腰包里。老百姓如果穷极了就会变成强盗，这不是什么好事。"

王安石反驳说："不对，善于理财的人不一定要增加赋税，但是国家的收入也会提高。"在王安石看来，生财之道要"因天下之力，生天下之财，取天下之财，供天下之费"（《上仁宗皇帝言事书》），"欲富天下，则资之天地"（《与马运判书》），也就是说要动员一切力量扩大生产，向大自然要财富，从而以更丰富的物资供天下人消费，这才是解决经济困境的根本办法。司马光反驳说："天地间的资源就是这么多，生产力就是这样的规模。生产出来的财富，无非是两个去处，要么在老百姓手里，要么在官府手中。就好比下雨一样，雨水是个常数，夏天降雨太多，秋天就会干旱。所谓不增加税收却能够增加收入，这是谎话。说白了，无非是用其他的阴险手段设法夺取百姓的财富，其危害性远远超过增加赋税！"（清·毕沅《续资治通鉴》，清·黄以周《续资治通鉴长编拾补》）

其实，我们很难说王安石与司马光谁对谁错。在北宋这样一个封建农业社会当中，社会财富的主要来源还是土地，还是农业生产。司马光认为，增加财富的主要手段是节流。因为北宋王朝的各项花费都很巨大，有些花费很不合理，适当地节流，的确可以增加财富。增加税收本来是朝廷增加收入惯用的手段，但是司马光也不赞同。原因在于税收太重会破坏税源，要增加税收必须首先注意培育税源。简单说，就是要保护纳税人的利益，损害了纳税人的利益，怎么可能增加税收呢？而在王安石看来，增加财富的手段是开源，也就是扩大生产，增加流通。这当然没有错，尤其是在当代社会，新科技、新技术的发明创造推动生产力不断飞跃，社会财富不断增长，开源自然是增加财富的根本之道。但是在北宋这个封建农业社会，开源之道其实很受局限，一则农业规模有限，二则农业技术落后，三则商业贸易很受限制。所以如果要增加国家收入，无非是这样几种办法：一则抑制大地主对土地的兼并，抑制他们发放高利贷，由政府向农民发放低息农业贷款，这样可以防止农民破产，并提高农业生产的积极性；二则破除大商人对市场的垄断，由政府垄断部分领域的商业贸易活动。当然，朝廷也可以采取兴修农田水利，改进农业技术来提高农业产出。但总的来说，封建农业社会的开源之路很有限，无论采取什么措施，最终恐怕还是要回到税收上来，虽然名目不叫税收，但其实质依然是间接增加了税收。有关这一问题的具体情况，我们在后面的章节再详细介绍。

总之，面对北宋经济的困境，王安石、司马光等人都在积极地寻求解决之道，他们的区别在于采取的方法不同，而不能笼统地说谁一定对谁一定错,谁一定保守谁一定革新。但是有一点是肯定的,司马光那种减轻赋税,培育税源的办法,那种减轻特权优惠、减轻赏赐的要求,在短期内是很难奏效的,而王安石的办法却能迅速充实国家的钱包,所以宋神宗最终必然会给王安石的政策投票。

但这一次神宗在听取了司马光、王安石的争论后,出人意料地给司马光投了赞成票。他说:"朕意与光同,今且以不允答之。"(清·毕沅《续资治通鉴》)我同意司马光的意见,这一次就不再赏赐群臣了!神宗的这个意思需要以圣旨的形式下达,拟旨的正好是王安石。这道旨意是取消赏赐的,但王安石却在圣旨里以常衮之例指责这种做法,好在宰相们也没跟他计较。神宗之所以在这一轮争论中投司马光一票,原因也很简单:第一,司马光节约费用的意见可以解决当前救灾的燃眉之急;第二,从长远来看,他无疑更赞同王安石的做法;第三,王安石刚来朝廷不久,神宗不想因为争论这个小问题让王安石树敌太多,在一定程度上,他赞同司马光是为了保护王安石,为日后使用王安石铺平道路。事实也证明了这一点,这次争论之后不到半年,宋神宗熙宁二年(1069)二月,王安石就被任命为参知政事(副宰相),并立刻成立改革变法的领导机构——制置三司条例司。当然,改革变法并不像成立一个机构那么简单,是一个复杂的社会改造工程,会遇到来自各方面的影响与阻力,面对这些阻力,神宗与王安石又会采取怎样的态度呢?

第十讲

小女子掀起大波澜

还是在王安石担任翰林学士期间，登州（今属山东）发生了一起杀人未遂案。命案的主角是登州农家女子阿云。这阿云生得亭亭玉立，聪明美貌。可惜从小没了父亲，长大后母亲也去世了，成了一个孤女。到了要嫁人的年龄，便由家族长辈做主将她许配给邻村男子韦阿大。这个韦阿大的人品、本事如何咱不知道，但是根据相关史料记载，他的相貌是奇丑无比。对于这样一个丈夫，美貌多情的阿云心里自然是一百个不情愿，但是又有什么办法呢？

　　她不过是个柔弱的女子，似乎没有更好的办法抗衡这强加给她的婚姻。思来想去，阿云想出了一个很偏激的办法。一天晚上，她攥着一把腰刀，来到了韦阿大的庄稼地。这个韦阿大也许是为了看管庄稼地或瓜菜地，晚上就住在自家田地的小茅屋里。趁着黑灯瞎火，阿云摸进这间小屋，韦阿大正在呼呼大睡。阿云姑娘一不做二不休，抡起腰刀，冲着韦阿大一连砍了十几刀。万幸的是，并不曾伤及韦阿大的性命，只是砍断了他一根手指。你想想看，她一个弱女子，平时恐怕连鸡都没杀过，更别说杀人了，慌乱之中更是手足无措。韦阿大毕竟是个大男人，身高力大，拼命挣脱一番，也就逃出了小屋。可笑的是，当时月黑风高，又在睡梦中惊醒，韦阿大只顾得逃命了，竟然不清楚凶手是谁。案子报到官府，抓来抓去，抓不到凶手，最后疑点慢慢就集中到阿云的身上。于是将她唤来讯问，威胁她不说实话就动用刑罚，阿云毕竟是个姑娘，哪里见过这个阵势，一来二去就说了实话，交代了自己的罪行。（元·脱脱《宋

史·许遵传》，清·毕沅《续资治通鉴》，清·黄以周《续资治通鉴长编拾补》）

这就是案件的全部真相，说起来并不复杂，但是处理的过程却异乎寻常的复杂。登州知州许遵受理了这起案件。他首先要解决的一个问题是，阿云的行为算不算谋杀亲夫。如果算是谋杀亲夫，不管是否致人死命，都触犯了大宋刑法《宋刑统》"十恶不赦"罪行中的第四条："恶逆"之罪。如果这一条成立，阿云将会被立即砍头，没有任何疑问。但是韦阿大究竟是不是阿云的亲夫呢？许遵经过周密的调研思考后，认为韦阿大并不是阿云的亲夫，而阿云也罪不当死，理由如下：

第一，阿云刺杀韦阿大的地点在韦阿大庄稼地里的小茅屋，而且是趁韦阿大熟睡之际。这说明阿云虽然已经许配给了韦阿大，但并没有正式过门。换言之，二人只是交换了生日庚帖，订了婚，但是还没有正式办喜事儿，只有夫妻之名，而无夫妻之实。宋代法律规定，男女双方必须要举办正式的婚娶仪式，新婚媳妇在嫁给夫家的三个月内，必须去拜见夫家的祖宗牌位，这之后两人才算是正式的夫妻，否则法律不予承认。阿云没有与韦阿大举行正式的婚礼仪式，更没有去拜见过韦家的祖宗牌位，所以他们还不是法律意义上的正式夫妻。韦阿大也就不是阿云的亲夫，阿云所犯的自然也就不是谋杀亲夫之罪了。

第二，阿云许配给韦阿大的时候，正值她为母亲守孝。在为父母守孝期间结婚，这也触犯了《宋刑统》"十恶不赦"中的第七恶"不孝"，法律也不承认这样的婚姻。《宋刑统》规定，如果这桩婚姻是自己自愿婚嫁的，那就犯了不孝之罪，如果是由家长做主操办的，就不算不孝之罪。阿云的这桩婚姻纯属长辈包办，绝非她本人自愿。因此，她并没有犯不孝之罪。但同时也证明她与韦阿大的婚姻没有法律依据，她的刺杀行为也就不算谋杀亲夫。

综合以上两点，许遵认为，阿云所犯之罪不算"十恶"之一，不应立刻被判死刑。

这两点很重要，它从法律的角度挽救了阿云的性命。但是死罪可免活罪难逃啊。《宋刑统》中还规定："诸谋杀人者，徒三年；已伤者，绞；已杀者，斩。"意思是说，如果预谋杀人而未遂者，判处三年有期徒刑；如果预谋杀人未致死而致伤者，判处绞刑；如果置人死地者，就只能砍头了。这样看来，阿云的性命还是保不住，她的行为应该算是预谋杀人未遂致伤罪，该判绞刑。但是许遵认为，阿云的死罪依然不成立。大家可能很奇怪，这个许遵怎么总是为阿云开脱，他们之间莫非有什么问题吧？当然没有什么问题。许遵本是法官出身，曾经在最高法院担任审判员，"累典刑狱"（元·脱脱《宋史·许遵传》），办案经验极其丰富。又先后在几个州担任知州，行政经验也很丰富。他个性强硬，嗅觉敏锐，思维清晰，内心仁慈，是个执法如山、情怀如水的法官。他精研细究阿云一案，没有什么特殊原因，只是多年来养成的职业操守，也就是孔子所说的："今之听狱者，求所以杀之；古之听狱者，求所以生之。"（《汉书·刑法志》）审判案件尤其是死罪案件，最终的目的不是要杀死罪犯，而是千方百计给罪犯寻找一条生路，希望他有重新做人的机会。

那么对于阿云来说，这条生路在哪儿呢？许遵认为，阿云当初被捕之后，"被问即承，应为按问"（《宋史·许遵传》），也就是说，阿云在案件尚未侦破的情况下，向办案人员承认了自己的犯罪事实，这应该算是自首情节。按照法律规定应"免所因之罪"，即只追究她的伤害罪，不追究其谋杀罪。许遵将这样的审判结果上报朝廷。审刑院、大理寺等国家审判机关认同阿云不是谋杀亲夫的判断，但是不认同她有自首情节。他们认为阿云应"以谋杀已伤论死"，该判绞刑。两种意见不能统一，怎么办？奏听敕裁，通过刑部上报中书省，请求皇帝仲裁。按照常规，疑难案件左裁右裁都裁不定的时候，就交由圣上裁定。这里有个微妙之处：一般拿不准的死刑案件，皇帝都不会轻易认定死刑，常常会否决死刑改判他刑。因为几乎没有几个皇帝愿意扮演下达死刑的暴君，这时候往往是表现皇恩浩荡的好机会呀！

其实，交由皇帝敕裁本来就是一件象征意义大于实际意义的事儿。皇帝并不是法律专家，他的办案水平、断案能力并不比许遵等人更高，交由皇帝敕裁实际上是将一个单纯的法律问题转变成了一个政治问题。面对一个案件，可判死刑也可不判，这时候皇帝的倾向是什么？是给人留一条活路，还是将他送入地狱？这代表着一个国家对待生命的态度，是仁慈、宽容还是冷酷、刻薄，这不是一个法律问题，是一个道德问题、政治问题。以神宗的智慧，当然不会犯这个傻，事实也正是如此，"敕贷其死"（元·脱脱《宋史·刑法志》），神宗下诏可不判处死刑，允许拿钱赎罪。但是刑部认为许遵量刑不当，所以拒不执行皇帝的命令，依然支持审刑院、大理寺的裁决，认定阿云当判绞刑。

无巧不成书，正在这个当口儿，许遵调任大理寺主持工作，如此一来，阿云一案势必朝着有利于许遵的方向倾斜。于是监察御史里行（监察部助理检察官）钱顗弹劾许遵在阿云一案中"所见迂执""不可以当刑法之任"（元·脱脱《宋史·钱顗传》）。许遵不服，请求神宗恩准将此案交付"两制"讨论，也就是交付翰林学士与中书舍人来讨论，由国家最高智囊机构裁定。"两制"在讨论中也形成了两种截然对立的意见。一方是王安石的意见，他同意许遵的判断；另一方是司马光的意见，他反对许遵的判断。宋神宗将自己这关键的一票投给了王安石。宋神宗熙宁元年（1068）七月，神宗下达敕令，申明阿云一案"谋杀已伤，按问，欲举自首者，从谋杀减二等论"（清·毕沅《续资治通鉴》）。阿云谋杀未遂，构成伤害罪，本来要判处绞刑，但鉴于她有自首情节，所以罪减二等，免于死刑。

御史台（国家监察部）的官员们当然不服了，他们继续向神宗申诉。御史中丞（国家监察部部长）滕甫与监察御史里行钱顗指责"许遵所争戾法意"（元·脱脱《宋史·许遵传》），请求神宗再选官员复议。神宗没办法，只好请翰林学士吕公著、韩维与知制诰钱公辅再行复议，这三个人合议的结果与王安石的意见一致。但审刑院、大理寺的法官齐恢、王师元、蔡冠卿等人弹劾他们"所议为不当"（元·脱脱《宋史·刑法志》）。没办法，宋神宗只好再转回来，请王安石与法官们重议此案，如此三番五次，议来议去也没个结论。

　　说了这么多，脑子都乱了。那么说简单点儿：王安石与司马光的共识在哪里？分歧又在哪儿？他们到底谁对谁错？先来看他们对阿云案的共识：第一，谋杀亲夫罪名不成立；第二，阿云的婚事并非自主自愿，所以在守孝期间婚嫁不算不孝之罪。他们对阿云案的分歧主要集中在：阿云是否有自首情节，由此是否应当免除阿云的死罪。许遵与王安石认为，刑侦机关传唤阿云时，并不知道她是犯罪嫌疑人，没有逮捕她，也没有正式审问她，只对她进行了一般性的询问。阿云在这种情况下交代了自己的犯罪事实，所谓"被问即承，应为按问"，当然算是自首行为。既然是自首，那么："因犯杀伤而自首者，得免所因之罪，仍从故杀法。"（宋·窦仪《宋刑统》）这是什么意思呢？

　　打个比方：盗贼抢劫钱财，却失手伤人，这就犯了盗窃罪与伤害罪，之后他投案自首。如何免罪呢？盗窃是他伤人的起因，所以免除他的盗窃罪，只追究他的伤害罪。阿云这个案子也是如此。阿云谋杀韦阿大未遂，伤其一指，是犯了谋杀罪与伤害罪。自首之后，对阿云伤害罪的起因——谋杀罪免予起诉，只追究其伤害罪。这也正是宋神宗裁定她"谋杀已伤，按问，欲举自首者，从谋杀减二等论"的依据。

　　但是对于司马光一方而言，论定阿云死罪的理由也很充分。法律不是规定"因犯杀伤而自首者，得免所因之罪"吗？但是杀伤之罪又分为两种情况：一种是过失杀人、伤人。比如小偷，他主观上并无杀人、伤人的动机，只是在偷盗的过程中过失杀人、伤人。这样的罪犯如有自首行为，可以赦免其偷盗之罪，只追究杀人、伤人之罪。还有一种是主观上有杀人、伤人的动机，并且也造成了伤害的后果，即使有自首行为，也无法赦免其起因之罪。如阿云就有预谋杀人、伤人的主观动机。她的起因之罪是"谋杀"，因"谋杀"而导致伤害罪。阿云自首后，所要免除的就是这个"谋杀"之罪，可是"谋杀"或曰"预谋杀人"，只是一种主观意念，根本无法量刑，又怎么去赦免呢？即便赦免，也只是一句空话，只是逃避死罪的一个堂皇借口罢了！因为只要赦免了她的"谋杀"之罪，仅追究其伤害之罪，便可免于死刑。在司马光等人看来，这样的判决简直是滑天下之大稽！

司马光还特别打了个比方。说甲乙二人，甲因斗殴致人伤残，自首后被打六十大板；乙想要杀人，将人推到井里，结果被害之人没有死也没有伤残，他自首后被打七十大板。两人的犯罪动机有本质差别，惩罚结果却差不多，这不是助长坏人的气焰吗？同时，司马光也质疑阿云的自首情节。在他看来，在官府破案的整个过程中，阿云并不曾主动自首呢，一直等到官府喊她去问话，万不得已时才招供，这怎么能够叫做主动自首？总之，在司马光这一方看来，阿云一案既无法免除所谓的"所因之罪"，也没有自首情节，她的罪行就是杀人未遂致伤罪，按律当绞。

但是王安石一方对自首的看法也有法律依据。宋代法律基本沿袭唐代法律的精神。《唐律·名例律》总第37条规定："诸犯罪未发而自首者，免其罪。"可见自首成立的首要条件是"未发"，即未被官府查获，自首可以减免罪行。如罪犯一旦被人告发，就属于"犯罪已发"，虽主动到官府投案，亦不能按自首处理。至于阿云之前接受官府询问一事，是否属于正式审讯呢？如果是，那么阿云当时的身份就已经是犯罪嫌疑人，也就不存在自首情节了。宋代法律规定，县尉（县公安局局长）只负责刑事侦查与逮捕工作，县令或县级司法机关才负责正式的审讯。当时询问阿云的是县尉而非县令，这种询问并非正式审讯，因此阿云的自首情节成立。

其实以现代的眼光来看，阿云的行为并不太像自首，似乎更接近于坦白。自首是在犯罪事实尚未被告发的情况下主动投案，而坦白则是在已经被确定为犯罪嫌疑人的情况下，如实交代所犯罪行。两者都可能从宽量刑，但是自首从宽的力度会大很多。但是，时至今日，难道自首与否还是这起案件的核心要素吗？王安石与司马光所争的难道仅仅是一起刑事案件吗？当然不是。孔子说："古之听狱者，求所以生之。"（《汉书·刑法志》）这是王安石断案的原则，也是神宗皇帝需要的国家形象。当其即位之时，大宋朝积贫积弱，老百姓怨声载道，贫富差距不断加大。这个时候，朝廷迫切需要广开仁爱之门，多行扬善之举。放宽量刑，通过自首减刑给罪犯以重新做人的机会，也不失为一种缓和社会矛盾的有效手段。这当然不可能是一次单纯的法律裁定，里面夹杂了太多的政治、道德、人情因素。当然，法律的制定从来也离不开政治、道德与情感。但是如何在僵硬的法律条文与弹性的道德人情之间寻找到一个平衡点，以便让这起似是而非的"谋杀亲夫案"获得一个让各方都满意的审判结果，真是一个巨大而高级的难题。

王安石的态度虽然不是"妇人之仁"，但至少也表达了某种"君子之仁""国家之恩"，可是另一方的司马光就一定那么冷酷刻薄，毫无怜香惜玉之心吗？非也。司马光也很关注此案的社会政治道德效应。在他看来，阿云一案如秋毫之末，不足挂齿。但朝廷却一直辨讼纷纭，屡断难决。其实说起来一点也不难：

阿云之事，陛下试以礼观之，岂难决之狱哉？彼谋杀为一事，为二事，谋为所因，不为所因，此苛察缴绕之论，乃文法俗吏之所事，岂明君贤相所当留意邪？今议论岁余而后成法，终于弃百代之常典，悖三纲之大义，使良善无告，奸凶得志，岂非徇其枝叶而忘其本根之所致邪！若此之类，臣窃恐似未得其要也。（清·黄以周《续资治通鉴长编拾补》）

阿云这个案子一点也不难断。其中有一些纠缠不清的细节，那是俗吏们的事，根本不是明君贤相所应关注的事（意谓明君贤相只关注此案的伦常大义）。现在这案子经过一年多的讨论，最终判决免除阿云死刑。这个结果抛弃了百年以来的法律精神，有悖于三纲五常的大义，让良善之人无法伸张正义，让奸凶之徒猖狂得志。这个判决结果简直就是黑白颠倒，本末倒置！

你看，王安石关心的是"国家之恩"，司马光关心的是道德大义，他们关心的都不只是案件本身，而是这起案件的弦外之音。王安石更注重宽刑、减刑对朝廷仁政形象的塑造。司马光更关注严惩不贷对社会公正、社会道德形象的维护。所以他说："阿云之事，陛下试以礼观之，岂难决之狱哉？"因为三纲规定："夫，夫妇三纲之一，天伦之大者。阿云既嫁与韦，则韦乃阿云之天也，天可背乎？使韦有恶逆之罪，尚在所容隐，今徒以其貌之丑陋之故而欲谋杀之，其得罪于天而悖于礼也甚矣。"（明·丘濬《大学衍义补》）不管阿云与韦阿大是否正式举行婚礼，韦阿大在名分上已经是阿云的丈夫。那么，丈夫就是妻子的天。韦阿大并未犯错，阿云只因他丑陋而谋杀之，这就是翻天，就是冒犯上天，就是违背礼教。照司马光的说法，阿云的行为，无论从法律还是礼教的角度，都应该判处死刑！

司马光与王安石，一个是执守礼教如同生命的理想主义者，一个是宽刑以仁、融情入法的现实主义者。他们是封建王朝的两张面孔，是大宋朝纲的两种表情，是神宗皇帝的左手与右手。当他们之间发生争论、矛盾，而又不能说服对方的时候，就必须由那个终级智慧——皇权来做出裁决。这个时候，神宗的决断——敕令就成为断案的终极依据："神宗以律不足以周事情，凡律所不载者，一断以敕。"（元·脱脱《宋史·刑法志》）也就是说，最终不是法律也不是道义更不是情感，而是综合了所有这一切因素的神宗，那个国家最高意志的代表，拯救了阿云的性命。

案子到这个时候，似乎告一段落了，然而一切还远远没有结束。参知政事唐介看到神宗的最终裁定后，跳起来跟神宗、王安石嚷嚷："这个案件天下人都认为阿云不算自首，只有曾公亮、王安石认为是自首！"王安石此时已任参知政事，也忍不住喊道："认为不是自首的都是勾结一气的朋党分子！"但神宗最终还是站在了王安石一边。唐介气坏了，郁愤不平，不久背上长了一个大毒疮，很快病发去世。神宗很难过，亲自到他家中吊唁，发现唐介的遗像画得不像本人，于是将宫中收藏的唐介画像赐给唐家。原来仁宗时期，唐介曾担任谏议大夫，仁宗密令画师摹写其画像，藏于内宫，御题"右正言唐介"，外人并不知情，可见唐介在朝廷中的重要地位，而神宗对于王安石的支持力度也可见一斑。（清·黄以周《续资治通鉴长编拾补》）

唐介的死似乎激怒了朝中的大臣。侍御史（国家监察部副部长）刘述与刑部法官丁讽、王师元坚决反对神宗敕裁的结果。王安石大怒，命令开封府推官（开封府地方法院院长）王克臣上书弹劾刘述。（清·毕沅《续资治通鉴》）事情的性质开始发生变化。阿云一案经过大理寺、审刑院的审理，又经过司马光、王安石、吕公著、富弼、文彦博、唐介等翰林、中书、枢密重臣的论争，再经过刘述、吕诲、刘琦、钱𫖳等一批法官的反复辩论，越吵越离谱，越吵越偏离案件本身。特别是在宋神宗、王安石即将开启革新变法之际，对阿云案的反复争论其实已经演变为赞同与反对变法之两大阵营争论与斗争的大预演。这两大阵营的政治较量、意气之争都渗透在对阿云案的辩论当中。比如唐介、富弼、吕诲、钱顗等人，本来就反对王安石变法，反对他建立的变法机构制置三司条例司，刘琦等人认为王安石变法是小人牟利之举，虽然会给国家赚取钱财，但其本质是以不正当手段夺取商人利益。所以当王安石指使王克臣弹劾刘述时，刘述率刘琦、钱顗一起上书神宗皇帝，直接弹劾王安石："王安石执政以来，飞扬跋扈，专权骄横，为所欲为，藐视法律。陛下想要成就尧舜那样的太平盛世，但王安石用的都是管仲、商鞅等法家的权谋狡诈之术。他设置制置三司条例司，独揽财政大权，任用亲信执掌权柄，其所作所为骇人听闻。就拿阿云一案来说，王安石本来不懂法律，却偏听偏信，妄论自首之法，擅改朝廷法度，真是贻害天下！先朝先皇的法令制度，本应世世代代遵守，他却事事更换，废弃不用。王安石自从应举为官以来，天下士人对他寄予厚望，陛下对他也很信任，提拔他担任参知政事，主持政务。可没想到他恃宠乱为，以敛财为治国之先，取悦圣颜。其言其行乖张古怪不合常情，请陛下早早罢免此人，还给天下一个安宁。王安石的同党曾公亮阴险狡猾，结党营私，妨害贤士之路，也请赶紧将他罢免掉！至于参知政事赵抃更是尸位素餐，凡事不做决断，只知唯唯诺诺，国家重臣侍奉君王，怎么能这样！太不合格了！"（清·毕沅《续资治通鉴》）

疏奏呈上之后不久，刘琦与钱顗都被贬往地方州县做监盐酒税务的小官。司马光上书为他们求情，但神宗不予理睬。钱顗将要离开朝廷时，半路碰见殿中侍御史（监察部司长）孙昌龄。孙昌龄当年在金陵（今江苏南京）曾追随王安石学习，后来又经王安石推荐为官。钱顗一见孙昌龄就来气，对他说："您当年在金陵曾侍奉王安石，后来进京做了御史。以后应当多想想怎么报效国家，别总是趋炎附势巴结权贵，整天就想当大官！我看您这个人连猪狗都不如！"说罢一甩袖子扬长而去。孙昌龄气得要命，为了撇清自己，表明自己的清白，只好上书弹劾王克臣阿谀奉承王安石，欺瞒圣上。很快，孙昌龄也被贬为蕲州通判。钱顗家里很穷，母亲年迈，被贬之后更加穷困，常常要跟亲戚朋友借钱借粮，才能吃上一口饭，但他神情自若，毫无被贬之后的沮丧之色。（清·毕沅《续资治通鉴》）

你看，事情最终变成了这个样子。阿云这个小女子掀起的可不仅仅是一场法律风暴，而是更大更凶险的政治风暴，这场风暴的焦点不是阿云，而是王安石及其变法事业。

那么，阿云最终到底是死是活呢？时间过得很快，转眼17年过去了，宋神宗元丰八年（1085）四月，神宗皇帝去世，司马光出山做宰相，王安石则早已赋闲退居金陵（今江苏南京），远离政坛七八年了。司马光调出阿云一案重新审理，认定阿云并没有自首情节。范仲淹之子、给事中（朝廷公文审读官）范纯仁也认为神宗熙宁年间刑法太过宽容，漏网坏人太多，现在应该修订刑法，重立规矩。今后举凡杀人、强奸、抢劫等重犯，均无自首资格，更不许减免惩罚。（元·脱脱《宋史·刑法志》）对于阿云来说，这当然是个糟糕的判决，阿云的生死我们不得而知，其实也并不重要。毕竟她已经多活了17年，也许此时的她早已嫁人，生儿育女，拥有一个幸福的小家庭，平和安康，自食其力。这也正是当初许遵、王安石、神宗皇帝挽救她性命的目的所在。司马光重新判决此案，除了夺走阿云的性命，拆散她的家庭，伸张三纲之大义外，没有什么更深远的实际意义。其实，这一次重判与其说是在判决阿云，不如说是在判决退居金陵的王安石。阿云案从一开始就不是一起单纯的刑事案件，它是一面明亮的镜子，反射出熙宁初年那一场变幻激荡的政治风云。

第十一讲

青苗法的是与非

宋神宗熙宁二年（1069）二月，宋神宗任命王安石为参知政事，成立改革变法的领导与执行机构"制置三司条例司"（简称条例司）。以参知政事王安石、知枢密院事（国防部副部长）陈升之同领"条例司"。与宋朝常设行政机构相比，这个"条例司"都有哪些特点呢？

我们知道，北宋的行政体制由二府三司组成。二府：一府为政事堂，又称"中书门下"，简称"中书"，是国家最高行政机构，相当于国务院，其首长为宰相，即国务院总理；另一府为枢密院，是国家最高军事机构，首长为枢密使，即国防部部长，官品与宰相相同。三司是盐铁司、度支司、户部司，分别执掌工商收入与军器、财政收入与漕运、户籍财赋与专卖等。三司是国家最高财政机构，首长为三司使，即财政部部长，又称"计相"，地位仅次于宰相。政事堂、枢密院与三司互相独立，不相统属，而又互相牵制，分别向皇帝负责。

这种行政格局便于皇帝统筹财政军大权，但它的缺陷也很明显：政事堂主政而不晓财务、军务；枢密院主兵而不知政务、财务；三司主财而不知政务、军务。导致政出多门，决策效率低下。王安石变法以"富国强兵"为目标，必将涉及财政军三方要务，这就要求打破现有的行政格局，设置一个指导议法、立法和执法的统筹机构。所以"制置三司条例司"不是个单一的行政、财务或军事机构，而是超越这三者的统筹机构。在变法初期，设置这样一个超越财政军机关的独立机构，便于打破行政机关彼此牵制、相互推诿的现状，从前能够以较快的速度，较大的力度颁行新法。事实证明，正因为有了"条例司"这个高效平台，变法派方得以迅速出台多项变法法令。如宋神宗熙宁二年七月，颁行均输法；九月，颁行青苗法；熙宁三年（1070）十一月，颁行农田水利法；十二月，颁行保甲法；熙宁四年（1071）二月，颁行贡举新法；熙宁二年十二月至四年十月，逐步颁行免役法；熙宁五年（1072）三月，颁行市易法；五月，颁行户马法；八月，颁行方田均税法；熙宁六年（1073）至元丰二年（1079），逐步颁行将兵法；元丰七年（1084），颁行保马法等等。这其中，与老百姓生活最密切，争论最激烈，影响最大，名气也最大的就是青苗法。（元·脱脱《宋史·食货志》《宋史·兵志》，宋·李焘《续资治通鉴长编》）

青苗法颁行于宋神宗熙宁二年（1069）九月，废止于元丰八年（1085）三月宋神宗病逝之后。是王安石变法中一项重要的经济政策。所谓青苗，是指还没有成熟的庄稼。青苗法的字面意思是：在夏秋两季庄稼青黄不接时施行的经济政策。所以，讲青苗法之前，先得讲讲青黄不接与常平仓。常平仓是北宋朝廷的一种粮食补贴制度。其作用是：粮食丰收时，粮价走低，此时常平仓以高于市场的价格收购粮食，免得农民利益受损。在青黄不接或者粮食歉收时，粮价上扬，此时常平仓以低于市场的价格卖出仓储粮食，以便平抑粮价，赈济农民。常平仓这个制度当然好，但是它本身存在制度缺陷，难以为继。为什么？第一，常平仓的本钱不足，存粮也不足。常平仓只是一种救济补贴制度，并非利润机构，它非但赚不了钱，还需要朝廷不停地给它补贴银子。宋仁宗、英宗以来，朝廷的手头越来越紧，哪儿有那么多银子给里面补贴呀？第二，常平仓数量少。这个问题其实跟第一个问题一样。为什么常平仓数量少？没那么多钱嘛！常平仓一般都设置在州县的首府，比如河南省就设在郑州市，北京市就设在北京市区。这样对于农民来说，卖粮买粮都不方便。

第三，常平仓的管理模式有缺陷。它的行政主管部门是司农寺（国家粮食局），经费来源是三司（国家财政部），但设置在各地的常平仓通常又由转运使（地方最高行政首长，相当于省长）主管。所以，当中央、地方财政发生困难的时候，常平仓的经费就常常被三司与转运使借支或挪用。

这些都造成常平仓经常处于上气不接下气的状况。尤其是在青黄不接的时候，常平仓的储备往往不能有效解决农民缺粮、少粮的问题。于是，贫困无粮的农民只好向大地主发放的高利贷伸出求援之手。北宋时期的高利贷利息非常高，通常会达到100%甚至200—300%，还不起高利贷的农户往往不得不出卖土地还贷以至破产，因此导致土地兼并严重，农民流亡与贫困人口不断增加，这样下去将不利于农业经济发展与社会政治稳定。怎么办呢？要解决的主要是一个核心问题：必须寻找一种有效的运行方式，既可以在青黄不接的时候给农户提供粮食，避免他们遭受高利贷的盘剥、压榨，又能够让朝廷获得一定的收益，以确保这样的救济制度得以延续。这种新的运行方式就是青苗法，它是对常平仓的一种补充与完善。

比如以前青黄不接时，常平仓靠低价卖出米粮来平抑粮价，保护农户利益。现在的做法是，每年正月，常平仓将仓储米粮兑换成现金（即青苗钱），然后将青苗钱低息借贷给农户，当年五月，农户按期归还本息，现金、粮食均可。其中米粮兑换青苗钱的兑换价以十年来丰收年的平均粮价为准。这样做既解决了常平仓只出不进的困境，又解决了农户青黄不接之时的困难，还摆脱了高利贷的盘剥，同时让朝廷有所盈利，从而形成一个良性的循环过程。青苗法还调整了常平仓的管理模式。由原来司农寺、三司、转运使几方共管，转变为司农寺垂直领导提举常平司（管理常平仓之官署，首长为提举官），既避免了挪用专款，也不会相互扯皮，影响工作效率。以往常平仓的重心是平抑粮价，而青苗法的重心是抑制高利贷，防止土地兼并。它通过发放低息贷款确保常平仓的良性运营，使常平仓有能力从随机救济转向常态救济。

青苗钱的借贷每年两次。第一次在正月，称为夏料，即上半年。第二次在五月，称为秋料，即下半年。青苗钱首先面向农户，如有剩余也可借贷给城市居民。贷款数额按农户等级分为五等。第一等户最高，贷款额不超过 15 贯，第二等户不超过 10 贯，第三等户不超过 6 贯，第四等户不超过 3 贯，第五等户不超过 1.5 贯。贷款利息 20%，一年两次贷款，实际利息为 40%，这个数字也不低，但比起 100%、200—300% 的高利贷利息就低多了。其本质是以官府的低息贷款替代大地主的高利贷。如果有人还不起贷款，出现坏账怎么办？青苗法规定，每五户或十户人家结成一保，由第三等户以上农户为甲头、保头。如果保内有人还不上贷款，那么这个甲头、保头就要负全责。（清·徐松《宋会要辑稿》，宋·李焘《续资治通鉴长编》）

综上所述，青苗法的目的就是："以广蓄积，平物价，使农人有以赴时趋事，而兼并不得乘其急。"（《宋史·食货志》）增加储备，平抑粮价，青黄不接的时候，农民不会遭受地主高利贷的盘剥，土地不会被地主兼并，在一定程度上保护农民的生产力，让他们有时间和精力兴修农田水利，促进农业生产。青苗法比起原来的常平仓，增加了借贷环节，发生了利润。但它依然保留常平仓救济制度的性质。朝廷规定，常平仓每年只能拿出一半钱粮用于放贷。它依然要在丰收年高价购粮，用于储备，依然要在灾荒年低价售粮，赈济受灾农户。朝廷也依然会拨付钱粮给它作枭籴之本。这些都说明青苗法是在常平仓基础上的进一步延伸与完善。

既然青苗法这么完美，这么好，那应该是广受好评、广受欢迎吧？恰恰相反。事实上，青苗法在它还处于酝酿阶段的时候，就备受质疑。最初，苏辙也在制置三司条例司工作。王安石意欲推行青

苗法，征求他的意见。苏辙以为不妥。他认为：官府将现金以 20%
的利息借贷给农户，本来不是为了谋利，只是为了便民。但是难免
会有见钱眼开之人和贪官污吏从中盘剥克扣。再者，这笔贷款到了
农户手中，是否能保证使用得当而不被滥用，是否能保证按期归还，
这都是问号。如果不能按期归还，官府又不免拳脚棍棒相加，督责
之下劳民伤财，真不划算！不如继续维持常平仓的老办法。王安石
当时很重视他的意见，就延迟了青苗法的实行时间。（清·毕沅《续
资治通鉴》）

　　司马光对青苗法也心存疑虑。他对神宗说："一般地主借给农户
高利贷，农户如还不起，尚且闹到妻离子散、家破人亡。现在如果
还不上青苗钱，官府的催逼督责胜过地主百倍，农户岂不是更加鸡
飞狗跳、生不如死吗？"神宗很不以为然，说："没有那么严重吧？
借贷青苗钱本着自愿的原则，农户如果不愿意贷款，又没人强迫他
贷！"司马光说："贫困农户当然是自愿的，但是他们只知贷款能解
燃眉之急，哪里知道还贷的难处？一旦还不上怎么办？"神宗放缓
语气说："我听说青苗法在陕西实行得还不错嘛！"司马光却针锋相
对地答道："我是陕西人，我只看到青苗法的毛病，看不到它有什么
好处！"（清·毕沅《续资治通鉴》）

　　争论是没有意义的，关键是实际情况到底如何呢？前任宰相、
时任河北安抚使（河北地区最高行政长官）的韩琦上书神宗说："青
苗法的本意是为了救济农户，抑制高利贷，朝廷信誓旦旦地说并不
从中牟利。但目前情况并非如此。农户借朝廷 1000 元，要还 1300
元，这不就是放贷款赚利息吗？这样做违背了青苗法的初衷，今后
老百姓还怎么信朝廷的话？朝廷规定上等农户做甲头，担保还贷风
险大的下等户。可是上等户们并无贷青苗钱的愿望，想要贷青苗钱
的是在青黄不接时节的缺粮的下等户。于是现在的情形就变成：上
等户有还贷能力但并不想贷款，下等户有还贷风险却想要贷款，同

时上等户还要给下等户作保。这样一来，官府必然将青苗强行摊派给上等户，因为他们是偿还贷款的保证，也是各级地方官员完成青苗法任务标榜政绩的保证。可是上等户们就很生气了。他们本来没有贷青苗钱的需求，现在每年强行摊派给他们两次青苗钱，总计30贯，等于每年要白贴6贯钱的利息，这还不包括没机会放高利贷带来的损失。关键是，如果下等户真的还不起利息，上等户们作为甲头，在官府的催逼下，只好替下等户还贷，钱不够就只好卖房子，卖田地。翰林学士范镇指出，如此一来，必然造成富者变贫，贫者益贫的恶劣局面。试问，难道这些上等户们都是白痴，干等着朝廷这样宰割他们的利益吗？"（清·毕沅《续资治通鉴》，宋·范镇《论青苗之害疏》）

其实对于下等户们来说，青苗法也存在很多问题。青州（今属山东潍坊）知州充京东东路安抚使（今属山东大部及苏北地区，京东东路最高行政长官）欧阳修就反映了这方面的问题。他上书朝廷说，有些地区庄稼歉收，有些农户家里困难比较多，很难按时还清贷款本息。但是官府并不体恤农户的具体情况，依然搞一刀切，机械地按照规定时间索要贷款。农户没办法，只好向富户借高利贷偿还官债。如此一来，他们等于遭受了官府与地主的双重压榨剥削。官府虽然按时收回了贷款，但农户因此倾家荡产，官府因此失信于民，百姓对青苗法怨声载道，骂声连天。此外，对于贫困农户，偿还上半年第一次贷款本来就有难度，如果官府依然按规定强行给他们发放下半年第二次贷款，这就不再是雪中送炭，而是雪上加霜了。因此，欧阳修向朝廷建议：对于困难农户或者拖欠贷款的农户，应暂停发放第二次贷款，给他们一个喘息的机会。欧阳修上书之后，时间已近五月，他胆子很大，等不及朝廷批复，便擅自做主，以京东东路安抚使的名义下令京东东路各州郡暂停发放本年第二次的青苗钱。欧阳修的做法虽然违规，但也由此可见青苗法在执行中给百姓

造成很大的麻烦，使得官府与百姓关系很紧张。（宋·欧阳修《言青苗钱第二札子》）

青苗法还存在一个粮价换算的问题。比如正月发放上半年贷款，那时候正值青黄不接，粮价平均水平高，折算出来的预定价格肯定也比较高。但是等到五六月份还贷款的时候，新粮刚刚上市，价格比较低，要将这部分粮价换算成正月的粮价，农户就必须出售更多的粮食，无形当中就蒙受了损失。再比如，青苗法名义上是 20% 的利息，但如果计算各种管理运行成本，以及不法之吏寻机增息，实际的利息要远远高于 20%。青苗法在贷款时，是将粮食折算成现金贷给农户。虽然朝廷规定归还利息时钱、粮均可，但在实际操作中官府往往只收钱不纳粮。这一方面是因为现金结算非常方便。另一方面，在古代社会，粮食的质量受季节、储运等因素影响较大，其实际价值很难与贷出时的现金价值相当。而古代社会的货币（现金）大都由昂贵的稀有金属铸造，与粮食相比，其自身有更稳定的价值。打个比方，用一块金币买同等价值的粮食，金币的价值比粮食更加稳定，这就是所谓的"钱贵物轻"。所以朝廷收贷时只收现金。这样一来，实际上又增加了农户的负担，在民间造成了钱荒。（宋·李焘《续资治通鉴长编》，清·徐松《宋会要辑稿》）

青苗法在执行中出现了这么多问题，不能不引起朝廷的重视。宋神宗熙宁三年（1070）三月，宰相曾公亮听说青苗法在执行中有强行摊派的情况，他就派右正言（中书省属官，谏议之职）、知审官院（中下级文官考核机构首长）孙觉到下面去调研。孙觉就去陈留县（今属河南开封）下乡调研，结果发现，全县到处张贴着发放青苗钱的通告，但是没有一个农户前来申请青苗钱，县府也没有发出去一文青苗钱。在给朝廷的报告中，孙觉的结论是：老百姓根本不愿意向朝廷借贷，种种迹象表明，青苗法不应该实施，请求罢免此法。王安石看罢大为震怒。孙觉之前就数次上书神宗，反对青苗法，这次到底下转了一圈儿，做了些调研，结果呈上这样一份全面否定的内参式报告，王安石怎么能不怒？他立刻奏请神宗将孙觉贬往外地。问题在于，孙觉反映的情况是否属实呢？应该说，部分符合事实。朝廷颁行青苗法，本意是为了让农户摆脱高利贷的盘剥，但是陈留县的农户为什么不愿意领这份情呢？难道他们宁愿忍受高达200—300%的高利贷利息的盘剥，也不愿意借贷官府40%的利息吗？这到底是为什么呢？我们还是来比较一下高利贷（姑且将其称为私人贷款）与青苗钱的优劣吧。

与青苗钱相比，私人贷款的还贷形式比较自由，钱币或实物均可，并不局限于钱币。如果有人拖欠贷款，不必担心像拖欠青苗钱那样遭到官府的督责、惩罚。苏辙对此曾做过生动的描述。他说："私人贷款虽然利息高，但是放贷者与借贷者都是乡里乡亲，甚至同宗同族，彼此讲的是人情，不是法理。想借贷随时可以借，想还贷随时可以还，没什么一定之规。今年还不上，明年还也行，还不上粮食，还猪马牛羊、水草树木也行。借还贷的手续也很简单，一边做农活一边就办妥了，两不耽搁，还省了乱七八糟的手续费、管理费。官府就不行，一切都得按规矩来。每年必须要借贷两次，还贷必须是现金，借贷必须要邻里作保，一家不按时还贷大家都跟着倒霉，还有那些数不清的麻烦手续与手续费。总之，青苗钱的利息虽然比高利贷低得多，但是跟官府借钱，还钱规矩太多，成本太高，神经实在太紧张。两相比较，为了图个方便、宽松，有人宁可吃高利贷的亏，也不占青苗钱的便宜。"（宋·苏辙《画一状》）

有人也许会说，借债还钱天经地义，青苗法定的规矩并没有错。至于农户讨厌青苗法的规矩，甘愿吃高利贷的亏，那只能说明他们没有觉悟，他们不愿意遵守真正科学的借贷规则。这话说得对也不对。说它对是因为如果在当代社会，一个公民从银行贷款，他当然必须按期交付贷款利息，到期后当然必须归还本息，否则他将受到法律与经济的制裁。说它不对是因为青苗法的执行环境并不是当代社会，而是九百多年前的中国古代封建社会。在当代社会，人们遵守市场经济规则与商业道德原则，执行青苗法当然没有难度；而在王安石的时代，人们行为方式甚至经济行为方式的原则依然是伦理亲情与宗法礼教，执行青苗法这样的经济规则当然就有难度。况且，现代信贷制度的执行者是银行，而青苗法的执行者是封建官府。我们可以想象，像青苗法这种极不完善的信贷制度，尽管它的初衷是善意的，但在满脑子官尊民卑等级观念的封建官僚手中，在官僚社会这个大染缸中，它很容易变形为滋生贪官污吏的温床，搜刮民脂民膏的钉耙，邀功请赏的政绩工程。

总之，归结起来，青苗法有这样几个不妥之处：一、常平仓的本来目的是平抑粮价、赈济灾伤。但青苗法开始放贷取息，目的开始转变为敛取利息。青苗钱固然抑制了高利贷的盘剥，但作为一种私人民间贷款，高利贷的发放总量与利息总量都很有限。青苗钱的利息虽然低于高利贷，但在朝廷的强行摊派下，几乎所有的农户都必须借贷还息，导致青苗钱利息总量巨大，每年可达数百万贯，甚至接近千万贯。简言之，国家从全国农户身上取走的利息总量，要远远大于高利贷者从农户身上取走的利息总量。于是，青苗法的本来目的是平抑粮价、赈济灾伤，帮助农户摆脱高利贷，现在却开始威胁到了农户的整体生存利益。这是青苗法最大的失误之处，也是它最饱受诟病的地方。二、青苗法的本质是一种信贷政策，信贷的前提是自愿请贷。但朝廷却以行政手段考核官员贯彻青苗法的业绩，这势必造成强行摊派，由此便违背了青苗法信贷政策的性质，使青苗法变相为财产税。三、收缴利息不征粮米而征钱款，超越了北宋社会经济的发展水平。

说了这么多，好像将青苗法说得一无是处了，其实不然。这里有一个很重要的因素就是青苗法的适用范围问题。王安石任江宁知府（南京市市长）期间，曾教授过一位扬州的学生，名叫李定，王安石很器重他。李定后来进京任职，遇到谏官李常。李常就问他：你从南方来，那儿的老百姓对青苗法是什么态度？李定来京前远处江南，他根本不知道围绕这个青苗法，京城已经吵翻天了。他就回答说：老百姓觉得很好，很便利，没有不高兴的。李常立刻告诫他：现在朝野上下都在争论青苗法，你可别再说它的好话了！李定去见王安石，问：我只不过是实话实说，我不知道京城中不允许说青苗法的好话。王安石一听李定的话，大喜过望，说：回头我带你去见圣上，你就将你所见到的都告诉皇上。于是立刻向神宗推荐李定，神宗听罢李定的话，非常高兴，坚定了青苗法是一项正确的法令。（元·脱脱《宋史·李定传》）

那么，面对同样一个青苗法，为什么孙觉与李定看到的情况差别这么大呢？其实说来也简单。凡是可实行青苗法的地区，至少应满足两个条件：一、粮食产量较大；二、钱款流通丰富，否则根本无力借贷青苗钱。比如在北宋的一些落后地区，绢帛依然承担着货币职能，金属钱币非常稀缺，青苗法在这里如无本之木，就不可能落地生根，开花结果。再比如北宋的安肃（今属河北）、广信（今属广西）、顺安（今属安徽）、永兴（今属陕西）、川峡四路（今属四川）等地，或者地瘠民贫，或者池沼密布，耕地面积与数量都很少，也根本没有推行青苗法的农业基础。孙觉调研的是北方中原地区，李定看到的是南方江浙情况，情形千差万别，岂可同日而语？青苗法的成功实施需要多方面的条件，农业、商贸、地域、风俗、吏治等等，任何一个因素发生问题，都会影响整体的实施效果。北宋经济发展地域差别甚大，富裕的地区甚至开始发行纸币"交子"，贫困的地区依然处于刀耕火种的状态，连饭都吃不上，在这些地区推行青苗法，无异于自绝生路。（宋·李焘《续资治通鉴长编》，清·徐松《宋会要辑稿》）

一水護田將綠繞
兩山排闥送青來

王荆公書湖陰先生壁　歲次丁酉康宸

因此，我们不能简单说青苗法是对还是错，是成功还是失败。我们只能说青苗法乃至王安石的变法，是历史的必然，是北宋社会经济发展的需要，是北宋社会全面走向变革、走向维新的历史趋势的重要组成部分。包括青苗法在内的王安石变法的诸多举措，都是历史的产物、时代的产物，是符合历史潮流的，是值得肯定的。但同时，北宋这个古代封建王朝，它的经济规模、吏治水平、统筹能力、金融商贸、法律法规等等一系列与青苗法实施相关联的社会经济体制的建设，还很不完善很不成熟，这样的社会经济发展水平很难保证青苗法以及王安石的变法能走向全面的成功。从这个角度来看，青苗法以及王安石变法的某些措施确乎超越了北宋社会经济发展所处的阶段与水平。

但不管怎么说，青苗法的实施还是取得了很大的成效。最大的赢家是国家，它得到了最大的实惠。宋神宗元丰三年（1080），国家放出贷款 13186114 贯，收回钱款 15000422 贯，收入 1814308 贯；元丰五年（1082）三月，收入为 5000000 贯；十月，收入为 8000000 贯。元丰六年（1083），放出贷款 11037772 贯，收回钱款 13965459 贯，收入 2927687 贯。元丰七年（1084）利息所得为 2920000 贯。宋神宗熙宁二年（1069）二月，开始实行青苗法，国家投入青苗钱本钱 15000000 贯，元丰八年（1085）三月宋神宗去世，16 年时间，国家总收入 50000000 贯，粮食布匹 28000000 石匹。这还仅仅只是青苗法一项的收入，如果将王安石变法的所有举措都算上的话，那将会是一个更巨大的数字。（清·徐松《宋会要辑稿》）

这笔巨大的收入除了用于籴买常平仓的储备粮，平抑粮价、赈济灾伤之外，还用于还贷款给民户兴修农田水利、购买军粮及重要的军需物资、鼓励保障养马户养马的费用、借给各级地方政府的经费。总之，青苗钱的收入在北宋社会经济的稳定与发展中发挥着重要作用，有积极的历史价值。

第十二讲

变法、变脸、翻脸

变脸，是戏剧表演中的一种绝活儿，其实质是一种情绪化妆，是一种瞬间多次变换脸部妆容的表演特技，每一种妆容代表不同的情绪。许多剧种都有这种特技，以川剧最为著名。可这个变脸跟王安石变法有什么关系呢？实际上，王安石变法变到最后，变法派与反变法派都开始变脸了。变法派的脸越变越僵硬，越变越不近人情；而反变法派的脸越变越激动，越变越偏激好斗。总之，针对变法的种种举措，双方的脸几乎每天都在发生着生动的变化。

宋神宗熙宁二年（1069）三月，王安石任参知政事（相当于国务院副总理），第二年升任同中书门下平章事，也就是宰相（相当于国务院总理）。唐宋时代，中书省、门下省这样的决策机构首长都是当然的宰相。此外，皇帝还会任命一些有治国才能但品级较低的官员参与机要政务，给他们加上"同中书门下平章事"的头衔，赋予他们宰相的职责。后来也就称宰相为"同中书门下平章事"。

王安石任宰相以来，积极推行改革变法。其目的主要有二：一是富国，二是强兵。譬如他推行的青苗法，一是要平抑粮价，让农民摆脱高利贷的盘剥；二是要收取青苗钱利息，为国敛财。青苗法的初衷当然无可厚非，但在执行的过程中会冒出很多问题。有的问题是技术性的、枝节性的，但有的问题则是本质性的、原则性的。正是这些问题，导致变法派与反变法派不断变脸以至于最终翻脸。

首先第一个问题是：究竟该不该变法。关于这一点，王安石变法的得力助手吕惠卿与翰林学士司马光有一次著名的辩论，这次辩论暴露出变法派与反变法派在治国理念上的根本分歧，也预示着他们必然走向变脸与翻脸。

王安石很器重吕惠卿，他对神宗说：吕惠卿这个人很能干，前朝的大儒也比不上他。他的长处在于：擅长将先王之道贯彻到实际工作中去。王安石的意思其实就是吕惠卿善于理论联系实际。吕惠卿因此担任制置三司条例司检详文字，相当于改革变法领导小组机要秘书，后又升任太子中允（太子东宫侍奉官）、崇政殿说书（皇帝的教师）。吕惠卿成了王安石变法的左膀右臂，条例司里事无大小，王安石必与他商议，改革变法的文件也大都由吕氏起草拟定。有人开玩笑说，变法派中，如果王安石是孔子，那么吕惠卿就是颜回，可见当时他们俩的关系有多么亲密。从这个意义上来说，吕惠卿与司马光之间的辩论，也就是王安石跟司马光之间的辩论。

吕惠卿与司马光争论的焦点是：祖宗之法究竟能不能变。吕惠卿认为可以变，司马光认为不能变。从宋英宗治平三年（1066）四月起，司马光一直在奉诏编写《资治通鉴》，这是为皇上编写的一部编年体的历史教科书，让皇上借鉴历史来治理国家。司马光每完成一部分，就会给皇上讲解其中的内容。神宗熙宁二年（1069）十一月十七日，司马光给神宗讲西汉曹参接替萧何任宰相这件事。司马光说：曹参接替萧何担任宰相，并不变更萧何所制定的法令法规，这就是守成之道。所以汉惠帝、吕后统治时期，国泰民安，丰衣足食，天下繁荣。有个成语"萧规曹随"，就是这么来的。

神宗有点儿不大相信，觉得西汉的制度哪儿能一成不变呢？司马光解释说：如果夏、商、周的君王能够固守前代君王的制度，那么这三个朝代就不会灭亡。所以周武王灭掉商朝后宣布：继承商代的制度，一切都不改变。汉武帝听信了张汤的意见，更改汉高祖的制度，结果盗贼猖獗。汉宣帝则继承汉高祖的法度，天下很快又走向大治。《诗经》上说得好："不愆不忘，率由旧章。"（《诗经·大雅·假乐》)意思是遵循以前的规章制度，我们就不会犯错误。荀子也说："有治人，无治法。"(《荀子·君道》)意思是说治理国家的关键在人，而不是法。所以治理国家关键在于用人，而不在于变法！

可神宗总觉得司马光说得不够全面，就问："你说的固然有道理。但制度毕竟是人制定的，也要靠人去执行，它们两者应当是相得益彰的吧？"神宗的弦外之音很明确：制度是人根据实际情况制定的，实际情况变了，制度也应当改变。制度是死的，人是活的，制度要随着人的变化而变化，活人怎么能被死制度束缚呢？司马光却说："如果用人得当，就不用担心制度不健全，如果用人不当，制度再健全也无法很好的执行。所以用人是当务之急，至于变法，不着急。"

两天后，吕惠卿给神宗授课，有针对性地讲了自己的看法："先王的法令怎么可能一成不变呢？只不过变化的周期长短不同罢了。永世不变的主要是尊长、敬贤、友爱、用能这些基本的人伦道德原则罢了。至于司马光列举的那些汉朝史实，都与事实的真相不相符合。当初汉高祖进入关中，萧何协助他与秦中父老约法三章，后来形势变了，萧何又参考秦朝的法令，制定了新的《九章律》。后来的汉惠帝、汉文帝，都曾依据实际情况废除了《九章律》中的一些法律条款。至于汉武帝时期盗贼群起，并不是因为他变更法度，主要是因为他穷兵黩武，穷奢极欲。汉宣帝功勋卓著也不是因为他一成不变，而是因为他任用贤能，注重吏治，赏罚分明。总之，为政之道贵在变通疏导，岂能坐视弊端丛生而一成不变呢？最近朝廷正在改革变法，出台了不少新的法律法规制度。司马光一定对此心怀不满，所以说出这些话来规谏暗讽新法。希望陛下洞察司马光言论的真实用意，如果他说得对，那么从谏如流，如果不对，您也应该告诉他错在哪儿。不要让他隐瞒自己的观点，应当召见司马光，大家在一起讨论，只有统一了思想认识，才好合力做事。"（清·毕沅《续资治通鉴》，清·黄以周《续资治通鉴长编拾补》）

神宗觉得吕惠卿说的在理，于是立刻召见司马光，将吕惠卿的看法转告给他，问他的意见。司马光回答："我没有讥讽新法的意思。我认为治理国家好比整修房屋。房屋有问题自然要整修，但除非已经破败不堪，否则不必拆了重建。即便是重建房屋，也需要优秀的工匠与优质的材料。如果这两者都没有，还怎么重建？三司本是财政机构，如果不合格可以撤换官员，但不能让政事堂、枢密院这两个行政、军务机构插手财政的事情，这就乱了章法。现在新设的制置三司条例司将政事堂、枢密院、三司的人搅和在一起，算怎么回事？"话锋所指，直逼这个新设置的变法机构，挑战其存在的合法性与合理性。

吕惠卿自然不肯示弱，立刻回答说："司马光身为侍从之臣，进谏之官，见朝廷有不当之事就该直言不讳。如果做官的人不称职，就该让他辞官，如果是谏官进言不当，就该让他回家。哪儿能就这么说说算了！"言下之意：一、司马光你身为谏官，到底要弹劾谁？有话你就明说出来，别遮遮掩掩的，否则就是不称职！二、司马光你身为谏官说话要负责任，如果进言不当，就是不称职，也该走人！

司马光一听就生气了，立刻问神宗："陛下，前不久我曾上书指出朝政的不当之处，其中就包括不该设立制置三司条例司，不知道陛下看到没有？"神宗点头称是。司马光于是说："这样说来我还是尽到了谏官的职责。至于说我的谏言不为朝廷所用却还赖在朝廷不走，这的确是我的过错。吕大人责备我，我无话可说。"两个人话赶话，越说越激动，眼看就要吵起来了，神宗赶紧打圆场，安慰司马光说："大家在一起讨论讨论，主要是为了解决问题，不过说说罢了，不至于如此，不至于如此！"（清·毕沅《续资治通鉴》，清·黄以周《续资治通鉴长编拾补》）站在一旁的翰林学士承旨（翰林学士院院长）王珪也来打圆场："司马光的意思，恐怕是说朝廷的变法之事，如果弊多利少的话，也不一定就非得坚持，可以慢慢来嘛！"一边说，一边给司马光使眼色，让他别再说了。

但是神宗并不打算结束这个话题。他问王珪："现在只要有所变革，朝廷上下就议论纷纷，都说此事不可为，但又不明说为什么，这是怎么回事？"王珪是个滑头，慢慢说："我身份低贱，朝中的事所知甚少，民间的事也不知道真假虚实。"神宗立刻说："听到什么看到什么就说什么嘛！"还是司马光胆子大，他说："朝廷现在实行青苗法，这事不大妥当。原来富户发高利贷，贫户遭受富户的盘剥。现在贫户们跟朝廷借青苗钱，如果还不上，官府督责起来，他们恐怕更没有好日子过。"吕惠卿立刻反驳说："您说的不对。过去富户发高利贷，是害民；现在官府贷青苗钱，是利民！而且贷青苗钱给贫户纯属自愿，并没有强迫他们。"司马光说："贫户向富户贷款也属自愿呀！这与自愿不自愿根本没关系。老百姓只知道借贷的好处，不知道还贷的难处。青苗法这种权宜之计弊端太大！"言外之意是：青苗法的目的不就是为国敛财吗？到头来害民也害国！吕惠卿马上反驳："司马光无非是说现在的官员都不称职，都在残害百姓。"司马光也不客气："吕惠卿说得对，前两天我跟皇上说过：治理国家的关键在人，不在法。"接着话锋一转，又说："法令制度的小事，陛下委派有关部门处理就是。您的主要精力应该放在选拔优秀而适当的人才方面，这才是您的职责所在。"

辩论一直持续到下午五点多。临走的时候，神宗特别安慰司马光："您不要因为吕惠卿的话不中听而不高兴！"司马光连忙说："不敢不敢。"神宗虽然坚定地支持变法一派，但是他也很重视反对派的感受。他支持改革变法，也很重用反对派的官员。尤其对司马光这样道德学问一流的重臣，更是尊崇有加。司马光比吕惠卿大 13 岁，官位、声誉、资历都堪称吕惠卿的长辈，却在辩论中屡遭吕惠卿的强硬反驳，神宗不得不考虑这位 50 岁大叔的感受。（清·毕沅《续资治通鉴》，清·黄以周《续资治通鉴长编拾补》）

这场辩论在吕惠卿与司马光之间展开，但我们几乎可以肯定，在辩论的那一刻，吕惠卿不是一个人，而是与王安石站在一起，与司马光进行辩论。正如苏辙所说的，王安石对于吕惠卿有"卵翼之恩，有父师之义，方其求进，则胶固为一"（宋·苏辙《乞诛窜吕惠卿状》〈十九日〉）。王安石对于吕惠卿，就好像鸟儿展翅照护卵蛋，父亲养育儿子，师傅培养徒弟那样有哺育之恩。他们在政治上团结得如此紧密，仿佛一个人一样。所以吕惠卿与司马光的对话，就其精神实质而言，完全可以看作是王安石与司马光的对话，也是变法派与反对派的一次辩论与对话。

同时，我们也发现，司马光并不是我们想象中的那种泥古不化的守旧派。他对于变与不变有自己的理解。所谓不变，主要是指一些基本的政治理念与原则，比如仁政的理念、宽以爱人的原则等等。所谓的变，主要是指一些具体的策略与措施。比如改变权力过度集中的状况，改革官场因循苟且、推诿怠惰的作风等等。司马光曾说："今灾变至大，国用不足，臣谓不可不小有变更。"（宋·李焘《续资治通鉴长编》）又曾进言神宗说："今陛下欲振举纪纲，一新治道，必当革去久弊，一遵正法。"（清·黄以周《续资治通鉴长编拾补》）可见，司马光并不一味地反对革新、变法，只不过这种变化、革新必须在他认同的范围内。

在辩论中，司马光特别强调人比法更重要，事实也正是如此。坐下来辩论其实无妨大碍，但是一旦站起来调整人事安排，两派的脸色就变得难看起来了。为了尽快推进改革变法，王安石必须进行大刀阔斧的人事调整，他任命了一大批拥护新法的官员，在政坛上掀起了轩然大波，对革新变法也产生了巨大影响。

这些新晋的官员情况非常复杂，大体分为四种类型：

第一种，一开始参与变法活动，但是很快转向，成为持不同政见者。比如苏辙，神宗与王安石都很器重他，让他担任制置三司条例司检详文字。但苏辙是一个传统的儒者，耻于言利，认为新法的本质是与民争利的敛财行为。所以他虽然在条例司工作，却总与王安石唱反调，甚至指责批评王安石，这让王安石既难堪又生气，于是没过多久，苏辙就离开了条例司。

第二种，忠实的追随者、执行者。如吕惠卿与李定，吕惠卿无需多言了。李定是王安石的学生，颇受王安石与神宗的青睐。神宗先任命他做谏官，后来又提升为监察御史里行（监察部助理检察官）。李定也没有辜负他们的信任，成为变法派最坚定的成员之一。在任御史中丞（监察部部长）期间，曾主持审理苏轼的"乌台诗案"，这是后话。就是这个李定，反对派们坚决反对他担任监察御史里行。知制诰宋敏求、苏颂、吕大临三人同时上书神宗，认为朝廷越级提拔李定为京官，又越级提拔他为监察御史里行，败坏纲纪，乱了规矩。于是将任命李定的诏书封还给神宗①。神宗毫不妥协，连续四次下达这个任命，宋敏求等三人就连续四次将诏书封还给神宗。神宗大怒，立刻罢免三人的职务。他们因此成为士大夫中硬骨头的代表，被誉为"熙宁三舍人"②。

李定虽然上任了，但是反对派们并未善罢甘休。监察御史（监察部高级检察官）陈荐上书弹劾李定，说他任泾县（今属安徽）主簿（县衙属吏，掌管文书印鉴）期间，母亲仇氏去世，他却不为母亲守孝。这个罪名可不小，是十恶不赦的大罪。神宗立刻下令彻查此事，不久得到反馈，说李定确曾辞官回家侍奉老父，但并没有说是给母亲守孝。李定的老父亲则证明仇氏并非李定的亲生母亲。李定也为自己辩护，说当初不确定仇氏是不是自己的亲生母亲，所以不敢贸然明说为其守孝，只能借口回家侍养老父。王安石力挺李定，罢免陈荐，改任李定为崇政殿说书。这一下御史们的脸色变得更难

① 北宋封驳制度规定：中书门下省对于失当、违误的诏令，有权封还驳回给皇帝，以保障决策的正确性。
② 北宋中书省设舍人院，知制诰在此起草诏诰，视同中书舍人。

看了。监察御史林旦、薛昌朝、范育一起上书朝廷，认为李定是不孝之人，不宜担任皇帝的授课教师，王安石推荐不孝之人就是犯罪。王安石二话不说，立刻奏明神宗罢免了这三人的官职。一时间，朝廷上下刀光剑影，恶浪滔天。李定作为当事人，压力很大，请求辞去崇政殿说书一职。朝廷也理解他的难处，便改任他为集贤校理、检正中书吏房公事（中书门下省属官，负责分理文书，检察省务）。（清·毕沅《续资治通鉴》）

但是事情还远远没有结束。反对派们不达目的誓不罢休，他们要利用一切机会来抹黑李定，其实也就是间接抹黑王安石与他的改革变法。当时有个名叫朱寿昌的人，他父亲在陕西做官时，小妾刘氏生下寿昌。之后刘氏离开朱家，母子五十余年无缘相见。朱寿昌做官后多方寻母都没有结果。最终他决定离开家人，辞去官职，专门去陕西寻找生母，否则誓不还家。上天不负有心人，他终于在同州（今陕西大荔）找到年逾古稀的生母刘氏。当地官府将这件传奇故事上报朝廷，朝廷立刻下诏让朱寿昌入京为官。当时正值李定的事件闹得沸沸扬扬，王安石为了保护李定的声誉，便低调处理朱寿昌一事，任命朱寿昌为通判（相当于副市长）。几年后朱母病卒，朱寿昌痛哭过度，眼睛几乎失明。士大夫们纷纷作诗称颂朱寿昌的孝行孝道，苏轼还特意作序文，激赏他的道德，暗讽不孝之人的陋行。李定看到苏轼的序文，心里郁闷极了。其实，反对派对李定的攻击越猛烈，也就越证明李定变法的立场极为坚定。大家心里也都明白，李定之所以突然之间变成了一个不孝之人，归根结底就是因为他讲了青苗法的好话，才让反对派们变了脸色。（清·毕沅《续资治通鉴》）

还有第三种官员，他们是革新变法的投机者。譬如宁州通判（今属云南，宁州市副市长）邓绾上书朝廷说："陛下得到伊尹、吕尚的辅佐，制定新法，老百姓莫不载歌载舞，歌功颂德。我在宁州看到这样的情形，窥一斑而知全豹，想必一路（一省）的百姓也是如此，一路的百姓如此，想必全国的百姓也是如此。不要理会那些肤泛的议论，请坚定的贯彻执行新法！"伊尹是洛阳人，曾辅佐商汤灭夏朝，建立了商朝。吕尚就是著名的姜子牙，山东人，曾辅佐姬昌、姬发灭殷商，建立了周王朝。邓绾显然是在拍神宗与王安石的马屁。如果王安石是伊尹、吕尚，那神宗不就是商汤、周文王、周武王吗？一个圣君，一个圣人，真是非同凡响！也许是邓绾的这些话打动了王安石，也许是王安石正值用人之际，所以就将他推荐给神宗。神宗立刻召见邓绾，问他："你认得王安石么？"邓绾答曰："不认识。"神宗回答说："他是当今的古人。"神宗又问："你认得吕惠卿么？"邓绾也说："不认识。"神宗回答说："他是当今的贤人。"可见邓绾那番伊尹、吕尚之论，对神宗的影响很大。邓绾见罢神宗，又去拜见王安石，二人一见如故，相谈甚欢。本来是要任命邓绾做京官的，结果王安石那段时间正好有事不在朝，宰相陈升之、副宰相冯京主持工作，他们对邓绾并不感冒，于是任命他为宁州知州。邓绾知道后很不高兴，向朝廷上诉说："急急忙忙地召我进京，怎么又让我回去了？什么意思嘛！"有人就问他："你认为自己应该做个什么官？"邓绾回答："怎么着也该做个馆职吧！莫非让我做个谏官不成？"琢磨了一会儿，又自言自语道："要做的话，我便是最合格的了！"

　　之前我们曾说过，史馆、集贤院、弘文馆的官员往往由著名的文士担任，他们往往是未来高级文官的预备人选。而谏官负责进谏皇帝、参议国事，也是朝廷的重要官员。第二天，朝廷对邓绾的任命果然改为集贤校理、检正中书孔目房公事（集贤院校勘整理员兼中书省档案管理员）。邓绾那些在京做官的同乡都嘲笑谩骂他的厚颜无耻，邓绾却说："笑骂从汝，好官我须为之。"（《宋史·神宗本纪》）意思是说嘲笑谩骂随你们的便，我只管做我的官罢了！像邓绾这类官员，正所谓成事不足败事有余，他们大大地损害了革新变法

派的形象。(清·毕沅《续资治通鉴》)

至于第四种官员,则是由于政治权力的争斗而离开了变法集团。比如与王安石一同主持条例司的枢密副使陈升之。陈升之非常狡诈,他内心并不认同条例司的设置,但表面上很支持王安石。但在一些公开场合,他又有意识地表现出不与王安石为伍的样子。王安石对此毫无觉察,因此极力推荐陈升之担任宰相。可是陈升之一登上宰相的宝座,立刻就变脸了,再也不愿过问条例司的事务。一次上朝,他对王安石说:"条例司是政府的下属部门。我是宰相,应该统领朝廷的一切政务,再主持司一级的工作名不副实。"王安石劝他说:"古代的六卿之职,如司马、司徒、司空等等,虽然称之为司,但实际就是宰相。您主持条例司与担任宰相名实相副。至于说到统领朝政,说是统领,但具体到礼、教、刑、政等具体事务,依然需要分工执掌。"陈升之说:"条例司的名称如果是'制置百司条例司'还行,如果仅仅是"三司"则不行。"王安石不解,问:"如今中书门下省的财权、人事权都通过三司条例司得以顺利施行,有什么不行?"神宗看清了陈升之的意图,便解释道:"陈升之以前是枢密副使,所以只能与你同在条例司主持变法。但他现在已经是宰相,在中书省工作,可以考虑将三司条例司划归到中书省去,由中书省统一指导改革变法工作。"(清·毕沅《续资治通鉴》,清·黄以周《续资治通鉴长编拾补》)

王安石立刻反驳说:"当前国家最首要的任务是理财。孔子说过:百姓人口多了,就该让他们富裕,百姓富裕起来了,就该教育他们。(《论语·子路》)设置三司条例司就是为了理财,为了让百姓富裕起来。而独立设置条例司是为了提高决策、办事效率。条例司如果划归中书门下省,办一件事需要四五个宰相反复协商后才能统一意见,办事效率太低。陛下既然允许我与陈升之担任宰相、副宰相,一定不会怀疑我们利用三司条例司专权为奸吧?况且条例司的每一项政策都要经过中书省复审后才能施行，所以没有将其并入中书省的必要。"可是陈升之的态度依然非常坚决，认为没必要设置独立的三司条例司，应当取消或者并入中书省。王安石当然不肯不退让。陈升之说："本来理财之事就是三司的职责，你又何必都揽到自己怀里！"王安石听了这话勃然大怒，因为陈升之的态度表明，在反对变法的势力面前，他不仅开始退缩，想要脱离变法派，甚至开始反对变法本身，这不能不令王安石感到愤怒。关键时刻，神宗还是站在了王安石一边。他建议王安石一个人全权领导三司条例司，但王安石以为不妥，坚持要集中中书、枢密、三司三方的权力来推行变法。于是他决定与枢密副使韩绛共同领导条例司的工作，而陈升之与王安石的合作也就此结束。（清·毕沅《续资治通鉴》，清·黄以周《续资治通鉴长编拾补》）

以上四种类型的官员，从一个侧面展现出革新变法活动所遭受的四种境遇。变法派的内部尚且如此鱼龙混杂，泥沙俱下，反对派对他们的抨击更是不遗余力。熙宁二年（1069）十月间，司马光与神宗之间的一场对话，给我们集中展示了这种强烈的抨击。

陈升之担任宰相之初，神宗问司马光："外界对此有什么反应？"司马光回答说："曾公亮与陈升之这两位宰相都是福建人，王安石与赵抃这两位副宰相都是楚国人（王是江西人，赵是浙江人，均属荆楚旧地）。福建人狡猾，楚国人轻率，他们做了宰相，肯定会提拔自己的老乡做官，彼此结为朋党，天下的风俗怎么可能淳厚朴素呢？"神宗不同意，他认为陈升之有才智，通晓军政要务，任命他为宰相可以弥补朝政的不足。司马光同意陈升之有才智，但他认为陈升之意志薄弱，原则不够坚定，像他这种立场不稳的"才智之人"，需要"忠直之士"的约束与监督。神宗问他对王安石的印象。司马光回答："人们都说王安石是个奸邪之人，这样的诋毁的确有些过分。但王安石确实有些不通人情世故，而且个性过于执拗倔强。"神宗又问他对吕惠卿的印象。司马光回答："吕惠卿为人奸巧，不是好人。王安石遭到天下人的诽谤非议，主要就是因为这个吕惠卿。最近朝廷越级提拔此人，很不得人心啊！"神宗不同意，他认为吕惠卿讲话应对清晰，逻辑分明，看上去很有才华。司马光回答："吕惠卿的确很有文学造诣，也很有辩才，但是此人心术不正。你看看历来的奸臣，哪个没有才华？没有才华怎么打动君王的心呢？"（清·毕沅《续资治通鉴》，清·黄以周《续资治通鉴长编拾补》）

反对派的抨击是如此之猛烈，如此之毫不留情，变法派的脸色自然也好看不到哪儿去。王安石为了大力推行变法，不得不以铁面相对，以铁腕相争，罢免了一大批反对变法的官员。翰林学士郑獬、宣徽北院使王拱辰、知谏院钱公辅均被罢免。当时的御史中丞吕诲曾上书反对，"三人无罪被黜，甚非公议"。认为无罪而罢免三人，有失公允。神宗同王安石交换意见，王安石坚决地回答说："我早就将个人得失置之度外了，只是惭愧没有及早罢免这三人，以致影响到变法工作的开展。"

苏辙也曾上书反对变法。神宗拿着苏辙的奏章给王安石看，问他苏辙的文章同他的哥哥苏轼相比如何。王安石回答说，他们哥俩都有一套本领叫"飞箝捭阖"之术。飞，指褒扬激励；箝，指引诱他人顺从己意；捭，引申到说话技巧，指赞成和应对方的说话；阖，即言其害以排除对方言论。这也就是战国策士纵横捭阖之法。王安石认为苏辙兄弟的文章都注重文章的气势和技巧，往往容易激发、打动对方的情绪，从而说服对方。而实际上并没有什么具体的内容，华而不实，不堪大用。所以这种人也用不得。

王安石初任参知政事时自视甚高，睥睨天下，常常为变法同别人争得面红耳赤。有一次，他与别人争执新法时怒不可遏，大拍桌子骂在座的人都不读书，胸中无学问。副宰相赵抃当面反驳说："相公此言差矣！上古贤臣皋、夔、稷、契之时，他们又读过多少书？！不也同样把国家治理得很好？”从此之后，赵抃同王安石算是结上了梁子，言论也多有冲突。

王安石与李常原本交好，并任命他为三司条例司检详官，改右正言，知谏院。可是李常任职知谏院后，上书讨论新法，认为条例司的建构招致天下的非议，而均输、青苗等法还往往附会经典，借机敛财，实在是流毒天下。王安石一听自然暴怒，当即就罢免了他。

还有一个叫张戬的官员上书讨论王安石变法的是非，提议撤除条例司，反对变法的所有主张，并弹劾变法以来王安石任用的所有官员。他还跑到王安石等人办公的地方中书省去责骂。当时梅公亮俯首不答，王安石则以扇掩面而笑。张戬大怒，骂道：“笑什么笑，别以为今天你在这里笑我，殊不知天下笑你的人多了去了。”陈升之从旁边劝解，也被张戬一顿羞辱。不久，张戬也被贬谪。诸如此类的变脸事件，在变法期间不断上演。

面对反对派的种种攻击，王安石采取了不少强硬的举动。然而没想到的是，这引起了反对派更大的反弹。不久之后，王安石就被卷入了“十宗罪”与“三不足”的大漩涡中。

第十三讲

十宗罪、三不足

王安石的改革变法触动了很多人的根本利益，朝野之中反对王安石的浪潮此起彼伏，有明枪也有暗箭。其中，最令人胆战心惊的莫过"十大罪状"和"三不足"的指控。面对种种责难，王安石并没有畏惧，为了实现富国强兵的目标，他仍然义无反顾地要将改革进行到底。王安石咬紧牙关往前冲时，他的身后也有个强大的后盾，那就是神宗皇帝。

当初，王安石担任翰林学士时，神宗对他青眼有加。翰林学士充其量也就是皇帝的高级顾问。但神宗遇事不决之时，常常想到王安石。参知政事唐介向神宗汇报工作，神宗却要咨询王安石之后再做决定：

> 数日不决，帝曰："当问王安石。"（《宋史·唐介传》）

唐介很不高兴，说："中书省宰相商量的都是国家大事，怎么能取决于一个翰林学士呢？现在你事事都听王安石的，那还要我们这些宰相干什么？"唐介甚至以辞职向神宗皇帝抗议，但并没有影响王安石在神宗皇帝心中的地位。

王安石当了宰相之后，神宗更是全力支持他的工作。

> 安石既执政，奏言："中书处分劄子，皆称圣旨，不中理者十八九，宜止令中书出牒。"（《宋史·唐介传》）

王安石的这个要求可有点过分了。他认为中书省在办理公务时，事事都要让皇帝亲自批复，这非常费工费时，影响工作效率。中书省以后不必事事都呈报皇上，有些事可以自行决断。王安石这样做是在挑战大宋的祖宗法制，有"为人臣擅命"的嫌疑。宋代对君权、相权有一套成熟的制衡制度。皇帝有旨意必须拿到中书、门下省经宰相们商议，认为可行，才能以圣旨的名义颁布，如果被宰相们否定，则要退回再议。宰相们有建议或者主张一定要呈送皇帝御批，然后以皇帝的名义颁发圣旨。

王安石要绕过皇帝，自行决断，这就会极大地威胁到皇权，容易造成架空皇帝、宰相专权的局面。神宗看到王安石的建议，虽然感到震惊，也没有在公开场合表示同意，但他实际上默许了王安石的这个请求。可见神宗对王安石信任到了什么程度，他相信王安石这样做不是为了结党营私，而是为了更好地推行改革变法。因为王安石只有获得最大的权力空间，才能当机立断，处理纷繁和复杂的改革事务。

但这在反对者的眼中，理所当然地成了王安石结党营私、宰相专权的标志。他们不敢对宋神宗指手画脚，于是开始对王安石"泼脏水"。其中，范仲淹的儿子范纯仁的说法很具有代表性。范仲淹可是响当当、顶天立地的英雄，他儿子范纯仁也不错，很有学问，担任过陕西转运副使。范纯仁任满之后，回到京城向皇上述职，宋神宗问他：

陕西城郭、甲兵、粮储如何？（《宋史·范纯仁传》）

陕西在北宋的时候是边境。皇帝就问你在边境上把城墙修得怎么样？军队训练得怎么样？粮食储备得怎么样？小范的回答出乎神宗意料：

城郭粗全，甲兵粗修，粮储粗备。(《宋史·范纯仁传》)

城郭、军队、粮储都是略有修整、准备。神宗听罢一脸"愕然"，对他的工作很不满意。但小范自有一番道理。他说皇上您不能激励边防军加强战备，这样会鼓励边将求战邀功。其后果会导致边事不断，战争不断，会引发很多的麻烦。小范对变法也很不满。他向皇帝奏曰：

王安石变祖宗法度，掊克财利，民心不宁。……愿陛下图不见之怨。(《宋史·范纯仁传》)

王安石变更祖宗法度，天怒人怨，皇上您要小心"不见之怨"。什么叫"不见之怨"呢？就是杜牧在《阿房宫赋》里边说的：

使天下之人，不敢言而敢怒。

范纯仁的意思是现在朝野都敢怒不敢言。他要求罢免当朝宰相，起用富弼，废除新法。神宗没有听取他的意见，压下他的奏章。小范却不依不饶，将自己的奏章"复印件"四处散发。宰相们颇为恼火，纷纷以辞职抗议。神宗很生气，于是将范纯仁贬到地方去。这次风波才算平息。

由于得到神宗的全力支持，王安石更加大胆地强化改革力度。然而，就在他担任参知政事不久，谏官吕诲便上书弹劾王安石，认为王安石"大奸似忠，祸国殃民"，罗列其有"十大罪状"。

第一大罪状是对朝廷和皇上傲慢无理。他举的例子就是第四讲中提到的斗鹌鹑案件。两年轻人斗鹌鹑发生争执导致一人死亡，朝廷司法部门要判案犯死刑，王安石却坚持认为犯人属于意外伤害，罪不至死。司法部门最终判了案犯死刑，朝廷命令王安石向审判机构认错，王安石死活不去。这分明是傲慢无礼，无视朝纲。

第二大罪状是王安石前倨后恭，有政治野心。王安石本是地方一小官，宋仁宗、宋英宗屡次征召他进京为官，他都推辞不来。而宋神宗让他做翰林学士，他就欣然接受，如今他步步高升，也没有辞官的意思。这就是前倨而后恭，有政治野心。

第三大罪状是对皇上不敬。王安石给皇帝侍讲，居然要求坐下讲授，以帝王师自居，对皇帝不尊敬。

第四大罪状是与同僚关系太差，每每办错事就归罪于皇上。王安石做了副宰相之后，不能听取同事的意见，独断专行。每次都独自与皇上讨论政务，有功则归己，有过则归皇帝，品格卑劣。

第五大罪状是用感情代替法律，混淆法律。他列举了阿云杀夫事件，阿云按律当死，然王安石出于同情，偏要为阿云网开一面。

第六大罪状是任人唯亲，不能举贤任能。吕诲说王安石出任宰相以来不能举贤任能，却重用小人，甚至举荐自己弟弟。

第七大罪状是气死大臣唐介。王安石在和唐介争论阿云杀夫案时，咄咄逼人，逞一时口舌之快，致使唐介愤懑而死。

第八大罪状是意图专权。也就是王安石请求让中书省自行决断，不必凡事都奏请皇帝。

第九大罪状是结党营私。吕诲说大臣章辟光奏请岐王搬出皇宫，迁居王府，是离间皇帝兄弟，按罪当诛。王安石却处处维护此人，招揽人心，私结朋党。

第十大罪状是设制置三司条例司，将财权、军权、政权集于一体，对国家造成重大危害。

吕诲的水平比那位小范高出一截，他直接网罗了"十宗罪"，而且都言之凿凿，有根有据。估计吕诲也是为了凑个整数，比如气死大臣、不团结同僚，硬说是罪确实有点牵强。其实在这十条当中，最核心的是最后一条。

为什么最核心的是最后一条？设置条例司这个改革机构是对宋王朝体制很大的突破，也是一种威胁。宋代的政治体制最大的特点是什么？是分权，宰相只管政务，枢密使只管军务，三司只管财务，互不干涉，分别对皇上负责。但是设置条例司以后情况就不一样了，实际上是把原来分散的权力都集中在条例司里。王安石这样做是为了改革变法的需要，要把所有的权力都集中到一起，便于决策。但这样做对于宋代的祖宗家法是一个很大的挑战。所以吕诲等人提出来这个十大罪状，其核心是认为王安石的变法已经触及到了北宋王朝的祖宗家法，这是非常危险的。他一再强调，王安石的这些罪状会乱政，会祸国，会殃民，会导致严重的后果，其核心的因素就在这个地方。

可见吕诲是个有头脑的谏官，一下子就击中了王安石新法的要害。王安石的改革变法涉及面这么广，不可能不触及体制问题。北宋的体制如同一把双刃剑，固然给宋代的社会带来了稳定，但也恰恰是它的缺点，整个社会没有活力，死气沉沉。王安石要改革变法，就必须破除一些不合理的社会体制。然而改变社会体制，就是抛弃祖宗法制，就是大逆不道。因此，这十大罪状中有些要害的条款确实对王安石构成了重大的威胁。

吕诲弹劾的奏本，打响了朝野中反对王安石的"第一枪"，当时王安石所有的新法尚在讨论之中，还没有一项正式出台。因此吕诲的弹劾着实让宋神宗震怒，很快他就将吕诲贬官出京，这次弹劾风波就此平息。然而，让宋神宗和王安石没有预料到的是，一场更大的风波却悄然而至。

在熙宁三年（1070）进行的馆阁考试中，主考官出的试题提出了"三不足"的观点，宋神宗一看，如坐针毡。这题是谁出的？是司马光。原题是这样的：

天地与人，了不相关，薄食、震摇，皆有常数，不足畏忌；祖宗之法，未必尽善，可革则革，不足循守；庸人之情，喜因循而惮改为，可与乐成，难与虑始。纷纭之议，不足听采。（《司马温公传家集。学士院试李清臣等策目一首》）

意思是说，现在社会上有这样一种舆论，认为老天爷发生地震、饥荒等天灾跟人世间的政治没关系，不用怕；老祖宗的法令不管是好还是坏，我们都用不着去尊重它；老百姓有什么反应，有什么议论，也没有什么好担忧的。对于这么一种舆论，你怎么看？这种舆论概括起来就是"三不足"：

天变不足畏，祖宗不足法，人言不足恤。（《宋史·王安石传》）

"三不足"言论的出现让神宗十分恐慌。他赶紧把这道题撤了下来，让人重新命题。对宋神宗来讲，这个问题之所以相当严重，还得从"三不足"的根源说起。孔子曾经说过：

君子有三畏：畏天命，畏大人，畏圣人之言。（《论语·季氏》）

君子需要敬畏三样东西，分别是：

第一，畏天命。天命指的是社会、自然的法则。一个人要敬畏自然的法则、社会的法则、历史的法则，不可以妄自尊大，挑战自然、社会法则。

第二，畏大人。应该敬畏那些有智慧、有德行的在位者。实际上是说，应该充分地尊敬这个社会秩序的维护者。

第三，应该畏圣人之言。对圣人的教导有所敬畏。

也就是说，一个人在世上，要遵守社会和自然的法则，要尊敬社会秩序的维护者，要敬畏圣人的教导。"三不足"其实是公然与孔子"君子有三畏"唱反调。孔子在北宋社会已经被尊为"文宣王"，当时称颂孔子是"人伦之表"，尊儒学是"帝道之纲"。孔子在宋朝的社会舆论中占据着至高无上的地位，是封建法权的象征。宋神宗胆子再大，也不敢冒天下之大不韪，他敢说"天变不足畏"吗？他敢说"祖宗不足法"吗？他敢说"人言不足恤"吗？他不敢！因为这等于是向整个社会的公序良俗提出挑战。

北宋的封建法权、社会道统已经非常完善。皇帝的权力在世俗政权阶层具有绝对的权威性，但是也不能挑战这个社会的道德、伦理、舆论的底线，"三不足"让宋神宗很难接受，非常害怕。他不可能挑战孔子，也不可能挑战儒家的学说，更不可能挑战社会意识形态。否则就是在挑战他这个皇帝存在的基础，他需要儒家的思想理论来巩固和强化自己的皇权。改革变法是可以的，但是老天爷发了怒，还是应该有敬畏之心的；老祖宗留下来的遗产，还是需要尊敬的；官员们、老百姓们发表了不同的意见，也还是应该有所考虑的，不能什么都不管不顾。

神宗找来王安石，问他，为何馆阁考试题中说社会上会有这样一种舆论？王安石回答得相当婉转。他说这话我们谁都没说过，是造谣。您是一代明君，更没有说过"三不足畏"。相反，您在改革变法中顾及黎民百姓的利益，处处为百姓着想，这就是畏天命；您在变法中能采纳意见，集思广益，及时纠正失误，这就是人言足以恤。至于祖宗之法，有的法可以继承，有的法是必须要变的。就是我们的祖宗，也是在不停地变革的，是在改革中走向前进，这不意味着反对祖宗的法度。王安石告诉神宗，如果听到流言纷纷，立场和原则就开始发生动摇，这对改革变法是有百害而无一利的。神宗听了王安石的一番话，惶恐的心情才稍稍平静下来。

王安石是让北宋这个大盘运行得更好的执行者。与王安石不同，宋神宗则是这个大盘的"操盘者"。神宗要当稳这个皇帝，不仅要协调和平衡各方面的关系，还要有充分的舆论和天命理论来支撑他。他不能够让根本的立足点发生问题。所以他一方面力挺、支持王安石积极地推进改革，同时又不能让这辆车跑得太快，以致车毁人亡。"十宗罪"涉及体制的合理性，"三不足"则涉及整个封建王朝的统治思想基础，因此神宗在面对"三不足"时，表现出了前所未有的恐慌。神宗一方面得力挺王安石，一方面又不敢违背所谓的天命、祖宗和流俗之言。这真是一边改革着，一边痛苦着。变法就在这样的一条夹缝当中向前推行。

第十四讲

一张图画黑王丞相

俗话说得好，打蛇打七寸，擒贼先擒王。要想集中力量打败敌人，就得击中他的要害。一击中要害，不管他有多大的力量，也站不住脚跟，也会立刻溃不成军。反对王安石变法的大臣们，就使用了这一招，他们仅仅画了一张图，就让宋神宗改革变法的决心动摇了，并紧接着动摇了王安石的宰相地位。那么，这是一张怎样的图呢？这张图为什么会有这么大的力量？

　　宋神宗熙宁六年（1073）七月至熙宁七年（1074）四月，北宋大部分地区爆发了长达十个月的干旱。神宗为此心急如焚，一方面派人到各地调查旱情，赈济灾民，平抑粮价，一方面组织祈雨活动，祈求上苍早降甘露。他私下对身边的心腹、翰林学士承旨韩维诉苦说：老天爷就是不下雨，怎么办呐？我整夜整夜睡不好觉，有什么好办法吗？

　　韩维是王安石的好朋友，当初正是他向神宗推荐王安石入朝为官的，但是韩维对王安石的新法却一直保持消极的态度。他趁着这个机会对神宗进言说："陛下忧虑旱灾，我当然理解，可是我觉得您现在采取的一些措施都是表面文章，比如降低御膳标准，在偏殿起居办公等等，希望以此来感动上苍。但是说实在的，这些做法都是小打小闹，根本不足以引起老天爷的怜悯。我听说最近青苗法的执行情况很糟糕。官府不顾百姓遭灾，依然强收青苗利息钱，结果有的人家被迫砍掉桑树换取利钱，实在没的砍了，就只好背井离乡，逃荒在外。现在的情势这样危急，陛下应该颁布一道求言诏，认真反省自己的过失，广泛征求大家对朝政的意见，对有关政策进行适时的调整，这样也许可以减轻灾祸。"

韩维的这番话真可谓"醉翁之意"不在旱灾，而在于新法。在韩维看来，这场灾祸表面看是天灾，实际是人祸，这个人祸就是王安石的新法。所以他想要借着这个机会，让神宗废掉新法。神宗救灾减灾心切，立刻让韩维起草诏书。诏书大意是说："朕年纪轻，经验少，治国多有不当之处。如今遭遇旱灾，虽然采取了诸多举措，也一再虔诚地祈雨，但收效甚微。看到天下苍生在灾难中受苦，朕寝食难安。思前想后，不知朝政到底出了什么问题。所以恳请文武百官给朝廷上书，多提宝贵意见与建议，朕一定认真听取大家的意见，改进自己的工作。"

这个求言诏其实更像一份罪己诏。在神宗看来，正是因为朝廷的工作出了问题，所以上天才制造了旱灾，来惩罚大宋朝。那么，神宗目前的主要工作是什么呢？就是变法，所以这个诏书最微妙的地方就是潜在地承认变法出了问题。正因为如此，诏书一下达，反对变法的官员都很高兴，认为神宗变法的决心开始动摇了。退居洛阳的司马光立刻上书神宗，认为变法六年，老百姓怨声载道，民怨沸腾，这就是灾祸的根源。司马光一口气谈了六点，归结为一点，那就是新法的诸项举措根本无益于国家、百姓，于国于民，都是巨大的灾难。他的意见是：如果皇上只是下达这样一纸诏书，泛泛空论朝政有误，是没有任何意义的。必须彻底废止新法，才能救国救民，才能感动上苍，才能避免灾祸。可以说，司马光的意见集中地反映了反对派的意见。

看到司马光的上书，神宗当然很郁闷，也很忐忑，要改动甚至废止新法，必须要征求王安石的意见。于是，一天上朝，神宗试探着跟王安石商量说："我看，要不暂停实施一些效果不太好的新法吧？"王安石马上看出了神宗在灾害面前的动摇。他当然不同意，

丁酉夏 靐霬

纵被春风吹作雪

绝胜南陌碾成尘

康震

但是怎样才能稳定神宗的立场，坚定他变法的决心呢？

首先必须端正神宗对自然灾害的看法。王安石说："水灾、旱灾都是自然现象，就是尧舜的圣贤时代也有灾害，这很正常。自然界的运行有其自身的规律，这种规律不会因为人类的喜怒哀乐而改变。只要新法利国利民，就应坚持推行，这跟自然灾害没关系，更用不着去照顾反对派们的情绪！"

神宗仍有所迟疑："我听说新法对老百姓有危害，而且在用人方面可能也有问题，新法的执行也有问题，老百姓的意见很大。"这时旁边正好有一个谏官，谏官就是收集民意的，插了一句话说："皇上说的对，我也听到不少反对意见。"王安石立刻反驳说："你是谏官，职责就是听取来自各方的不同意见，自然会听到不少的反对意见，这很正常。可我不同，我看到的都是变法的好处，而且也很少听到反对的意见。"王安石的说法虽然有点儿强词夺理，但也道出了一个很重要的事实：什么事情都会有好的一面，也会有不够好的一面。如果认定了要做一件事情，就不能老想它的负面影响。如果天天只是看到它的错误与缺点，那么，原本的好事就可能变成一件坏事。但是这次争论也让王安石看出，神宗是真的有些动摇了。

在天灾面前、在反对派的质疑声中，神宗开始变得犹豫不定。就在神宗犹豫不决的时候，一张图画传到了他的手中，立刻促使宋神宗全面转向。

献图的是京城安上门的监门官郑侠，他将自己的奏折与画的一张图，通过马递这种特殊形式呈给皇帝。马递也就是我们现在所说的密件，加急件，特快件，属于密报的文件，在古代只有紧急军情或非常事件，才能发马递。郑侠只不过是一个门卫官，却擅自发马递直通中央，向皇帝上奏，这本身就是违法犯罪的。

那么，郑侠的这张图上画了什么内容呢？画的是难民，这张图也可以称作《难民图》或《流民图》。在同时呈上的奏折中，郑侠对神宗说："现在发生这样严重的旱灾，老百姓早就活不下去了，很多人都是靠吃草根树皮充饥。就在这样的情况下，朝廷还在向他们追缴赋税，这太没人性了。皇上您是天天待在宫里头，外面的事情您都不知道，我给您说个实话，现在的执政大臣和那些谏官们，都是贪婪猥琐近利之人，这使得那些有远见卓识的人不能进言上达。他们天天给您看的是战略图，给您看的是山川图，给您看的是规划图。却没有一人将天下卖妻鬻子、砍桑拆房、流离逃散、惶惶不可终日的流浪饥民的真实图像献给陛下。我是一个看门的，我将我每天看到的情形画成这幅画献给您，当然了，我画在这图上的根本不及实际情况的百分之一，何况千里之外的地方，情况会比这厉害得多啊！您看了我这个图，您就知道，现在老百姓的生活是水深火热，真是生灵涂炭啊。"

郑侠在奏章中还向神宗保证："陛下观臣之图，行臣之言，自今以往，至于十日不雨，乞斩臣于宣德门外，以正欺君温天之罪。"（宋·周辉《清波杂志》卷十一）意思就是皇上如果您看了我这图，看了我的奏章，按照我说的把新法全废了，我保证十天之内会下雨，要是不下雨，就把我脑袋砍了。

神宗看完奏章，反复观看这幅《流民图》。看到灾民流离失所、痛苦挣扎的图画，他长吁短叹，翻来覆去，夜不能寐。

形象大于思想，理论的说服力有时候远远不及一幅生动的图画更能说明问题。第二天，神宗下令停止推行新法。总计大概有十之八九的新法被废除。说来也怪，当天，京城开封就下了大雨。这不正等于印证了郑侠的话吗？最糟糕的是，隔天早朝，百官向神宗庆贺天降喜雨的时候，神宗就将郑侠的《流民图》和奏疏拿给人臣们看，那意思是："你们知道为什么天降甘霖吗？就是因为我看到了这幅《流民图》，听从了郑侠的劝告，废除了新法，所以老天爷开眼，下雨了。"

神宗的这种态度对改革派来说，打击实在是太大了。吕惠卿、邓绾等人赶紧对神宗说："陛下数年来，废寝忘食，制定出这些好政策，天下黎民才犹如赐予甘露，一旦用一狂夫之言，罢废殆尽，岂不可惜吗！"几个人环绕着神宗，泣涕不已。神宗只好收回成命，于是新法如故推行，只有方田均税法暂时罢停。而且还把郑侠押付御史狱，追究他私发马递之罪。

虽然新法得到恢复，但是由此可见，神宗对新法的动摇已经是不可遏制的了。俗话说，祸不单行。这个时候，陕西的华山发生了一场相当剧烈的山崩，其实就是地震。枢密使文彦博就对神宗说："赶紧反思反思新法吧，您看看，又是干旱，又是山崩地裂，这是天灾在暗示人间有人祸。"

屋漏偏逢连夜雨。自然灾害刚过，神宗心里还摇摆着呢，却又碰上这么件事儿。这天，百官退朝之后，宰相准备跟皇上进一步谈重要的事情。这个时候谏官唐坰在事先没有任何预约的情况下，突然要求当面向皇帝汇报。这个严重违反常规的做法，使大殿上的人都惊呆了。神宗说："改天吧，今天事情多着呢。"可是唐坰却一再坚持："我所说的话，是要与当今执政大臣，就是宰相当面辩论的！"并且跪在地上再三请求。神宗拗不过，只好召见了他。王安石也在场。唐坰站在神宗面前，慢慢从袖子里掏出一个很大的卷轴，徐徐展开，准备开始朗读。神宗一看这个架势，心里有些发毛，连忙说："不用读了，留下我慢慢看，你先回去。"唐坰却说："我在这儿说的，都是执政大臣的不法行为，请允许我对陛下一一道来。"然后突然对王安石说："王安石，请走近陛下一点，听我读这份札子。"王安石一愣，摸不着头脑，迟疑间没有动弹。唐坰一声断喝："你在陛下面前尚且如此傲慢，何况在朝廷之外，岂不是更加飞扬跋扈？"王安石一听这话，吓了一跳，赶忙上前走了几步。于是唐坰开始大声朗读他的奏章。大概一共罗列了六十多条。大意是王安石飞扬跋扈，作福作威，他底下的鹰犬也跟他一样，把持朝纲，蒙蔽圣上。说王安石对朝廷的官员就跟奴役一样的驱使。一边读一边把在朝的几个宰相都数落一遍，数落得那几个人都很尴尬。他还每说一条王安石的罪状就问皇上说："您问问他，我说的是真的还是假的？""您问问他，我说这条是不是对的？"

神宗听不下去了，这不是来找事搅局的吗？屡次阻止他念下去，唐坰却慷慨自若，毫不退缩。侍臣、卫士相顾失色。读完之后，他又指着御座对神宗说："陛下如果不听微臣所言，这个座位您是坐不久的。"说完后退到殿下，向神宗拜了两拜，转身而出。出来时正好遇见一位曾经向朝廷举荐过他的官员。古代的时候朝廷是有规矩的，要是一个人推荐的官员犯了法，是要有连带责任的。唐坰对这个官员说："当初多亏你推荐我，我不敢有负于你，所以今天干了件大事，回头你就知道了。"接着他乘马直出东门永宁院，等着接受朝廷的处罚。神宗等人不知所措，一会儿回过神来，神宗就问旁边的人："这唐坰怎么敢这么大胆？"王安石回答说："他是个疯子，您不必理会，说的都是疯话，肯定是受人指使了。"第二天上朝，神宗问另外一位高官说："昨天的事情你知道吗？"那位高官说："听说了，但是不得其详。"神宗感慨："昨天那阵势真是烈火熊熊啊！"这说明什么问题？唐坰代表的不是一个人，他不是一个人在战斗，而是代表了反对派这个群体的人，在与变法进行白热化的战斗。

在朝堂上，神宗深受刺激，回到后宫里，同样也受刺激。他跟着母亲向太后到太皇太后，也就是祖母曹太后那里请安。曹太后对神宗说："祖宗法度，不应该轻易改动。我听说民间苦于青苗法、免役法、市易法，应该全部废掉。"神宗说："这些新法都是利民便民的善法，并不让百姓受到苦难。"曹太后说："王安石确实有才学，但是怨恨他的人太多了，如果要想保全他，不如让他暂时到外地避一段时间。"神宗回禀说："群臣中，只有王安石对国家兢兢业业。"

当时神宗的弟弟岐王赵颢也在一旁，进言说："太皇太后说的是至理之言，不能不考虑。"神宗一听就不高兴了。记得有一次，神宗曾与两个弟弟岐王赵颢、嘉王赵頵击球，神宗要以玉带为赌注，如果输了，就把玉带给弟弟。结果赵颢说："臣若胜，不要玉带，只求罢黜青苗、市易。"我要是赢了，不要玉带，只请求废除青苗法和市易法。神宗当时就很不高兴，今天听到赵颢又这样说，不禁怒火迸出，说："是朕败坏了天下，你来干！"赵颢吓得哭了起来。一时气氛非常紧张，母亲向太后也反对新法，她哭着对神宗说："王安石乱天下，怎么办？"

可见，当时的情势是多么的艰难。大商人和官僚士绅们结成反变法同盟，从朝廷，从全国，上下各个方面都向变法派发起攻击。皇宫中有权势的宦官和皇亲国戚们煽动两宫太后从后宫向变法派发起猛攻。国内是这样，国外的形势也很乱。契丹担心北宋变法成功，国富民强后，对它形成威胁，于是提出重新划界，以此相要挟。如此里里外外数重夹击，不由得神宗不头痛棘手。

这一次全国性的旱灾，无疑在原本就负重累累的神宗身上再加负荷。淮河、黄河流域的百姓四处流亡，遍地是饥民。神宗命令各地开仓赈济，要求各地以工代赈；命令国家粮仓降价，大量出售，帮助饥民度荒，打击囤积居奇的商人。但种种举措，仍不能弥补灾害所带来的巨大损失。反对派宣称天灾人祸是变法派造成的，是上天的惩罚。那个时代，"天"的权威是任何人都不敢怀疑的。京城谣言纷纷，说天下有即将大变之势，年轻的宋神宗因此被搅得心慌意乱。

反对派把全部怒火都倾泻到王安石身上，宫廷中，朝廷上，京城乃至全国有权有势的士大夫官绅，反对变法的浪潮，此起彼伏。这时候，掌握天文历法的官员也来凑热闹了，司天监灵台郎亢瑛，说他夜观天象，认为天象失常，政失民心，强臣专国，将有大变。应当罢免王安石的宰相之职。只有罢免了王安石，老天爷才能下雨。

宋神宗真是内外交困，不知所措。这个时候，偏偏又发生了一件意外的事情，让本来已经身心俱困的宋神宗、王安石更加恼怒。这一年正月元旦灯会，王安石进入皇城宣德楼陪神宗看元宵花灯。元宵灯会在北宋很盛行。皇上要领着皇亲贵戚，亲自登上宣德楼，与民同乐。显贵大臣，也陪着一起观灯。这一天，王安石陪神宗一起上宣德楼。皇上从正门而入，王安石则照例从左边的小门进去。刚进去，守卫大门的卫士就前来阻拦，并大声呵斥他下马，宣德门的看守官宦官张茂也出来大声指责王安石，并示意卫士上前殴打王安石的坐骑与随行的仆人。随行的仆人大喊："这是宰相的马，你们疯了吗？"张茂等人回答："宰相也是皇帝的臣子，岂能在宣德门内乘马？难道想要谋反吗？"王安石大怒，立刻请求将守门的卫士送交开封府治罪，每个人打二十板子。神宗准许了，并派人查验治疗马匹的伤情。

王安石本来这几天就憋着劲儿，一想这太奇怪了，以前进宣德门，都是进来再下马，也没事儿啊，今天怎么回事？连一般的卫士都敢上来打我？不成，得调查这事，绝对是有人在后头指使。他给皇上上了一道奏章，向皇上分辩："我以前不是没有骑马进过宣德门，我跟另外一个宰相文彦博，不就曾经随驾跟您进宣德门，并没有人拦着我啊。换句话说，如果朝廷有明文规定，我没话说。所以我一开始，并没敢声张这事，可是我问了很多大臣，有的人说在宣德门外下马，有的人说在宣德门内下马，朝廷在这方面没有明确的规定。所以一定是有人指使，有人是不满我推行了新法，就想借这个事情来激怒我，把我激怒了以后，就可以说我出言不逊，不守礼法。"神宗想想也是："对啊，我当年做亲王的时候，我的位置是排在宰相里面的，我也是进了宣德门才下马的。"这时，监察御史蔡确进言："宿卫的职责就是守卫宫门，保护人主的安全。宰相没有在应该下马的地方下马，卫士就应该前去阻止。这说明守门的卫士是忠于职守的！不管他们做得对还是不对，首先都应该称赞他们是忠于职守的。您过分追究的话，谁以后还敢忠于职守，这门谁还敢守啊？"神宗一听也有道理，也就没有再去深究。

因为这件事，王安石感受到了前所未有的压力。他不再上班，上书神宗，称病在家。司马光代替神宗写了封手诏：

> 朕以卿才高古人，名重当世，召自岩穴，置诸庙堂，推忠委诚，言听计用，人莫能间，众所共知。今士大夫沸腾，黎民骚动，乃欲委还事任，退处便安。卿之私谋，固为无憾，朕之所望，将以委谁！（《续资治通鉴长编拾补》）

大意是说："我因为您才高古人，名震当世，所以把您从草泽之间召到庙堂来，委以重任。我对您是言听计从，没有人能离间我们的关系，天下人都知道我们的关系是无比的亲密。现在变法改革到了这个程度，民怨沸腾，民间骚动，您现在想要把官职还给我，想自己退隐，求得心安，就您自己的私心来讲，确实没什么好说的。但是，我的期待、朝廷的期待该靠谁呢？"说白了就是，我器重你，而且对你委以重任，现在发生问题了，你就想临阵逃脱，那么天下大事该怎么办？

这个语气是很重的了。王安石马上"抗章自辩"。这是有规矩的，对于皇上下诏说的不服，可以写辩护词。神宗一看，赶紧又写了个手诏安慰他："哎呀，不就这两句话把您给惹恼了吗？您还不知道那是谁写的啊？那不是我的意思，我就懒了一点，他写完我没有仔细再看，就发了出去。现在看了后也觉得非常愧疚。您赶紧回来，现在局面这么困难，您得赶紧出来主持大局啊。"

王安石虽勉强出来了几天，还是憋闷得慌，没过几天又请了十多天的病假，请求解除职务。神宗依旧不同意："您每次提出要离开宰相的位置，我都吃不下饭睡不着觉啊。是不是宣德门的事还让您心里有疙瘩啊？该打的板子不也打了嘛。总之我对您是绝对信任的，您不要辞职。"

王安石又说："我跟您说实话吧，我在这位置上待的时间太长上了，我也是人啊，我也会疲劳，而且执政的时间太长，别人会说闲话，自己也容易犯错误，我建议您另选贤才，这对您是一条比较好的出路。而且我身体又有病，所以才请求辞职的。"

神宗拼命挽留，还引用了古代君臣相始终的事例，晓谕王安石："咱们现在的关系，就算是亲密的朋友也未必能够理解。至于众人看见我与您这么知心，也都不知其所以然。我与您相知，是近世以来所没有的。我们虽为君臣，那只是一个外形，外表的形式固然不足以留住您，但是，君臣之义重于朋友，即便是朋友，您也愿意为他有所担待，何况我们是君臣，怎么不能为我稍稍忍耐一些委屈呢？"可见，宋神宗虽然动摇得很厉害，但他对王安石一直都是非常信任的，可以说是达到了推心置腹的程度。可能王安石受了感动，没再提这事。

可是，说也奇了，那一阵巧事特别多。一个多嘴多舌的人说了几句好话，反倒把这事给说砸了。

事情是这样的。有一个叫做郭逢原的官员给神宗写了一封奏折。主要的意思是说："皇上您对王安石还是不够推崇和尊重，您应该大大地重用他！自周文王、周武王以来，再没有第二个帝王像皇上您这样贤明圣德。说到贤臣，则孔、孟以来，再没有第二个人能比得上王安石。皇上也尊崇王安石为师，可实际礼遇做得不够！早上五鼓他要上朝，上了朝要三拜九叩，拜过还得奔走朝堂，侍立左右，与一般朝臣根本没有两样！这哪里是古代尊隆师臣的礼数？陛下既然兴治除弊跨越百代，那么师臣之礼，也一样要前无古人、后无来者。因此需要做的是：一、要以特殊礼节来尊敬王安石，不再待之以常礼；二、凡事无论大小，都要先咨询王安石，然后再决定行止。

能这样做，才真正是师臣之礼！"这封奏折还好，反正多尊重王安石，多说点客气话，也没什么。

可郭逢原的第二本奏折更出格。其中提到："从来宰相无所不统；也没有另设一个机构，有事叫宰相管不着！可本朝愣是另设了一个枢密院管军，宰相不能闻问，实在大失体统！请皇上下诏，将枢密院并归中书，让文武诸政都由宰相一人统管，真正做到将相归一，文武一统。这才是名副其实的尧舜之治。"

看完这道奏折，神宗可有点崩溃了。要神宗以非常之礼对待王安石，让他上朝不拜等等，或许还有些道理，严格说来，自己确实做得不够：在礼节上，什么时候将王安石与别的臣子作过区别？没有！要神宗常常咨询王安石，问过而后行，虽说过分，也还能接受：一直以来，大事不都是这样做的吗？可要说到别的，就得有分寸了！尧、舜之比，更是不伦不类。作为皇帝来讲，他对一个大臣再信任，可他首先最信任的还是自己的祖宗家法，虽然请了王安石搞变法，那王安石顶多就是一个 CEO，天下始终是赵家的。神宗不敢自比唐尧，王安石也从来没有自比过虞舜！真要这样类比，将来难道也要禅位给王安石，让他来做皇帝不成？王安石也从来没有这一份不臣之心呐！这郭某人怎么这样胡说八道！

这件事情对神宗是有影响的。后来王安石再次请求辞职，到东南地方上去做官，神宗也就不再坚持挽留了。公元1074年，熙宁七年四月，执政5年时间的王安石被解除宰相职务。

王安石在担任了5年的宰相职务之后，第一次被罢免了。如果从他做参知政事，也就是副宰相算起，他在朝廷执政达7年之久。这一次罢相是王安石的第一次罢相。他被罢免的原因其实很多。首先一点，王安石的罢相，恰恰说明改革变法已经非常的深入了，深入到什么程度呢？已经深刻地触及到了各方面的利益、各方面的人群。因为改革变法涉及的广度和深度都达到了这样的程度，所以几方面利益的群体都开始做出了强烈的反应。赞成的人反应很强烈，反对的人反应更强烈。特别是在改革变法的执行过程当中，由于政策本身在执行过程当中会出现疏漏，工作的过程当中也会出现一些失误，所以改革变法由于本身的某些不成熟，及用人方面的某些失误，使得反对的声音更大。

第二，改革的总设计师和总执行者是王安石，但是改革的后台老板是宋神宗。宋神宗坚定不移地支持王安石搞改革变法，这没办法，这是个死穴。所有的反对派都不敢直接反对宋神宗。谁敢直接反对宋神宗？你今儿敢来，明儿就不见了。反对派不能反宋神宗，但是可以干什么？可以把全部的脏水和全部批评的声音都集中泼向王安石，不把王安石批倒批臭不算完！所以在这样的情况下，王安石面临的压力就非常大了，一方面是来源于人身的攻击，一方面是改革变法本身的复杂性。

还有很重要的一点，我们不能单纯地认为宋神宗在动摇。宋神宗是这个国家的元首，王安石则是总理。王安石一门心思改革变法，改革变法是为了富国强兵。可是，宋神宗需要考虑的不只是富国强兵而已，他还要考虑国家的稳定，各种势力的均衡，他不能顾此而失彼。他要做平衡，他应该是个平衡大师。所以当反对的声浪特别大，反对的势力特别大的时候，如果硬碰硬，可能会两败俱伤。在这样的情形下，他罢免王安石（其实主要是王安石自己提出辞职的），在某种程度上，是为了缓和过分剧烈的对抗局面。从这点来讲，这次的罢相在很大程度上是承受了巨大的来自天灾或者人祸的压力，从另外一个方面来讲，从积极的方面来说，这未尝不是一次政治策略。

在这样空前的压力下，王安石离开了宰相的位置。

王安石已经离开，那么朝政的大局该由谁来主持呢？变法之路将何去何从？而王安石自己被罢免宰相之后，他会去做什么？他未来的命运又会是怎样的呢？

东山再起也枉然

面对一系列的变故，王安石最终下定决心，辞去了相位。

临走之前，王安石向神宗请求由韩绛代替自己为宰相，吕惠卿为参知政事，神宗一一答应。当时人称韩绛为"传法沙门"，称吕惠卿为"护法善神"。这两个人都是王安石的坚定支持者，王安石相信两人都能坚守推行的改革法令，不作改动。即便自己不在了，改革的路线、改革的方向也不会发生变化。

王安石罢相后，传闻很多。朝廷内外对接下来的动向猜测纷纷：主持变法的王安石下台了，新法是否还会继续推行？吕惠卿等因此多次向神宗上奏，议论申述坚持改革政策的重要性。神宗也从一时的动摇中冷静下来。吕惠卿请求神宗发布诏书，告诉朝野内外，新法仍然继续推行。必须把这个方向确定了，否则别人看到王安石被罢相，会以为新法废除，或停止了。

于是，神宗下了一道诏书，明确表示：新法是他学习先王的体现，是按他的意志制定的，新法的目的是恩泽黎民。对破坏新法的现象、对拒不执行新法的官吏将绳之以法、严惩不贷。诏书在全国颁布，反对派哑口失言了。诏书的强硬语气，是改革几年来未曾见过的。反对派怎么也预想不到，王安石罢相后，宋神宗会更坚定地推行新法。

王安石走了以后，实际上的变法主持者就是吕惠卿。他的官职虽然是参知政事，但却是主心骨。吕惠卿确有才干，但他常常嫉贤妒能，不会团结。所以，吕惠卿上台执政后，很快出现了一系列的问题。

首先是人事方面的内部斗争。曾布与吕惠卿之前同在王安石的领导下共事，两人素来不和。曾布当时是三司使，主管财政。吕惠卿执政后。请求神宗查账。曾布对神宗说："中书省立案调查此事，其实是项庄舞剑，真正的目的是对付我。恐怕不久后我就会被贬窜，今后再难见到您了。"神宗说："不用紧张，中书省会秉公处理的。"曾布回答："我与吕惠卿从前因变法之事有不同看法。现在他为参知政事，势倾中外，就是正直的人担任追查狱官，也不敢以臣为直，以吕惠卿为曲。我怎么能与他较量？"神宗安慰他："不必担心，事情自有公论。"

然而这一查，还真查出问题来了。中书省户房会计核查曾布上奏治平年间与熙宁年间的收支数，发现曾布把治平年间国家的收入多算了96万贯。这90多万贯是什么钱？是皇上的内藏库的存款，也就是属于皇帝的小金库里边的钱，是不能算到财政收入里的。而算到财政收入之后，就使得治平年间的财政收入大大增多了，跟熙宁年间一对比，熙宁年间的收入就远远低于治平年间了。这下完了。这一对比，意味着变法以后国家的收入还比不上变法以前！这就在数据上给人们提供了一个证据：改革变法是糟糕的，根本没起到富国的作用！可见曾布用具体的数字来否定改革，与反对派同出一辙。当时反对变法的势力太大，曾布动摇了。吕惠卿趁着这个机会排挤曾布。神宗气坏了，马上把相关人员统统法办。从这次事件可以看出，改革派内部四分五裂，确实有问题了。

就在改革派出现内乱的时候，外部又有人给他们敲了一榔头。通过画《流民图》间接逼迫王安石下台的郑侠，此时，又向神宗进献了一幅画——《正直君子邪曲小人事迹图》。用唐代奸相李林甫、贤相魏徵、姚崇、宋璟为喻，暗喻吕惠卿是李林甫。郑侠又上书说："王安石制定的新法成为害民之法，吕惠卿堵塞言路，蒙蔽圣上，结党营私，成为朝廷的奸邪。独有冯京坚持正义，敢与王安石争论是非。请罢黜吕惠卿，起用冯京为宰相。"郑侠还上了一道奏折，说："听说皇城内有人披甲上殿，争论国事。请陛下将这些事的来龙去脉向臣民们宣示，以正视听。如果臣所上奏的内容是准确的，请陛下严惩太监近臣，不要让奸臣危及社稷。如果臣上奏的内容不符合事实，请斩臣于午门之外，以堵塞流言蜚语的汹汹之路。"

吕惠卿看到郑侠的奏折，大怒，他向神宗禀奏后，以诽谤朝廷罪，撤销郑侠的进士出身和一切职务，押送汀州编管。神宗觉得奇怪的是，郑侠不过一个看门的官员，他怎么能知道皇宫里有人披甲上殿的事呢？皇上最怕的就是大臣之间互相串通，于是问吕惠卿："青苗、免役、市易等事，街头巷尾一般百姓都是知晓的。郑侠发表一点议论也不足为怪。但是皇宫里有人披甲上殿，争论国事，他怎么这样快就知道呢？"吕惠卿说："郑侠前后几次上奏的内容，都是冯京手录宫禁中之事，冯京让王安国转给郑侠，郑侠才能很快知道宫禁中君臣的对话。"

吕惠卿与冯京同为参知政事，但政见不一，矛盾很多，吕惠卿当然抓住这个机会来攻击冯京。这不难理解。可吕惠卿为什么把王安国带出来呢？原来王安国虽然是王安石的弟弟，但极为厌恶变法，一直反对变法。吕惠卿一直视王安石为父师，王安国却看透了吕惠卿的为人，认为他献媚奸佞，虚伪诡诈，非常鄙视他。有一天，王安石在自己的府第与吕惠卿商议新法。王安国正在吹笛，王安石教训他，"宜放郑声"，即不应该吹奏低级趣味的靡靡之声。没想到王安国反唇相讥："愿兄长远离佞人。"希望兄长离小人远点。吕惠卿听到后，脸红一阵白一阵，对王安国怀恨在心。王安国与郑侠关系密切，吕惠卿就想借郑侠一案把他也拉下水。

一天早朝后，冯京留下奏事，神宗说："你身为大臣，关于朝廷的事，为什么不当面禀奏，而要转弯抹角让一个小吏郑侠上书呢？小吏随便议论朝廷大事，按律是犯罪，你难道不懂吗？"冯京惶恐地说："我与郑侠素不相识，怎么会有这种事呢？"神宗用疑惑、不信任的眼神瞪了冯京一眼，就不再理他了。

经过御史的查访，原来郑侠与很多大臣都有瓜葛。首先是冯京，御史认为，冯京曾把自己的奏折借给郑侠阅读，郑侠定罪后，冯京还赠送钱粮给郑侠。但是冯京不承认。御史说："郑侠自己交待是冯京主使他干的，要他画《流民图》。冯京身为宰辅大臣，朝廷政事有不便之处，完全可以当庭争议，怎么能阴结小人！如果冯京确实没有这样做，那就是郑侠诬陷大臣。"冯京则请求另派人员调查，以示公平。结果又从郑侠处搜出抄录的《当朝名臣谏疏》两本，以及很多大臣反对新法的内容及亲朋往来的书信，甚至还有白银 30 两。《当朝名臣谏疏》是大臣杨忠信所送，他还鼓励郑侠继续进言。还有知谏院丁讽，曾把冯京的一些言论告诉郑侠。盐铁副使王克臣也很赏识郑侠。郑侠被贬逐流放时，去找过王克臣，王克臣赠送给他白银 30 两。

此外还有王安国。郑侠与王安国常一同非议新法，两人关系亲厚。郑侠上书，王安国都索要稿子观看。郑侠不给，王安国就说："你宣扬正义，而我可以把你的正义传扬于世，你应该给我看。"郑侠就说，我已经把底稿烧掉了。郑侠被贬窜时，在京城太庙街遇见王安国，王安国在马上举鞭，向郑侠作揖致敬说："你真是个独立不惧贤者。"郑侠之所以不断上书非议新法，正是得到王安国等人的支持和鼓励，并为他提供攻击新法要害的资料，还让郑侠呐喊出他们想喊而不敢喊的内容，使郑侠成为反对新法的一名赤膊上阵、冲锋陷阵的突击手。

针对郑侠之事，神宗下旨立案。起初王安国不承认，狱吏押郑侠对证。郑侠见到王安国，爽朗大笑说："你平日里是刚正不阿的人，有什么好怕的？"王安国这才承认。

因为郑侠的一幅图，牵连出这么多人来。神宗下令将涉案的这些官员统统贬谪，王安国也不例外。神宗还专门为这件事，派使者到江宁去告诉王安石。王安石非常难过，当着使者的面落泪了。

这回吕惠卿遂了心愿。王安石罢相后，推荐吕惠卿至参知政事的高位，是希望他坚持改革。可吕惠卿登上相位后，为了巩固自己的地位，害怕王安石复出，所以借郑侠一案来陷害王安国，败坏王安石。这件事也说明，变法派的核心出了大问题。也许吕惠卿在主观上没有这样的动机，但在客观上已经瓦解了变法派内部的团结。

另外还有政策方面的变化。吕惠卿向神宗要求在全国推广"手实法"。手实法要求农民按官府确定的价格衡量自己的田产、房舍、牲畜、家禽等等一切财产，并向官府申报，官府根据申报的价值，按五分之一收税。这简直是抢劫！如果隐瞒不报或申报不实，还鼓励相互揭发。被告的，官府没收全部家产；告发的，还能获得其中三分之一作为奖励。这道诏令公布后，农村大乱，查家产，查牲畜，你告我，我告你，鸡飞狗跳，不得安宁。

此外，吕惠卿提拔他的另一个弟弟吕升卿为崇政殿说书。可是吕升卿学问不怎么样，每次给神宗讲学时，神宗问到一些有关经义的问题，他就回答不上来；再问深层次一点的问题时，他更是张口结舌。神宗问他师从于谁。他回答说："是王安石。"神宗一听，心想骗谁呢！王安石能教出这种学生？神宗只是笑笑，也就不问了。

吕惠卿还暗暗将矛头指向王安石。熙宁七年（1074）十一月冬至，神宗特别命令供奉官前往江宁，为王安石的生日送赏赐。吕惠卿立即上表，说可以赠给王安石节度使、平章事这样的待遇。这种赏赐的办法，是大臣犯罪之后，碰到他过生日，或者是皇恩大赦的时候，才采取的赏赐办法。神宗觉察到吕惠卿的不良用意，很不高兴地质问他："王安石离开的时候并没有犯罪，怎么能用大赦赐节度使的办法对待他呢？你这是什么意思？"吕惠卿一直担心王安石重返相位，所以处处设置障碍。由此可以看出，吕惠卿种种举动的背后都有他自己的算盘。

吕惠卿执政不到一年，朝廷纲纪紊乱，于是大家又想起王安石的好处来。韩绛觉察到吕惠卿的险恶意图，找到一个机会，向神宗进言，希望能召王安石回京。宋神宗也感悟到了，在熙宁八年（1075）二月，果断召王安石进京秉政。这个时间距离他上次罢相仅仅才十个月。王安石一点都没犹豫，只用七天的时间就从南京赶到了开封。这其实也很容易理解。王安石的第一次罢相，并非真心隐退，而是迫于形势，他仍是希望有所作为的。

王安石一到京城，神宗就对他说，小人已经走了，你现在可以放开手脚了。神宗说的小人其实指的是郑侠。又说你不在的时候，吕惠卿独当一面，做得还是很不错的。王安石说："我这次来是希望能辅佐圣上成就大业的。但是我年纪大了，总有一天要离开这个舞台，所以希望抓紧时间助陛下完成革新事业。"神宗说："两个人的信任是最重要的，只要我们好好合作，彼此信任，没有解决不了的问题。"

对于王安石的回归，除了反变法派不满意外，还有一个人也不满意，便是吕惠卿。他本以为自己能顺理成章地由副宰相升为正宰相，结果眼见着王安石复相后权势更重，心里更不舒服，便努力寻找机会扳倒王安石。终于，机会终于来了！有人告发余姚县主簿李逢谋反。其实这个案子当时已经审过了。可是吕惠卿抓住了这次机会，他说，李逢串联赵世居图谋不轨。

一说赵世居，神宗就紧张了。赵世居是宋太祖的直系子孙。当初宋太祖病重去世，弟弟宋太宗继承了皇位，他们兄弟之间到底发生了什么事情，已经成为历史的疑案。但是皇位继承权就此从宋太祖赵匡胤转到弟弟宋太宗赵光义这一系。赵世居是太祖系的子孙，喜好文学，广交士大夫，很有名声，影响很大。现在有人告赵世居谋反，宋神宗当然高度警觉。

这次案件，还牵扯了一个人，叫李士宁，是个道士，据说特别会算卦，而且能够预言未来。他周游四方，多与王公贵族交往。王安石在江宁守孝期间，曾与他交往数年。王安石当宰相时，李士宁又曾在相府居住半年多。李士宁跟赵世居关系也很密切。赵世居过生日的时候，李士宁送他一把佩刀，说这刀只有你能佩戴，而且还送他一首诗。这首诗是根据宋仁宗赐给宋英宗母亲的挽词改编而成的，在仁宗的诗里，婉转地表达了要把位子传给英宗的意思。李士宁不但给赵世居送了这么一首诗，还说赵世居是有天命的人。不过李士宁否认这件事。不就是送一首诗嘛，表达朋友情谊而已，与谋反无关。

神宗严令追查，发现了李逢与右林大将军赵世居谋反的具体实证。从家里搜出大量的书简和图谶。方士巫师编造的隐语和预言为"谶"，他们宣扬这种隐语和预言都是源于天意，必将应验。私藏或私造图谶的人都是为了阴谋篡位夺权。谋反是十恶不赦的大罪，特别是与宗室赵世居图谋夺取帝位，这是最触动宋神宗神经的大事，绝不可能获得饶恕。于是赐死了赵世居、李逢。

那么李士宁该怎么处置呢？李士宁与王安石交往数年，如此亲密，如果以谋反罪处死他，必定撼及王安石。这正是吕惠卿发起这次大案的真正目的。不过宋神宗对王安石的信任和了解，是吕惠卿估计不足的。

神宗心里边很清楚，绝对不相信王安石和这件事有什么关系，于是亲自前去安慰王安石："李士宁有罪，虽然你跟他关系好，但我知道这事跟你没关系，我对你很信任。"王安石感动流泪，深情谢恩说："当初听说李士宁被收监入狱，我确实很恐慌。如果他说出一星半点对我不利的话，我根本没有辩解的余地啊！"神宗对王安石推心置腹："我当然相信你啊。"对一般的皇帝来讲，都是宁可枉杀一千，不肯错过一人的。如果不是神宗对王安石特别信任，是不可能这么对待他的。

最后，神宗下令杖击李士宁，押送原籍编管。这件事吕惠卿处心积虑，谋划了很长时间，但是神宗没对王安石怎么样，这个结果让他颇感失望。

吕惠卿从一个无官无职的候补选人升任到参知政事副宰相的高位，完全是王安石一手提携的。吕惠卿在改革中也出了很多好主意，做过很多好事。王安石曾感慨地说，改革几年中，惟有吕惠卿与曾布矢志不渝，是王安石的左臂右膀。没想到改革初见成效，曾布游离出去。吕惠卿得到高位后，又想要置王安石于死地。吕惠卿的所作所为、道德人品，激起了士大夫们极大的反感。

御史弹劾吕惠卿说："吕惠卿的弟弟吕升卿，为官劣迹累累，素质也很低下，却一再得到晋升。"又说："吕惠卿勾结地方官，以极低的价格购买田产，实质是变相强抢。对不同政见者，打击报复，随意贬斥，欺上罔下，玩弄权术。吕惠卿的小舅子不是进士出身，但是他却想办法给小舅子谎报战功，让他做官。另一个妻弟做法官，误判人死罪，却将罪名扣在别人头上，为了解脱罪名，吕惠卿还让人作伪证。总之，吕惠卿身为宰执大臣，应当奉公守法，严于律己，以为天下表率。可是一年多来，他却拉帮结派，混乱朝纲，枉法误国。"

在这种情况下，吕惠卿压力也很大，三次请求辞职。神宗严厉地说："没什么事却硬要辞职，这是为什么？"吕惠卿说："我觉得这份工作应该让有能力的人来做，我是个没有能力的人，应该自觉退让。"神宗说："你是参知政事，天下的责任不在你一人身上，何必一定要走呢？"吕惠卿说："王安石当时罢职，一时缺人，所以我才接受这份工作。现在王安石回来了，所以我也应该走了。"神宗又说："他回来了，你正应该协助他啊？"吕惠卿回答："这次王安石回来，老是说有病，老是推脱，跟以前完全不一样了。以前他为陛下建立许多新政，成绩斐然。但现在情形不同了。他第一回做宰相的时候，您什么都听他的，大伙儿也都听他的。这次重新回来以后，纷争比较多，大家也不是什么都听他的，所以很难办。"神宗一听，觉得他话里有话，于是继续说道："我认为王安石是觉得天下之事还有可为，所以才回来的。"吕惠卿利用一切机会挑拨神宗与王安石君臣关系："我开始也是这么认为的，但可能是因为我在的原因，人比较多，王安石可能觉得还是听他一个人的比较好，人一多了，办事不大方便。朝廷里可以没有我，但不能没有王安石，所以我觉得我还是应该走。您只要一切听王安石的，治理天下就能大功告成了。"神宗这回听明白了，吕惠卿是在暗示王安石现在不能专权，所以不安其位。宋神宗对吕惠卿含沙射影地攻击王安石很反感，不高兴地说："你做好自己职任分内的事就好了。"吕惠卿见没有达到目的，继续说："您要我竭力协助王安石，要做好参知政事的工作，我想问您，我这参知政事，参的政事是陛下您的政事呢，还是王安石的政事啊？"吕惠卿越说越露骨，神宗生气了，严厉地说："王安石的政事即朕的政事！"

神宗对王安石向来信任，所以找王安石谈话，告诉他："现在很多人说吕惠卿的弟弟吕升卿的坏话，吕惠卿也对你有意见，说以前你受别人攻击的时候他净来维护你，现在他弟弟遭人说，你也不出来说句话。而且他觉得有人陷害他。"王安石说："我觉得吕惠卿能力是很强的，就是有点容不得别人，心眼有点小，我不觉得有谁会陷害他，他可能太多疑了。"神宗说："以我的看法，你的这个学生啊，有点自诩太高。你猜他跟我都说什么了？他说你回来了以后总说生病，不干活了。"王安石听了以后，也没太往心里去。王安石只关心改革变法的事儿，别的事情都不太关注。宋神宗却留了神，后来常常当着吕惠卿的面称赞王安石公心可鉴，称赞王安石以朝廷大事为己任，称赞王安石个人品质无懈可击。之所以这样做，正是有意提醒吕惠卿，我对王安石绝对信任，你是离间不了我们的。

通过这件事，神宗心里已经有数了。他对王安石说："你这次回来要有思想准备，我感觉你手边上没什么人手帮你，只能是靠自己。吕惠卿已经帮不了你了。"王安石说："不会吧？至于吗？吕惠卿是我走的时候推荐他做的参知政事啊？"神宗笑了笑说："情况不像你想的这样，吕惠卿这个人嫉贤妒能。我已经决定要罢免他了。"

不可否认，吕惠卿是一个极有政治才能的人物，这一点连反对派也不得不承认。改革中他起了显著的作用，均输法、青苗法、农田水利法都是他参与拟定的。他积极协助王安石为神宗制定了各种新政策。王安石第一次罢相期间，他坚持改革，维护变法成果，同反对派进行斗争。但是，吕惠卿从参加变法到高居参知政事显赫地位，都怀有极强烈的个人野心。他任副宰相期间，既不能同宰相韩绛合作共事，也不能与同列沈括等人协同共事，甚至对他们加大排斥。而对自己的亲族、兄弟和吕氏小集团的成员，吕则为他们谋取官职，帮助他们迅速上升。更甚者，他还千方百计陷害王安石。为了个人的利益，他不惜破坏自己参与制定的改革政策和措施。正是如此，让宋神宗觉察到吕惠卿与王安石有本质的区别。

吕惠卿被罢免参知政事后，贬到陈州做知州。其实这个决定对王安石打击很大。之前已经走了一个曾布了，如果吕惠卿再走，对整个改革阵营是很大的损失。但是神宗已经决定了，他想让王安石卷土重来，东山再起。可惜改革派内部已经出了很大的问题。再这样下去，根本没法再推行改革变法。

吕惠卿被贬后，不断向神宗上诉，攻击王安石的内容多达数十页。其中一条引起了神宗的注意，他说"邓绾身为御史中丞，却与中书宰相的文告如出一辙"。言官与宰相私通，这是朝廷的大忌。御史中丞作为言官，是皇帝的耳目，有监察百官更有监视宰相的职责，如果与宰相私通，就会被猜疑串联谋权，这是帝王们最担心、最忌讳的事。

神宗将吕惠卿上诉的奏本给王安石看，王安石向神宗谢罪，表示自己没有做过这类事。但是他心里很纳闷，回去后就问儿子王雱。原来王雱担心不能治吕惠卿的罪，于是与其他几个大臣联合起来，把邓绾弹劾吕惠卿的好多话都写到上奏的折子里了，这下御史的奏折当然与宰相的一样了。这一切王安石事先一点儿也不知道。直到追问儿子，王雱才道出实情。王安石大惊失色，这可是犯了大忌讳啊！他赶紧上书请罪，请求神宗罢免他的宰相职务。王雱本来身体就比较瘦弱，背上长了大毒疖子，又被父亲狠狠责骂，这一下竟然一病不起了。

这种情况下，神宗皇帝对王安石的信任不如从前了。俗话说，三人成虎。第一个人来说街上有只老虎你不信，第二人又来说，等第三个人说的时候，就会让人相信街上真有只老虎，其实街上什么也没有。此外，这些天里，神宗皇帝和王安石讨论变法时，还有很多的意见不一致。王安石搞变法有个原则，要直线推进，不左顾右盼。可神宗的立场不一样，需要走一步，退半步，左右看看，再往前走，因为他要维持全局。王安石一看这情形就急了："这怎么得了啊？这天下的事就跟煮汤一样，锅在上面放着呢，烧一把火，眼看就要开了，却浇一勺冰水，再加一把火，看着又要开了，再浇一勺冰水，这水什么时候才能开啊？"这实际上是对神宗的一个批评。

另外，当时因为改革中各种税收收的是现金。现金收得多了，铜钱就匮乏，民间便出现了钱荒。朝廷打算铸造铁钱，但铜钱铁钱兑换不等价，铁钱在流通上受到阻碍。这下可把宋神宗急坏了，他又觉得变法里面的内容出了问题。可对王安石来讲不是这样，铸钱是因为有钱荒，不得不如此，只要渡过这道难关，新法还是可以继续进行的。但神宗皇帝却觉得新法出了问题。

王安石看到了问题的严重性，争不能胜，神宗不能坚决果断。王安石感到，因为吕惠卿的事件，神宗对他不再像从前那样信任了，对他的态度也有了微妙的变化。事实上，虽然王安石回来了，但是变法当中的很多问题、尤其是本质性的问题并没有解决。而且这时候的宋神宗已经 30 岁，经过王安石这些年的调教和培养，他也成长起来了，也有自己的主见，对于王安石也不再言听计从了。王安石感觉到了深深的疲倦，又开始请病假。神宗派内侍太监反复传达自己对王安石的信任，王安石才出来上班。

然而这时，王雱因吕惠卿事件，又气又悔又恨，病情日益加重，不久便去世了，年仅 33 岁。王雱是个很有为的年轻人，而且是坚决维护改革变法的。他的去世对王安石的打击非常大，王安石也病倒在家里。神宗对王安石依然很好，不但派人来探望，而且还多次给他延长假期，派御医给他看病。由此可以看出，神宗对于王安石还是很关心的。然而对于王安石来讲，需要的并不是生活上的关心，而是神宗在政治上坚决的、毫不动摇的支持，这才是最关键的。

王安石实在待不住了，又困、又乏、又累、又疲，坚决要求离开朝廷，不再做这个宰相。神宗依旧尽力挽留，一再表示："我从来就没有怀疑过你，我也从来没有怀疑过你的忠心，我们俩之间没有什么不能说的。"王安石依然以身体生病为理由。实际上他心里也觉得，神宗对他没有以前那么信任了。这一点他跟别人也说过："原来皇上对我非常信任，可是现在啊，能听我的五分话就很不错了。"

御史中丞邓绾等变法派的官员，惟恐王安石辞职，影响他们的仕途，于是向神宗建议，给予王安石的子弟亲属重要的官职，并在京城赐予王安石一所好的住宅，他们认为如此可以留住王安石。但这样做却违背了王安石做官为人的原则。王安石知道后，立即向神宗上奏道："我一直在病中，所以对众人的议论多有不知，昨天才听说御史中丞邓绾曾为我家子弟营求官职，又为我求赐宅第。邓绾的职务是为国家负责公正执法，纠察百官。御史中丞为宰臣乞求恩赐，这是违反国家体制的。"对于邓绾公开违反言官与宰臣不允许往来的规定和制度，神宗非常生气，将邓绾贬为邓州知州。这类事情，也无形中在神宗和王安石之间形成了一道壁垒。

王安石于是再次提出辞呈。神宗的态度依然很坚决，他对王安石说："我告诉中书省的人，凡是你辞职的折子一概不许接收。你本来答应不走的，现在为什么又反悔呢？"神宗还下令让开封府严密监视王安石一家的动静，只要看见他们搬家，就要马上上报。可以看出，神宗还是非常想让王安石留下来的，也许他内心也有疑惑，但是手边已经没有其他可用的人。只有王安石是最忠诚的，也是最能干的。

但王安石的态度同样坚决，神宗让副宰相王珪去劝说，仍然没有成功。王安石在给皇上的信里面说："匹夫之志犹不可夺——有些事情不是皇上您说了算的，我就是不想干了。"他在给王珪的信里面也说："这些年我都累坏了，再干下去非出差错不可。"身处朝堂，事事都惊险万分，都是行走在刀刃上的生活。对王安石而言，如果改革变法不能够按照他自己的主张向前推进，那么继续待在宰相的位置上就毫无意义。

终于，神宗也失去了耐心。一天，他正与王安石商量事情，意见有所不合，突然转过脸来说："我听说你最近总是不停上书说要走啊？"王安石一听，仓皇之间，马上说："不错不错，我很久以来一直想走。"回去之后，他马上上表递辞呈。宋神宗熙宁九年（1076）十月，王安石罢相，任江宁知府，这一年他57岁，宋神宗30岁。王安石第二次做宰相的时间，是一年零八个月。

应该说，在中国古代历史上，很难再找到像宋神宗和王安石这样的君臣合作关系了。王安石竭尽全力地效忠，以坚强的决心和意志推进改革变法，而宋神宗给了他最大的所有可能的全部支持。但是，一方面，改革变法的难度太大，涉及的利益面太多；另一方面，在改革变法过程中，改革派内部出现了重大问题，导致了变法的举步维艰。

王安石的第一次罢相，主要是因为反对派的势力太大，又借助天灾人祸说事。第二次罢相，首先是因为改革派内部出现了重大问题。为什么内部会出现重大问题呢？因为改革变法中王安石起用了很多新人。这些新人从底层上来，他们一方面做着工作，另一方面也在巩固自己的地位，所以有的时候，对利益的追逐远远超过了对工作的执行。其次是因为神宗皇帝自己的思想也在不停地发生变化。神宗原来的基本思想，是允许反对派言论自由，你想说什么都行，只要别干扰我的变法，实在不行就把你调走，拿高薪把你养起来，就像司马光那样。神宗时刻要保证国体的稳定，他不能让国家出大问题。因此，宋神宗对改革事业常常表现出两面性。然而，神宗这种态度却令王安石很不满意，王安石认为神宗动摇、畏惧、犹豫。实际上，随着神宗皇帝的逐渐成熟，他也有自己成熟的人生观、价值观，和王安石的一些想法就不可能再完全一致了。

所以，如果说第一次罢相是神宗皇帝和王安石的一种策略，或者很大程度是王安石出于一时的意气而辞职的话，那么这第二次罢相，就是面对两人之间的分歧而不得不做的一个了断。王安石的第二次罢相，不只是因为失去了儿子，也不只是因为遭到来自内部的诬蔑和攻击，更重要的是，在如此长的时间里，王安石感到无比的疲倦。他对改革变法并没有失去信心，但是，他对改革变法在执行过程当中出现的态度问题，已经无力承受了。

虽然王安石被罢了相，去江宁做知府，但是神宗特别下令，王安石所有的待遇都不变，而且还封他为舒国公，后来又加封为特进荆国公。"特进"的头衔，意味着退休之后依然保持很高的政治待遇，可以参政、议政，他的地位依然是宰相的地位，只是没有实际的职务而已。神宗还给他留了个话口，他随时可以发言，可以表达自己的意见。但王安石毕竟离开了宰相的位置，也就是说，第二次被罢相之后，王安石的政治生命可以说实际上就已经结束了。

　　到这里，我们已经很充分地了解了作为政治家的王安石的角色、性格和行为。不过，如果我们对王安石的了解仅止于此，那还是非常片面的。要想全面地了解王安石的性格、思想，我们还需要从他日常的生活当中去探究他，去了解他，去靠近他。

第十六讲

多面宰相的情趣风采

在我们的印象当中，王安石是个不苟言笑，没什么情趣的人，也是一个思虑深刻，整天思考国家大事的人，还是个沉重的人。难道，他真的就是这样一个刚毅不肯妥协的人吗？真的就是这样一个不近人情的人吗？在日常生活中，王安石到底是个怎样的人呢？他在生活中的表现，与他在政治中的表现到底有多大的相同之处，又有多大的不同之处呢？

人都有两面性。生活中的王安石其实是个非常天真的人，常常被朋友们取笑，而他自己往往还会当真。

刘贡父是王安石的朋友，博学多识。一次，两人一起吃饭，席间，王安石就问刘贡父："孔子说的'不撤姜食'，应该如何解释？"这句话出自《论语·乡党》，原话是："食饐（yì）而餲（ài），鱼馁而肉败，不食。色恶，不食。臭恶，不食。失饪，不食。不时，不食。……不撤姜食，不多食。"意思是说，朝廷举行祭祀活动的时候，人们都要沐浴更衣，认真地准备。吃饭的时候要遵守礼法。发霉发臭的粮食与肉，都不能吃。食物的颜色难看，不吃。气味难闻，不吃。烹调不得法，不吃。但是饭桌上的生姜，不能撤掉，但是也别多吃。这是原本的话。

刘贡父是怎么解释的呢？他说："医书上说，多食生姜会损害人的头脑，圣人以道来教导人民，对他们采取愚民政策，孔子就是这样的人，所以不撤姜，是为了让老百姓吃饭的时候，吃生姜，这样他们的脑袋就愚蠢了。"王安石听后恍然大悟，觉得很有道理，脸上露出欣然的笑容。过了很久之后才明白原来刘贡父是在嘲笑他。

其实，孔子这段话的原意是说：祭祀的时候，上供的食品不应该有奇怪的味道，不该有太辛辣太冲的味道。那么，按道理生姜是不能上桌的，但是生姜这种调味品虽然辛辣但不臭，而且古人认为，吃生姜可以通神明，去污秽，所以还是可以上餐桌的，只是千万不能多吃。

王安石变法，重在敛财赚钱。有个小人就给他出了一个馊主意说，梁山泊有八百里的湖面，可以将这八百里的水都抽干，这样我们就有了八百里的良田。那粮食还愁不够吃吗？王安石一听，非常高兴，觉得这真是一个好主意。可是过了一会儿，他回过味儿来了，慢慢地说：不对呀，梁山泊的水抽干了，可是这八百里的水放到哪儿去呢？这时候刘贡父正好也在座，顺口就说：那还不简单，就在梁山泊这八百里良田旁边，再挖一个八百里的梁山泊，把水放进去不就好了？王安石一听，哈哈大笑，觉得自己刚才是有点儿犯傻。

这个故事就好比有个笑话，有人说在喜马拉雅山中间挖个隧道，然后将印度洋暖湿的气流引入青藏高原，这样就可以造就上千万亩的良田。可是你没有想过，暖湿的气流进入青藏高原，那些冰川雪山融化之后，怎么办？那不是巨大的水灾吗？

这些都说明王安石有时候也有天真的一面。

王安石还特别喜欢出谜语。有一次他跟吕惠卿一起闲坐，就给他出了一个谜语：画时圆，写时方，冬时短，夏时长。猜一个字。吕惠卿看了之后，笑了一下，说，我也给你出个字谜，谜底就是你的这个字：东海有一鱼，无头亦无尾，更除脊梁骨，便是这个谜。王安石看了，笑了笑说："果然惠卿知我。"这个字就是日，太阳。

王安石第二次被罢相之后，退居江宁。他常常外出闲逛，特别喜欢到村子里转转。其中有一位姓张的老人，跟他关系特别好。每次到老张家门口，他就敲门，大声叫：张公在不在呀？老张就应声

春風又綠江南岸

明月何時照我還

康震

答道：是相公吧？这个相公，在古代，既是妻子对丈夫的称呼，也是对读书人的称呼，也可以指宰相。老张称呼王安石为相公，其实就是称呼他为宰相。王安石一听乐了，装作很沮丧的样子说：唉！我当了那么多年的宰相，原来只跟你差了一个字。你叫做张公，我叫做相公。

又有一次，王安石头上裹着一块头巾，挂着一根手杖，独自游览山寺。走到一个村落，看见有几个读书人模样的人，在那里高谈阔论。王安石很感兴趣，就悄悄地坐在他们旁边，听他们说话。他当时的打扮哪里像个读书人？更不像个前宰相，只像是一个乡村的老头子。结果，这帮人谈得高兴，看到这小老头儿总是坐在一旁，觉得很不爽，其中一个人就非常轻蔑地问他："你坐在这儿瞎听什么呀？你读过书吗？"那意思就是，你哪儿凉快哪儿呆着去，别在这儿装听懂啦，我们都是读书人，你一个乡村老头，装什么知识分子？王安石没法儿说什么，只好含含糊糊地答应着，点点头，读过一点，读过一点。这么一说，那帮人就更来劲儿了，追问他：你读过书？你叫什么名字？那意思，既然读过书，总该会写自己的名字吧？估计是想让王安石说出名字，然后大家嘲笑一番说，没听过，没听过，什么读书人，赶紧走人吧！王安石本来只是想在这儿坐一会儿，听他们聊会天儿，自己找个乐儿罢了，没想到碰到这么一群读书人，只好非常无奈地站起身来，拱了拱手，说：在下姓王，名叫安石，对不起了。那群人一听，什么？王安石！那可是前宰相啊！个个惶恐不已，惭愧地低着头离开了。

王安石天真，可爱，同时，也很率性，不愿意受束缚，所以在生活上很邋遢，很不讲究，有时甚至到了令人瞠目结舌的地步。

王安石性不善缘饰，很长时间都不洗澡，衣服脏了，破了，旧了，亦不浣濯。当他在京城任群牧司判官时，他的好朋友吴充、韩维都在京城做官。他们知道王安石的这个毛病，就约好，每一两个月，即相约到定力院洗沐，每家轮流拿出新衣服，给他替换，号称是"拆洗王安石"。而王安石每次洗完澡出来后，见到新衣服拿来就穿上，也不问是哪儿来的。

有一次上朝，一只虱子在王安石的胡子上爬来爬去。宋神宗看到后笑了起来，王安石也不知怎么回事。退朝以后，王安石问一同上朝的宰相王珪："皇上为什么笑啊？"王珪告诉他原因后，王安石赶忙让随从给他把虱子拿下来。王珪说："未可轻去，当献一言颂虱之功。"于是说："屡游相髯，曾经御览。"意思是，这只虱子真的很厉害，曾经在宰相的髯角畅游，也曾经接受过皇帝的检阅。王安石听后不禁大笑。

还有一次，一个朋友的母亲去世了，王安石乘船到朋友家中去吊唁。坐上船以后，他才发现自己的腰上是一条红色的腰带，这可怎么办？正好看到边上有个随从，腰上有一条黑色的腰带，就将那条黑腰带解下来，自己系上。等吊唁完毕之后，又将自己的红腰带换了回来。

看了王安石这么多逸闻趣事，我们会发现一点，大多这种不同凡响的人物，对生活的细节都不大关注。为什么不大关注？因为他不是按照生活的规则来做事的，而是按照自己的性格来做事的，这跟普通人是一个很大的区别。我们一般人都喜欢遵循生活既有的规则和原则，这些规则和原则有时候跟自己的本性不大符合，所以有时候做事，会觉得很压抑，或者总觉得做完了以后，自己心里不畅快。但是像王安石这样的人不是，他天真，他率直，他直接，他不假饰，这其实跟他在搞改革变法的时候那种强硬的性格是一以贯之的。

大家可能会问，这么不修边幅，不爱洗澡的一个人，他一天到晚脑子里都在想什么呢？忽略某些事情，就必然会专注另外的一些事情，尤其是那些他自己认为重要的事情。

王安石酷爱读书，经常手不释卷。在常州做知州的时候，宴客时会组织一些娱乐活动，比如看戏。而王安石看戏时从来都是面无表情，别人在旁边一会儿哭一会儿笑的，他却总是没反应。但是有一次大会宾客，同样是来了一个戏班子当场表演。就在大家都在安安静静看戏的时候，王安石却突然放声大笑，把大家吓了一大跳！于是管事的把演戏的人叫到跟前，说："你的表演竟然能使太守开怀大笑，应该重重有赏。"旁边有人觉得不大对劲儿，觉得王安石好像不是被戏班子逗笑的，于是问王安石为什么笑。王安石说："我是想到一本书上的两句话，此前我一直对这两句话百思不得其解，当时突然豁然开朗，所以特别高兴，不自觉地笑了出来。"王安石就是这样的人，他对于自己关注的事情是倾力关注，对不关注的事情则熟视无睹。

还有一次，有人说王安石特别喜欢吃獐脯。王夫人听说后很是怀疑：我跟他结婚这么多年了，没听说他是一个挑食的人，怎么会单单喜欢吃这个菜呢？于是派人问当时在左右伺候的人："你们怎么知道王先生喜欢吃獐脯呢？"他们回答说："王先生每次吃饭时不吃其他的菜，唯独将獐脯吃得精光，由此知道他喜欢吃这个。"王夫人又问那道菜是放在桌子的什么位置。他们说是"在近筷子处"。王夫人一听就全明白了，说道：下回吃饭时，你们别把这道獐脯放他跟前，而是放一道别的菜，看看会是什么情况。下次吃饭时，仆人按照王夫人说的，将獐脯放在了远离王安石手边的地方，而是换上了另一道菜，结果王安石将那道菜吃了个精光，獐脯却一口也没有吃。这说明什么呢？对于王安石来说，哪个菜离得近，他就吃哪个，而且他未必知道自己吃了什么，也许他以为吃的还是獐脯呢。

王安石就是这样一个有着独特专注的人。他始终在考虑他自己感兴趣的东西，这跟他率真的性格是联系在一起的。很率真、很真实的人，往往非常直接。他跟这个世界的关系不那么复杂，所以他容易深入到事物的本质，一下就能抓住，一抓住就不松手，所以他会表现得非常执着，并且不隐藏自己真实的个性，非常坚持自己的一套原则。

例如王安石在群牧司做判官的时候，顶头上司是我们大家都熟悉的包拯，当时司马光也在群牧司工作。一次包拯宴请同僚，有宴请就必然要喝酒。司马光不爱喝酒，也不擅长饮酒，但是当着上司包拯，也还是喝了。王安石却不为所动。据司马光回忆，从头到尾，在座的不管能不能喝酒，会不会喝酒，喜欢不喜欢喝酒的人都喝了，只有王安石一个人，始终没有喝一口酒。

可能有人会说王安石也太不给人面子了，其实这恰好反映了他的性格。他很执拗，他坚持原则，决不肯随波逐流。像王安石这样率真的人，天真的人，特别简单的人，对原则问题认识得特别透彻，跟他讲多少道理都没用，因为他就只认一个理。

不过，讲究原则的人，对别人讲原则，对自己也很苛刻。

有一次，刘贡父去王安石家找他聊天谈事，当时王安石正在吃饭，便让人将刘贡父带到书房稍等。刘贡父看到砚台底下压了一摞书稿，是王安石写的。拿起来一看，是论兵的。刘贡父是个好开玩笑的人，而且又聪明，记忆力超强，把文章看了一遍，就背下来了，然后不动声色地将书稿压回到砚台底下，坐在椅子上静静等待着。过了一会儿，王安石吃完饭回来，两人坐下聊天。王安石问，你最近都干吗呢？写了什么文章？刘贡父说也没什么，我最近对于论兵的事比较感兴趣，写了一篇论兵的文章，不过还没有写完。王安石因为自己正在写这方面的东西，一听很感兴趣，忙问刘贡父是怎么写的，主要观点是什么。刘贡父一面说也没什么大不了的，一面一二三四五地把王安石书稿的内容都背了出来。王安石一听，有点傻眼了：自己写的东西不都是人家写过的了吗？那还有什么意义呢？等刘贡父走了，王安石从砚台底下把文章拿出来，嚓嚓嚓嚓，全撕了。

这说明什么？王安石这个人好发不同寻常之论，尤其看不起流俗之见。如果一个人没有自己的新见，根本不能引起王安石的关注。他对一般人是这样，对自己更是这样。我们现在有个词儿叫"撞衫"，如果发现自己跟人家"撞衫"了，会觉得自己很丢脸。而王安石这叫"撞文"，他以为自己跟刘贡父撞到一块儿了，于是索性把自己的文章给撕掉了。从这件事可以看出来，王安石不只是对别人苛刻，对自己更苛刻，用完美主义者的眼光来要求自己。这同样是很天真、率直的人对于世界本质的一种把握方式。在他眼里，要存在的必须是完美的，如果不完美，就没有存在的价值。

这种性格特点在王安石的诗歌欣赏和创作上也有表现。宋代人喜欢议论唐诗，李贺有两句特别有名的诗：

> 黑云压城城欲摧，甲光向日金鳞开。

威武雄壮，色彩斑斓。历来都被认为是好诗。可王安石却很看不上，都已经黑云压城城欲摧了，怎么可能还有甲光向日金鳞开呢？太阳在哪儿呢？王安石就是这样，总有自己一套独特的看法，并且能敏锐地发现别人的问题所在。

王安石评诗很严格，自己写起诗来要求更严格。他的一首诗，千古名作，叫《泊船瓜洲》：

> 京口瓜洲一水间，钟山只隔数重山。春风又绿江南岸，明月何时照我还？

这首诗在当时就非常有名，有人还把他的草稿给收藏了。草稿上画得一塌糊涂，最开始是"又到江南岸"，圈去"到"字，注曰"不好"——太直接，太生硬，太书面化；改为"过"，"过"有一晃而过的意思，即有"走"的意思，也不妥；又圈去而改为"入"，"入"虽然解决了春风深入江南的问题，但是说春风"入"江南，这个词不太恰当，也比较抽象；再改为"满"，春风"满"江南，也显得不够含蓄。如是十许字，最后定为"绿"字，形容词活用为动词，既有动作，又有颜色，又有诗意，将以上那些词的涵义都包含在颜色里了。这种诗对王安石来说不过是首小诗，尚且如此改动，耗费心思，若是要正儿八经写点东西，不晓得还得怎么改呢。

对于这么一个个性鲜明、既简单又执着、率真得有点天真的人来说，依附权贵更是一件不可能的事情。

王安石考中进士时，当朝宰相是晏殊。他也是一代文宗，范仲淹、欧阳修都曾经得到他的提拔和重用。晏殊与王安石是老乡，都是江西抚州人。因此，当王安石与其他几位新科进士一起去拜见晏殊时，晏殊将王安石单独留下来，称赞他品行端正，学问优秀；又说，同乡中有你这样杰出的青年，真是我莫大的光荣啊！王安石听了也没有什么特别的表示，只是礼貌地表示感谢。不久后晏殊又请王安石吃饭，对他特别礼遇，并且语重心长地说："日后你必定也能坐到我这个位置。现在我有两句话送给你，只要你能宽容别人，别人也就能宽容你。"这样的语气，明摆着不是王安石在巴结晏殊，而是晏殊这个同乡前辈在主动地跟他套近乎。换作一般的年轻人，还不得感激涕零、马上拍着胸脯表忠心吗？而王安石听了晏殊这么有分量的话语，也只是轻轻地点点头，有一搭没一搭地应承着。等回到旅馆，才叹口气说："晏殊作为朝廷大臣，怎么能够教给年轻人这些东西，做人未免太浅薄了！"

当然，从一般人的眼光来看，晏殊的这番话肯定是出于鼓励提携年轻人的好意，并没有什么问题。但是，如果了解了王安石心心念念之事，就会明白其中的原因。对于王安石而言，考科举、做官的主要目的不是为了做更大的官，而是要做大事，是要实现治国平天下的理想，以这样的标准来衡量晏殊的言论，王安石自然觉得他有点儿肤浅了。因此，王安石这样的反应，也不能说是不识抬举，而是他有着更高的期待值。这也进一步说明，王安石不是一个见风使舵，见人说人话、见鬼说鬼话的人。他始终有自己的定见。一个没有主见和定力的人，不可能主持这么大型的变法的。

　　欧阳修，文坛的大腕儿，王安石的好朋友曾巩多次向欧阳修推荐王安石，欧阳修对王安石非常赏识，但二人一直无缘得见。后来王安石到京城做官，两人终于见面，欧阳修写一首诗赠送给他，其中有这么几句：

　　　　翰林风月三千首，吏部文章二百年。老去自怜心尚在，后来谁与子争先。（《赠王介甫》）

　　意思是说，你的诗可以与李白媲美，李白做过翰林供奉，所以说"翰林风月三千首"；"吏部文章二百年"，你的文章可以跟韩愈相比美，韩愈做过吏部侍郎。我老了，不中用了，在后辈当中，谁又能比得过你呢？给王安石以很高的评价。按照一般人的想法，欧阳修不论是政治地位还是文坛地位，在当时都是非常高的，能得到这样一首赠诗，还不赶快裱起来，挂在墙上，多方展示？但王安石对此却不以为然，他认为欧阳修并没有真正读懂他，于是他回了一首诗，其中有两句非常关键：

　　它日若能窥孟子，终身何敢望韩公？（《奉酬永步见赠》）

　　这里的韩公指的是唐宋八大家之首的韩愈，苏轼曾将欧阳修比作是当代韩愈。这两句的意思是说，如果将来有一天，我能达到孟子的境界，我就很满足了，我哪敢跟您比呀？可是大家想想，是韩愈的境界和地位高呢？还是孟子的地位高呢？他虽然没明说，但意思表达得很清楚：我的理想不是做韩愈这样的文学家，我是要做孟子的。孟子是什么？"我善养吾浩然之气"，那是影响千代万代人的，是圣人！韩愈是圣人吗？这番气焰实在高得很。好在欧阳修知道自己面对的是个什么样的人，也不计较。王安石的个性由此可见。

王安石追求的并不是做大官，而是要做大事，正因为有着这样的原则，所以他对于权力、名位等看得极淡。王安石刚做宰相的时候，家里来了好多人给他祝贺，对此王安石很不喜欢。当时有个官员叫魏泰，跟他关系挺好，王安石就从旁边取了一张纸，写了一首诗给魏泰，其中有两句是这么说的：

> 霜筠雪竹钟山寺，投老归欤寄此生。（宋·魏泰《临汉隐居诗话》）

意思是说，江宁（今南京）下了很大很大的雪，把竹子都遮住了。在这样一个夜晚，听到钟山的寺庙里的钟被悠悠地敲响，听着这样的钟声，我才知道，原来这个地方是我将来终老和归隐的真正地方。至于这个京城、这个地位对我来讲，都只不过是为了完成我的一桩心愿和志向。也就是说："我真正的志向是要归隐江宁，归隐钟山。"

后来王安石不做宰相了，回到钟山，魏泰前去看望他，两个人闲聊，说起了当时王安石的这首诗。王安石看着魏泰，轻轻地敲了敲桌子说"有是哉"，意思是"看看吧，我讲得并不错"。

事实上，王安石从开始考科举，到后来做宰相，推行变法，他的人生价值观一直都是非常明确的，做人的原则也是很清晰的。他不为功名利禄而做官，只为做事而做官。所以当他做了宰相，别人都在为他祝贺的时候，他心里边想的却是将来要归隐钟山，是要享受那样一种不同寻常的人生境界。因此，对于这样的人，用功名利禄来利诱他，根本是不可能的。他所尊重的，是事实，是原则。

在王安石主持科举考试时，也体现出了他一贯的坚持。宋代科举考试比较复杂，科举考完排名次时，要过三道关，第一道叫初考官。初考官先列一个名次，比如一二三四五，然后交给覆考官，其实就是复审。覆考官要审核这个名单，如果他看了以后说，这一二三四五排得不够好，应该是五四三二一，那么初考官和覆考官就要商量。最后一道是详定官，详定官相当是终审官、发布官。同时朝廷有个定制，就是不管怎么排，只要初考官提供了名单，并且经过了与覆考官的商量，将来的状元就一定要在他们所定的名单中产生，决不能从名单范围之外另选。

王安石当时做的是详定官。在看了初考官和覆考官的名单以后，王安石觉得里边的人都不合适，没有一个是能做状元的！应当从名单之外再选出一个更优秀的人来。其他的官员都不同意，认为这不合规矩。事情报到皇帝那里，皇帝下诏听从王安石的意见，最终从别的行列中选拔出了状元。而且从此以后，状元不一定非得从初试官和覆考官拟定的名单里边产生，而可以由详定官来另外提名。

这次事件再次说明王安石对事实与原则的坚持，敢于挑战不合理的规矩。规矩最初都是人定的，规矩是为人服务的，人是活的，规矩也不应该是死的，而必须因人的需要而及时调整，不能被规矩拴住。王安石就是这样实事求是，既不媚上，也不取悦于规矩，而是尊重事实。

现在我们已经了解王安石天真率直、既讲原则又充满执着的性格特点。个性既是长处，也是短处。像王安石这样，太过追求完美，太过讲求原则，所以有时候难免有点儿不近人情，也不大能够很好地反省自己。

比如王安石退居南京时，家里有一名老兵，天天负责打扫卫生，非常周到，扫地、擦桌子、擦窗户……王安石对他赞不绝口。然而有一天，老兵擦灯的时候，一不留神把灯给砸了，结果王安石勃然大怒，认为他办事不力，立刻把他赶走了。当时旁边正好坐了个客人，客人后来对别人说："王安石在喜怒之间就将家里的老兵辞退，那么他在朝廷里因为自己的喜怒而进退一个大臣也很容易啊。"从对家中小事的态度可以折射出对朝廷大事的处理。这也说明王安石性格里的确有缺陷。

王安石的另一个缺点就是过于执着。俗话说叫一根筋。执着是王安石一个突出的优点，可以让他不受干扰，一直坚持下去。然而当执着变成"过于执着"时，就会产生反作用。人有时候是要受一点"干扰"的，有些"干扰"实际上是不同角度的意见，尤其在这"一根筋"的方向已经发生偏差的时候，适当地接受"干扰"可以让人不犯错误，起码能少犯错误。没有人能保证自己的"一根筋"一定是正确的。

王安石的"一根筋"非常明显地体现在变法过程中。新法推行得很艰难，宋神宗有一次对王安石说："我听说对于这新法，老百姓挺烦的，抱怨很多，是不是可以考虑撤点儿新法？将那些不合适的撤掉一部分？"然而王安石的回答是："老百姓的抱怨算什么？天上打雷下雨，老百姓还抱怨呢。"神宗听了当然不高兴："如果我们能让人家打雷下雨的时候也不抱怨，岂不是更好吗？何必非得让百姓抱怨呢？"

王安石本来是忧心民间疾苦的，要不也不会想要改革变法。但这话说得却不够周到。因为他就是一根筋，老想的是怎么将这个变法完成了，实现富国强兵的宏大愿望。所以在变法过程当中，顾不上考虑这些伤及民生的问题。他的观念是："不要管老百姓现在埋怨什么，因为他们什么事都会有埋怨，我们只要把事情做好了，真正实现富国强兵了，百姓也就不埋怨了。"但是这番言论只冲着遥远的理想结果，而忽视了眼前现实的问题，反而给反对派落下了话柄。这也是"一根筋"带来的后果。

过于执着就意味着不太接受别人的意见，不易改过。王安石跟曾巩私交不错。有一次神宗问曾巩："听说你跟王安石很早就认识，你说说王安石是个什么样的人啊？"曾巩说："我这朋友吧，要说论才情、论学问、论文学，跟汉代的扬雄比也不差。可是他这个人很吝啬。"神宗觉得奇怪，王安石是一个富贵尚且不能动摇的人，从来不贪恋富贵，怎么会吝啬呢？曾巩回答道："我说的吝啬是指王安石这个人'勇于有为，吝于改过'。他勇于做事，可是在改正自己缺点的时候特别吝啬。他不喜欢听别人说自己不好。"听了曾巩这番议论，神宗也不由得点头表示赞成。

透过这许多精彩活现的逸闻趣事，我们对王安石也就有了比较全面的认识。他不只是历史教科书里推行熙丰新法的冷面宰相，而是这么一个丰富的人。他天真，率直，讲原则，重事实，有时倔得可爱，有时又让人生畏，他对理想的执着让人热血沸腾，而过分"一根筋"又让人惋惜不已。如此分明的个性，既是优点也是缺点。然而唯有这样优点与缺点并存，才是一个有血有肉的千古名相。

第十七讲

说不尽的王昭君

身为"唐宋八大家"之一，王安石堪称诗文大师，他的诗作立意新颖，充满着情感和丰富的想象，对当时和后世都有影响，被称为"王荆公体"。在王安石众多的诗歌作品中，以"昭君出塞"为主题的《明妃曲》最引人关注，引起的争议也最大。

宋仁宗嘉祐四年（1059），在京城担任三司度支判官的王安石，写下了两首名字同为《明妃曲》的诗作。然而让王安石始料未及的是，这短短的两首诗作，竟然引得当时和后世的人们巨大的争论，有的人高声唱和，赞不绝口；有的人则全面否定，大加鞭挞。为什么围绕这两首诗的评价，会有如此的天壤之别？历史上的昭君出塞，到底给我们留下了怎样的思考呢？

王昭君本名王嫱，西晋的时候，由于她的名字犯了司马昭的名讳，所以就称呼她为"明妃"。以王昭君为题材的作品，历代文人都写，不过能够引起王安石兴趣的，肯定是不寻常的。我们首先要知道的是，在王昭君身上到底发生了什么故事，以至于王安石这个改革家、这个素有大志的人要把她作为诗歌的题材呢？

西汉元帝的时候，王昭君就被选入宫中，做了宫女，实际上就是皇上众多小妾中的一个。她在宫里待了好多年，一直没有能够得到皇帝的宠幸。

正在这个时候，匈奴首领呼韩邪单于前来拜谒汉朝皇帝，提出想要和亲，以示双方团结和平。汉元帝觉得很不错，就通知下人，选出五个宫女让呼韩邪单于挑选。王昭君进宫多年，从来没有得到过皇帝的驾幸，心中悲愤异常，听说了这件事，主动要求远嫁匈奴。

呼韩邪单于辞行的时候，汉元帝专门给他举行了大型的宴会。宴会上请出这五名宫女，其中就有王昭君。王昭君一亮相，天姿国色，一干人等都看傻了，特别是汉元帝，非常后悔，自己后宫有这么漂亮的女子竟然不知道！但既然已经和对方说好了，作为大汉天子，当然不能毁约，只能将错就错，将被选中的王昭君送给呼韩邪单于。

就这样，王昭君跟着呼韩邪单于到了匈奴，被封为宁胡阏氏，阏氏就相当于匈奴的皇后。为什么叫"宁胡"呢？意思是娶了一个汉家的女子做皇后，从此就能保证匈奴和平安宁。实际上就是因为这次和亲，匈奴与汉朝不再打仗了。呼韩邪单于去世以后，按照匈奴族的习俗，王昭君要嫁给单于的儿子。当然这不是王昭君的儿子，而是呼韩邪单于的前阏氏生的。

在中原地区长大的王昭君对这种习俗很难接受，她还给当时的皇帝汉成帝（那时候汉元帝已经去世了）写了封信，请求回国。汉成帝回信勉励她："你留在那儿，能够维系和平，对我们两个国家都有好处。"于是，王昭君又按照匈奴习俗嫁给了新的单于。

这就是关于王昭君真实的历史故事。可以说，在当时的历史条件下，王昭君的远嫁匈奴，有很大的贡献：

首先，王昭君是主动要求远嫁匈奴的。不管她出于什么动机，她不是被别人打着、强迫着拉出去的，而是主动要求去和亲的。

第二，她的和亲经历了前后两代单于，确保了汉朝和匈奴之间将近半个世纪的和平，这是非常宝贵的和平建设的时间。从这个角度来讲，王昭君的贡献甚至比那些金戈铁马的将军打了多少胜仗的贡献都要大得多。后人对王昭君的评价很高，主要也是基于这个方面。

对王昭君这样一个美丽的、有传奇色彩的女子，就这么点历史真实的故事，显得太不够了。所以，西汉的时候一部叫做《西京杂记》的笔记小说，就对王昭君的故事做了进一步的补充，写得更加细致。

故事里说起了王昭君进宫之后的事情。后宫的妃子实在太多了，皇上哪能挑得过来。于是就让当时宫里的画师，把她们的相貌画下来，就好比我们现在办理身份证，必须拍一张照片一样。如果说照片拍得不好，还不至于走样。可是画画却不同，主观性太强。宫女们都知道这里边的玄机：必须得给画师送钱，让画师把自己画得漂亮点，皇上才可能把自己选中。这是宫廷里的"潜规则"。可王昭君很有个性，不肯贿赂画师。结果可想而知，画师只要略做手脚，让你脸上多点什么，你也就入不了皇帝的法眼了。就这样，王昭君始终没有被选中。

匈奴单于来和亲时，汉元帝让找来五个宫女供呼韩邪单于挑选。从情理上推断，汉元帝选这五个宫女，肯定不是最漂亮的，最漂亮的他留在宫里头。王昭君没给画师送贿赂，画师给她画得铁定不好看，所以汉元帝才同意把王昭君放在这五人的队里。结果没想到王昭君一出来，是最漂亮的。汉元帝肠子都悔青了。

可是已经这样了，也没法挽回。王昭君已经嫁出去了，可是账还得算。于是汉元帝下令彻查画师是谁，最后查出是一名叫毛延寿的画师。汉元帝下令将其处死，以解心头之恨，或者以解心头之遗憾。

这就是关于王昭君的故事。

王昭君是我国古代历史上与貂蝉、西施、杨玉环并称的"四大美女"之一，"昭君出塞"的传奇人生经历吸引了历代文人，他们以此为创作素材，产生了一批脍炙人口、流传很广的作品，唐代的三位最著名的大诗人李白、杜甫和白居易，就都创作过相应的作品。

李白的《王昭君》是这样写的：

　　　汉家秦地月，流影照明妃。一上玉关道，天涯去不归。汉月还从东海出，明妃西嫁无来日。燕支长寒雪作花，娥眉憔悴没胡沙。生乏黄金枉画图，死留青冢使人嗟。

杜甫的一首，是《咏怀古迹》五首之三：

群山万壑赴荆门，生长明妃尚有村。一去紫台连朔漠，独留青冢向黄昏。画图省识春风面，环佩空归夜月魂。千载琵琶作胡语，分明怨恨曲中论。

白居易的则以《王昭君》为题写了两首，其中的一首写道：

汉使却回凭寄语，黄金何日赎蛾眉？君王若问妾颜色，莫道不知宫里时。

这三首诗在内容上有相似点，都在说：

第一，王昭君出塞和亲是一个屈辱的事，是一个不情愿的事，去了之后受了很多苦。

第二，就是因为这个原因，所以王昭君一直思念故土，思念家乡，心里头有怨恨。

说白了，这三位诗人，都把王昭君写成了一个怨妇、一个怨恨深沉的怨妇。满怀不愿，被迫和亲，去了以后思亲思乡，度日如年。这也代表了当时大部分人对于王昭君的理解。

那么王安石的两首《明妃曲》又是怎么写呢？

第一首：

明妃初出汉宫时，泪湿春风鬓脚垂。

低徊顾影无颜色，尚得君王不自持。

归来却怪丹青手，入眼平生几曾有；

意态由来画不成，当时枉杀毛延寿。

一去心知更不归，可怜着尽汉宫衣；

寄声欲问塞南事，只有年年鸿雁飞。

家人万里传消息，好在毡城莫相忆；

君不见咫尺长门闭阿娇，人生失意无南北。

这首诗与众不同之处在哪儿？

第一，"意态由来画不成，当时枉杀毛延寿。"以往的人们认为，主要就是毛延寿坏了大事，把这王昭君画丑了，以致于皇上看走了眼。但王安石批评的却不是毛延寿。他的观点是：王昭君那么国色天姿，本来就不是一般画家能画得出来的，你杀毛延寿有什么用，关键是汉元帝本人有眼无珠。王安石批评的指向在这里发生了根本性的转移，由对毛延寿的批评直接转向针对汉元帝。

第二，以往说王昭君出塞之后老想着家乡，想着君王，实际上是要树立一个忠君的典型，即便她身处胡地，仍然心存汉朝。但到王安石这里，观点又变了。变成什么呢？他说：当年汉武帝的皇后陈阿娇，也曾被"金屋藏娇"，但失宠了以后，还不是被汉武帝关在长门宫里；王昭君多年在宫里得不到宠幸，基本等于在冷宫，与其在这儿待着，还不如出塞到匈奴去当皇后呢。所以，比起陈阿娇来，王昭君其实算幸运的。在看待王昭君命运的问题上，王安石的观点同样发生了很大的挪移。

第三点更厉害，把这种观点延伸到普遍的人生中去。"人生失意无南北"不限于王昭君得不到皇上宠幸的事，人生在世，总不免有失意的时候，这是人生普遍的规律，无论是在汉朝，还是在北边的匈奴，没有地域的差别。所以自己失意没什么了不起，只要能够以平常心对待就可以了。这个角度就比较阳光了，王昭君也不再是一个整天自怨自艾的怨妇形象了。

《明妃曲》第二首则是这样的：

　　明妃初嫁与胡儿，毡车百辆皆胡姬。含情欲语独无处，传与琵琶心自知。

　　黄金杆拨春风手，弹看飞鸿劝胡酒。汉宫侍女暗垂泪，沙上行人却回首。

　　汉恩自浅胡恩深，人生乐在相知心。可怜青冢已芜没，尚有哀弦留至今。

　　这首诗里最关键的两句是："汉恩自浅胡恩深，人生乐在相知心。"意思是说，不是匈奴的单于对你恩情深，也不是汉元帝对你没有情意，人生最重要的不是皇上对你有什么恩情、恩情是多还是少，关键是能找到相知相印的那颗心。也就是说，人生找到知音才是最关键的。这实际上是从"相知心"的角度来思考君臣之间的关系，这也是前人所未发的观点。

　　这句诗在一定程度上反映了王安石当时的内心。写作这首诗时，正是王安石找知音的时候。当时他给仁宗上了"万言书"，但没有得到反应。前面说到过王安石始终不愿意到京城来做官，这是为什么？就是因为害怕没有真正的知音支持他，他发挥不了作用。因此他这首诗是很有深意的，他像王昭君一样期待能获得知心人。

　　纵观这两首诗，第一首说匈奴未尝不是王昭君的一个好去处，总比待在冷宫里强。第二首不管是匈奴对我恩情多，还是汉朝的皇帝对我恩情少，这对我来讲都不重要，关键是谁是我的知己，谁是我的知音。这样一写，王安石就把自己变成王昭君了，不是在说一个怨妇的故事，是借着说王昭君的事在说自己的心事！

　　王安石的这两首诗一写出来，在当时的文坛上就引起了巨大的轰动。欧阳修、司马光、曾巩、梅尧臣，他的这些朋友们，那都是当时文坛的大腕儿，纷纷地唱和这首诗。欧阳修一口气写了两首，梅尧臣写了三首，曾巩写了两首，司马光也写了一首。

在这些唱和作品中，欧阳修的《再和明妃曲》写得非常不错：

> 汉宫有佳人，天子初未识。一朝随汉使，远嫁单于国。绝色天下无，一失难再得。虽能杀画工，于事竟何益？耳目所及尚如此，万里安能制夷狄！

欧阳修这首诗的核心和立意甚至比王安石的更高一层。汉元帝杀了毛延寿出气，这算什么本事？连身边那些美女长得漂亮还是丑都分不清，由此推论，身边的大臣哪一个是贤，哪一个是愚，哪个是奸臣，哪个是忠臣，你也分不清。以这种眼力见儿，还怎么可能做到决胜千里之外、制伏夷狄呢？所以说，汉元帝根本就是个糊涂的皇帝。这首诗的锋芒所指，不限于讨论王昭君的事，而是直接把矛头对准了汉元帝，非常尖锐。

司马光的《和王介甫明妃曲》写得也不错，其中有这么几句：

> 目前美丑良易知，咫尺掖庭犹可欺。君不见白头萧太傅，被馋仰药更无疑。

从意思上说，跟欧阳修写得有点像。眼前这个人长得好还是不好，都不能分清，所以治理国家肯定会出麻烦。司马光还举了萧望之的典故。汉宣帝临去世的时候，专门为汉元帝挑选了一个辅政的大臣，叫萧望之。萧望之忠心耿耿辅佐元帝，可汉元帝听信了宦官的谗言，致使萧望之服药自尽了。司马光就把这件事跟王昭君联系在一起，其实同样是针对汉元帝：你眼睛都是瞎的，不但认不清人长得漂亮与否，也认不清谁是忠臣、谁是奸臣。你根本就是个不够格的皇帝。

曾巩的诗《明妃曲》大体上也是这么说的：

> 延寿尔能私好恶，令人不自保妍媸。丹青有迹尚如此，何
> 况无形论是非。

大意是，画人的像总会留下痕迹的，画得好和画得不好，跟本人对照一下，还能认得出来。即便有迹可循的画像，都能如此混淆黑白美丑，那么世间那么多无形的是非流言，岂不是更加难以辨认？

这几首和诗，意思一倍一倍地翻新，都快写成哲学论文了，也可见当时一辈文坛枭雄的深厚功力。

继王安石的创作之后，欧阳修、曾巩、司马光等人进一步唱和，写出的这一系列王昭君题材的作品，完全打破了这一题材的传统格局，不再停留在原来的怨妇主题上，而是立足现实，立足政治，立足人生，立足当下的感悟，用古代的事情说自己的事，所以王昭君题材在宋代焕发了新的容颜。而这应该归功于谁呀？当然是王安石。原来的王昭君，只不过是一个被迫和亲、思念故国的怨妇，经由王安石的笔，现在变成了一个士大夫怀才不遇、对皇帝的为政之道提出批判意见的主题了。王昭君摇身一变，变成了怀才不遇的一个象征。既然是怀才不遇，那她到了匈奴那儿去，她怀才有遇了，这不挺好吗？也不用在乎那是匈奴的地盘还是汉朝的疆域，只要她有了知音，能够找到跟她心心相印的人，对她来说不就是很好的结局吗？王安石作为一名胸怀天下的士大夫，他写诗不必故意翻新，他所处的高度决定了题材所能达到的高度。就这么一个陈旧的题材，在他手里焕发了新的容颜。

《明妃曲》可以说是王安石诗歌的代表作，从选材、立意到文法，不落俗套，不同凡响，犹如一股扑面而来的清新之风，引出了北宋

文坛诗人唱和的高峰。然而，参与这次诗歌唱和的所有当事人都没有想到，70多年后的南宋时代，却对这两首横空出世的《明妃曲》大加批判，这其中究竟隐藏了怎样的蹊跷呢？

王安石的这两首诗写于公元1059年，就是宋仁宗嘉祐四年。70多年以后，南宋宋高宗赵构绍兴四年，即公元1134年的八月，宋高宗赵构手下的大臣范冲，告诉宋高宗说："我经常看王安石的文章和诗，觉得此人有不臣之心，他的诗中有些奇怪的想法，非常危险，因此我今天要跟您说说。"

范冲说的就是王安石的《明妃曲》。历史上凡是写这个题材的人，一般多是写王昭君到了异国他乡之后，如何遭受屈辱，如何难过伤心，如何思念国君。可是王安石却不这样，他的《明妃曲》中说："汉恩自浅胡恩深，人生乐在相知心。"这是什么意思？说匈奴那边对王昭君好，华夏之国的人对王昭君不好，所以就跟匈奴有相知之心了么？这明显是"认贼作父"嘛！孟子说过，"无父无君，是禽兽也"，如果不认父母、也不认国君了，就等于是禽兽。像王安石这种言论，岂不是禽兽不如？

范冲又引经据典说，"靖康之变"后，与金兵对抗中，一名叫刘豫的贼臣，本来是我们大宋朝的官员，却叛变了，投奔了金国，金国人还把他立为傀儡，在河北建立了政权，与金国人一起打宋朝。如果按王安石的这种理论，刘豫不就是属于"汉恩自浅胡恩深"吗？金人对他好，他就认贼作父，这是什么道理！因此王安石就是心术不正，难怪大家都反对他。

范冲看似说得有理有据，不过有很多地方是站不住脚的。

第一，首先大家要明确一个道理，王昭君和亲是在汉元帝时期，当时是汉朝强大，匈奴弱小。也就是说，王昭君出嫁，不是在重兵压境的情况下，被逼无奈地去和亲。不像刘邦那时候，是打不过人家了才被迫和亲的。因此这是出于对方的请求，我们才答应和亲。

而且王昭君本人在某种程度上也是自愿的，因此不存在说王昭君是很屈辱的嫁往匈奴。范冲的出发点不对。

第二，不管出于什么原因，王昭君到了匈奴之后，所得到的礼遇是高规格的，还被封为了皇后。所以基于基本的历史事实，也不存在屈辱。

第三，明眼人一看就知道，对王安石来讲，这首诗的目的很明确，主要是借昭君来说自己怀才不遇，没有碰到知己。原意是说无论是汉恩浅，还是胡恩深，这都没关系，关键是找到知己才最重要。这跟认贼作父、无父无君为禽兽也，没有任何关系，纯粹风马牛不相及。

那范冲为什么要这么说呢？这其中有比较复杂的原因。范冲的爸爸叫范祖禹。范祖禹是北宋著名的史学家，司马光修《资治通鉴》，其中唐代的部分全部是由范祖禹来负责的。

范祖禹非常尽心尽力地写作《资治通鉴》，司马光对他非常信任，等《资治通鉴》完成以后，就保举他到朝廷里做官。王安石的弟弟王安国跟他比较熟，好几次暗示他去看看哥哥王安石。因为范祖禹很有学问，是大史学家，王安石对他也非常地关注。当时的变法派和反变法派都想把这些有学问有能力的人引到自己的阵营里来。可范祖禹却从来没去拜会过王安石，倒是与反对变法的富弼过从甚密。后来富弼临去世的时候，还专门把范祖禹请到家里，把自己对王安石改革变法的意见写成条章交给他，意思是让范祖禹交给朝廷。好多人都劝阻范祖禹，把这交上去不得罪王安石吗？但范祖禹不听，坚决交给了朝廷，结果掀起了轩然大波。因为此事，范祖禹还遭到了贬谪。

不仅这样，当宋神宗去世以后，按照朝廷的规矩，需要给神宗写实录，将皇上身上所发生的各种事做个记录，为以后编写史书做资料的准备。负责修撰神宗实录的就是范祖禹。当时有人指责范祖禹写的神宗实录诋毁朝廷，很多与事实不符。为此范祖禹又再遭贬谪，不久就郁郁而终了。

说到这儿就比较明白了，范祖禹跟司马光是一条战线的，很显然，他属于反对新法的行列，而且因为反对新法，还曾遭到朝廷打击，最后郁郁而死。他的儿子范冲当然对王安石耿耿于怀。尤其重要的是，到了南宋的时候，对王安石的评价完全是一边倒。

我们知道，北宋即将灭亡的时候，面对岌岌可危的形势，宋徽宗坐不住了，赶紧把皇位让给他儿子宋钦宗。宋钦宗为了挽救人心，上台后所做的第一个举动，就是把当时宰相蔡京和他的团伙都贬谪了。蔡京、蔡卞兄弟，尤其是蔡卞，是王安石的学生。蔡京被贬后，大家就追根溯源，顺藤摸瓜，于是把批判的目标直接指向了王安石。

北宋灭亡，宋高宗赵构上台，他必须给北宋灭亡找一个替罪羊，必须有人替这事买单。谁能买单啊？王安石。宋高宗对王安石的评价非常低，认为北宋灭亡就是王安石造成的，甚至后来南宋的很多士大夫认为，王安石跟秦桧一样坏。王安石的坏处是，把统一的国家变分裂了，而秦桧是把分裂的国家弄得没法再统一了。范冲作为范祖禹的儿子，本来就对王安石心存不满，再加上他所处的时代的大环境对于王安石的改革变法、甚至对王安石人品持全面否定的态度，在这种情况下，范冲看王安石的昭君诗，能有好的评价吗？

从赞不绝口到全面否定，《明妃曲》的遭遇与它的作者王安石一样，历尽磨难，几经沉浮。然而，站在历史的角度来看，我们还是应该给《明妃曲》一个客观、公正的评价。

王安石写这两首《明妃曲》，是在宋仁宗嘉祐四年，这时距离变法还早得很。又过了十多年以后，王安石才开始主持改革变法。虽然欧阳修、司马光等人后来坚决反对变法，但从诗歌本身来说，《明妃曲》的确引起了他们的深切关注和共鸣，所以才会有这么大规模的集体性和作。这也说明，王安石的见解在当时的士大夫群体中能够获得普遍的认同。王安石的诗之所以能突破前人的窠臼，突破传统题材的束缚，并不是因为他故意突破传统，也不是他刻意要破旧立新，关键的因素在于，他站在了时代的最高点上。当他拥有至高的立足点，站立在一个宽广的平台之上眺望，就能够获得超越流俗的视角和眼光。

对于王安石来说，当他写这两首《明妃曲》的时候，就是站在时代的最高点上。当他面对北宋王朝一百年来因循守旧的局面，他的内心充满焦急，他想要大声呼唤，但是他的呼唤没有回声。因为没有回声，也因为对回声的渴望，所以他才从王昭君的题材里读出了自己，从《明妃曲》里婉曲地表达出自己的心意。所以才有了这样的高度，远远超出一般的人，不是李白、杜甫等人能达到的。而在当时欧阳修等人也都是积极和热心于改革变法的人——尽管后来政见有所不同——但无一例外充满着以天下为己任的热情。

而到了70多年以后的南宋，以范冲为代表的一些人，对这首诗大肆诋毁，实际上已沦为派别之争、意气之争。这反而显露出范冲等人的局限。这么优秀的作品，这么能够突出传统重围的作品，却被狭隘的政治偏见，引到了一条死胡同。可见，如果囿于门户之见，立足于一个偏颇的立场，就永远无法对优秀的作品做客观和公正的评价。

总之，《明妃曲》在北宋到南宋这一时期所引发的话题，是非常耐人深思的——有的人在突破，有的人却把突破的地方扎个篱笆，重新围起来。这再一次证明，任何伟大而优秀的作品，想要获得新的生命力，想要在历史上站稳脚跟，它的创作者必须要站立在时代的最高峰。

第十八讲

翻案诗文第一家

作为政治家的王安石一心为国为民，为了自己的理想，为了改变大宋王朝积贫积弱的现状，以巨大的气魄，推行了一场轰轰烈烈的改革变法运动，他因此也成为中国历史上最为著名的改革家之一。此外，王安石还有一个身份——中国古代著名的文学家。他的诗文都写得很好，诗歌有以他的名号命名的"荆公体"，散文成就更是了得，名列"唐宋八大家"之一。这样一个集改革家与文学家于一身的大人物，他的文学作品非常有自己的特色。

王安石诗文的特色，最具代表性的就是"翻案"。什么叫"翻案"？说直白点就是要跟人家不一样，人家说东，他说西；人家说上，他说下；人家说这件事情对，他说错，特别是对历史上的一些已有评定的结论，他常常给人家反过来说。当然，光反过来还不行，还得反得有理，反得让人心悦诚服。这才是好的翻案。

王安石究竟怎么个翻案法？我们可以通过王安石对以下几大问题的思考与文学表现，来体会这位"翻案诗文第一家"的深厚功力。

王安石翻案要解决的第一个大问题与英雄有关——什么才是真正的天下英雄。他写过一篇文章，题目是《读孟尝君传》：

> 世皆称孟尝君能得士，士以故归之，而卒赖其力以脱于虎豹之秦。嗟乎！孟尝君特鸡鸣狗盗之雄耳，岂足以言得士？不然，擅齐之强，得一士焉，宜可以南面而制秦，尚何取鸡鸣狗盗之力哉？夫鸡鸣狗盗之出其门，此士之所以不至也。

这篇小文章非常短，仅有 90 个字（不包括标点，古人不使用标点符号）。算下来一共四句话。

第一句话是说，世人都说孟尝君门客众多，养了很多的贤士。他靠着这些贤士，才脱离了虎豹般的秦国对他的囚禁；

第二句话的意思是，说他的门下都是些鸡鸣狗盗的人，他怎么可能会是真正招揽了众多能士的英雄呢？他不是真英雄，只不过是个鸡鸣狗盗之雄罢了；

第三句话，假如孟尝君真是英雄的话，那么以他倚靠着齐国强大的力量，只要手底下有一两个得力之人，就足以称王称霸，制衡强秦，使齐国成为战国时代的强国；

最后一句话，正因为孟尝君手底下都是鸡鸣狗盗之人，所以，那些真正的有才之士，不可能到他的门下来。

全文如此之短，却是短章中的神品。所谓文短而气长，王安石真是最会写文章的人，只用四句话，解决了这么大的一个问题。

孟尝君是战国时齐国的贵族，与当时赵国的平原君、楚国的春申君、魏国的信陵君，都以"好养士"出名，并称为"战国四公子"。孟尝君号称有门客三千，是齐国的重要政治力量。齐国有个孟尝君，这是秦国不敢擅动齐国的重要原因之一。这是历来人们对孟尝君的看法。

可是王安石的观点与传统看法大不相同。他认为孟尝君只是一个鸡鸣狗盗之雄，手底下没什么像样的人才，全是些鸡鸣狗盗之徒。如果真有人才的话，还至于把齐国弄得受制于秦国吗？所以说，孟尝君不是个真正的英雄。

所谓"鸡鸣狗盗"到底是怎么回事呢？这里有必要穿插一个关于孟尝君的历史故事。

孟尝君在当时名气很大，能力强，手下人才多。秦昭王觉得引进人才很重要，就想把孟尝君挖到秦国去。于是他想了一些办法，简单地说，就是通过交换人质的手法，把孟尝君请到了秦国，任命他为相国（相当于后来的宰相）。

可是秦国本土的官员们，害怕孟尝君被秦王重用，会损害他们自己的利益，于是就在秦王面前说孟尝君的坏话。秦昭王耳根子软，慢慢也觉得让孟尝君做相国有所不妥，万一他事事都帮着齐国，那么自己岂不是偷鸡不成反蚀米吗？于是他下令将孟尝君扣押起来，甚至准备杀害他，以绝后患。

孟尝君对此当然非常着急，赶紧想办法，托人找到了秦王最宠爱的妃子，求对方能在秦王面前帮自己说好话。这个宠妃答应了，但是提出条件来，说想要一件白色的狐皮大衣。她为什么会提这样的要求呢？因为当时孟尝君来见秦王的时候，送给秦王的见面礼中就有一件价值千金的银狐大衣。

孟尝君一听就着急起来："这不是要我的命吗？手里就这么一件，已经送给秦王了，现在上哪儿找去？"正在这时，手底下两个看似不起眼的门客说："先生，您要是看得起我们，今晚上就能将送给秦王的狐皮大衣给您拿回来。"

果然，到了晚上，两人就去了秦王存放狐皮大衣的仓库，其中一人假装陪看守聊天，另一人使用缩身法，从仓库狗洞里钻了进去。看守听到好像有什么动静，起了疑心，里面那人灵机一动，"汪汪汪"学了几声狗叫，消解了看守的疑心。最后，二人顺利把狐皮大衣偷了出来。

宠妃拿到了狐皮大衣，很是高兴，自然想着替孟尝君消灾，就在秦王耳边直说孟尝君的好话。秦王耳根子一软，就答应放了孟尝君。孟尝君知道，这是秦王一时糊涂，估计很快就会反悔，于是赶紧连夜出发，出了城门，直奔函谷关。可到函谷关时，天还没亮。按照规定，只有听见鸡打鸣了，关门才能打开。出不了关，秦王的追兵随时会到，情况万分危急！这时门客中又有一人自告奋勇："您要是看得起我的话，我能解决这个难题。"

于是这人"喔喔喔"地学起了鸡叫。鸡这种家禽，有个特点，只要别的鸡一叫，它就会跟着叫。所以这人一学鸡叫，满函谷关的鸡都叫了起来。守城的将士虽然感到有点奇怪，但还是按规定打开了关门。孟尝君等人得以顺利入关。果不其然，秦王派来的追兵很快就到了函谷关。而此时孟尝君一行早就逃远了。

这个故事历来是作为正面材料，来证明孟尝君善于招贤纳士的，可是现在却被王安石牢牢抓住：你们看，孟尝君手下净是些阴谋诡计、鸡鸣狗盗之徒，孟尝君怎么可能会是英雄？

那么，历史上真实的孟尝君到底是不是真的善于养士呢？他手底下难道真的只是些鸡鸣狗盗之徒吗？我们不能对王安石偏听偏信，得跟王安石展开辩论。关于历史上的孟尝君，我们知道以下几条：

第一，孟尝君养客不是装样子。他在跟门客见面的时候，都让人在屏风后面记录他们的谈话，将门客家里有哪些人，有什么亲戚，都一一记下来。门客一走，孟尝君马上让手下的人拿着礼物到他们家去拜访，笼络人心。

第二，孟尝君还对前来投奔他的宾客一视同仁，平等对待，得到了大家的拥护。比如前面所说的"鸡鸣狗盗"之人，尽管宾客中很多人都瞧不起他们，但孟尝君依然以宾客之礼相待，结果在逃命的关键时刻，他们起到了至关重要的作用。

第三，正因为孟尝君真正做到了礼贤下士，所以他手下确实出现了很多杰出的门客，最有名的就是冯谖，也就是"狡兔三窟"的创造者。

冯谖刚见孟尝君的时候，穿得破破烂烂的，腰里挎柄破剑。孟尝君问：你有什么本事啊？回答说没有什么本事，就来讨口饭吃。孟尝君答应了，那就给口饭吃吧。三等门客的待遇，管口饭吃，别的什么都没有。

茅檐相对坐终日一鸟不鸣山更幽

丁酉 康震

过两天孟尝君问说，来的这位冯先生有什么表现？旁人回答说："这人在那儿弹他的宝剑，一边唱着'饭里没有肉'（食无鱼）。"孟尝君一想，给他肉，升为二等门客。

再过了几天，孟尝君又问，他现在什么反应？旁人回答说："还弹宝剑呢，唱着'出门没有车'（出无车）。"孟尝君说，给他车，那就算是一等门客的待遇了。

又过了几天，孟尝君还问冯谖的情况。旁人回答："还弹呢，唱着'老妈妈在家没人赡养'（无以为家）。"孟尝君略有点不高兴，但仍然让人好好照顾冯谖的母亲，供给衣食。

孟尝君门下养着三千门客，光他的薪水根本不够。他的封地在薛这个地方。于是他对冯谖说："我看你来这么多天，该吃吃了，该坐车坐车了，你到薛地去给我追讨租子吧。"

冯谖去了以后，详细打探各家情况，发现有许多人家里很穷，交不起租子。他把能交上来的都收了，而把那些交不起租子的人的债券汇集到一起，一把火全烧了。回来见了孟尝君，孟尝君问道："先生您替我收的钱呢？"冯谖说："我没替您收钱，我替您收了一些人心回来。"

后来，孟尝君得罪了齐王，被齐王罢了官。罢相后，孟尝君回到薛地，薛地的老百姓都扶老携幼出城迎接他。孟尝君非常感动，对冯谖说："这就是你给我收的人心啊！"

接下来，冯谖又来到秦国，告诉秦王，孟尝君已经被齐王罢了官，并劝秦王将孟尝君邀请到秦国。秦王赶紧派使者到齐国来请孟尝君。而冯谖快马加鞭，赶在秦国的使者到来之前，先到了齐王那儿报告："您把孟尝君给罢官了，秦王立刻就派人来邀请他，他要是真被秦王请了去，对您有什么好处？"齐王一听，对啊，孟尝君不论才能还是实力都这么强，怎么能把他白白让给秦国呢？于是赶紧恢复了孟尝君的相国之位。

　　这就是"狡兔三窟"典故的由来。由此可见，孟尝君门下并不都是些酒囊饭袋、鸡鸣狗盗之徒。

　　再者，即便鸡鸣狗盗之徒，有时也很宝贵。汉高祖刘邦起事时，下属樊哙是干嘛的？不过是个杀猪的。著名的桃园三结义，刘备、关羽、张飞，他们又是干嘛的？不过是编草鞋的、杀猪的。英雄不论出处，很多做大事的人，都是从草莽之间出来的。鸡鸣狗盗之徒，本身并没有什么坏处，关键在于怎么使用他们。因此，从历史的角度来看孟尝君，他没有问题，而且算是个颇为出色的领导者。

　　谈了这么多，问题再回到王安石的《读孟尝君传》。我们应该怎么理解王安石对孟尝君的评论呢？作为一个政治家，王安石在看待孟尝君其人其事的时候，只集中在一点上：作为一个真正的英雄，决不能只靠鸡鸣狗盗之徒。做大事的人，需要调动真正的人才，而不能依赖鸡鸣狗盗一类不正当的小伎俩。鸡鸣狗盗用得多了，就会流失真正的人才。正确选择人才，这才是身为领导者应当做的事情。

　　所以，在这个问题上，王安石是攻其一点，不及其余。

　　这种攻其一点不及其余的文章，效果却是十分之好。从常识角度来看，我们明白孟尝君的优秀，但读了王安石的文章，让我们的的确确认识到孟尝君的不足。在这一个角度上，我们不得不佩服王安石敏锐的洞察力。在最关键的一点上给人重重一击，稳稳站住自己的立足点，之后也不用多说什么，就足以把习以为常的观念给推翻了。

　　这篇文章也透露出王安石作为一个变法的主持者，对于英雄、对于领导者的思考。他要建立什么样的队伍，他要建立什么样形象，这涉及变法的立足之本。从他对孟尝君的评价可以知道，优秀的领导者不用鸡鸣狗盗之徒，而要用光明正大之臣。

　　这就是王安石的翻案文章。短小，精悍，新警，精彩。

　　王安石翻案诗文的第二个重大问题，是对历史和人心向背的思考。

唐代著名诗人杜牧写过一首诗，叫《乌江亭》，这首诗写的是项羽：

> 胜败兵家事不期，包羞忍耻是男儿。江东子弟多才俊，卷土重来未可知。

这首诗很有名。杜牧的观点非常醒目，"胜败兵家事不期"，胜败乃兵家常事，不必太在意。实际上是对项羽提出批评：别打了败仗，拔剑就自刎，命只有一条，自刎完了，想再重新来过，就不可能了。作为一个大人物、大英雄，理所当然要正面面对有胜有败的兵家常事。

"包羞忍耻是男儿。"什么叫男子汉大丈夫？能屈能伸是为大丈夫，大丈夫不是说只能赢不能输。真正的大丈夫，赢要不张狂，输也输得起，能够"包羞忍耻"才对。项羽能不能包羞忍耻呢？不能。战败以后，他逃到乌江边上，乌江亭亭长划着一小船，前来跟他说："江东之地，沃野千里，尚有江东子弟十数万人，您要是将来卷土重来，还是有基础的。我这一条船，可以载您渡江。留得青山在，不怕没柴烧。"但项羽拒绝了。自己带过来的八千子弟，现在没有一个回去的，我有何颜面见江东父老？于是拔剑自刎。

在杜牧看来，项羽这是意气用事，不是真英雄。也就是说，如果从一个成熟政治家的角度来衡量项羽的话，他不够资格。真正的、成熟的政治家，必须能够"包羞忍耻"，比如勾践卧薪尝胆。要想干大事，就得忍受常人所不能忍受的痛苦。像项羽这样打仗输了之后就拔剑自刎，是不够格的。

"江东子弟多才俊，卷土重来未可知。"项羽啊项羽，就这么宣布失败实在太可惜了，应该坐着小船摆渡过去，带着江东子弟兵再度重来。项羽毕竟是自刎了，从杜牧的角度来看，实在是太遗憾了。

针对杜牧的观点，王安石也写了一首诗，题目同样叫《乌江亭》：

百战疲劳壮士哀，中原一败势难回。江东子弟今虽在，肯为君王卷土来？

诗歌的意思是，项羽打了多年的仗，胜利的不少，失败的也不少。而当他面对乌江之时，大局情形是"中原一败势难回"，大势所趋，难以挽回了。这里的"中原一败"，主要指的是垓下之战。垓下之战是楚汉相争的决战时刻。可是在垓下之战里边，项羽是怎么表现的呢？

当项羽的军队被刘邦的军队团团包围时，刘邦使了个计策，让大家在军营里唱楚歌，也就是所谓的"四面楚歌"。这一唱，把项羽唱崩溃了。难道楚地都被他们占了吗？完了，一切都结束了。于是项羽把虞姬叫到身旁，唱了一首歌："力拔山兮气盖世，时不利兮骓不逝。骓不逝兮可奈何，虞兮虞兮奈若何！"虞姬啊虞姬，我拿你怎么办啊？

在这么危难的时刻，项羽先想到的是跟家眷告别。如果我们仅仅是从人情的角度来讲，项羽这样做，当然是有情有义，令人荡气回肠，在生命的最后关头，还惦记着自己心爱的女人，不愧是一个伟大的悲剧英雄。

的确，我们可以这么认为，可是事情却不应该这么办。

这不是"虞兮虞兮奈若何"的时候，是整个楚军怎么办的问题。作为军事主帅，你首先应该考虑的是手下的将士怎么办的问题，应当想着"军兮军兮奈若何"，而不是发愁虞姬如何，更别提那乌骓马了。项羽甚至也顾不上静下心来好好想想，刘邦怎么可能把楚地都占了。可见，项羽是自己心理上首先崩溃了，然后再自己制造悲观的情绪。主帅都崩溃了，将士还怎么打？

虽然被四面包围，但最后的战役还是要打一下的。可是他这场战，跟别人打得不一样。项羽带了几百壮士要突围，这种突围是象征式的。他自己说得很好："我打过七十多仗，战无不胜。现在，我败了，这是天要亡我。为了证明不是我自己的过错，我为你们今天打个漂亮仗，我要斩他们的上将，要夺他们的军旗，你们且看好了。"于是，他带着手底下几个将士冲锋陷阵。项羽的确算得上一代骁将，打起仗来非常了得。一圈下来，一百多人只剩下二十八人。他问旁边的人，怎么样？别人回答说："大王作战确实厉害。"然而到了这个时候，作战厉害还有用吗？在一定程度上说，这逞的是匹夫之勇。

从开始的心理崩溃，到自我制造悲观情绪，最后是逞匹夫之勇。项羽始终没好好想过自己到底为什么失败，却还说是："天欲亡我，非我之罪。"怎么能不败呢？

正因为这样，所以王安石在诗中说："江东子弟今虽在，肯为君王卷土来？"即使江东的那些子弟都在，他们难道甘心情愿跟随项羽卷土重来吗？不能。因为项羽的种种表现已经失去了人心。

王安石的这首《乌江亭》写得确实好。好处就在于他眼光远大，看到了项羽的失败是历史的趋势。相比之下，杜牧的那首诗倒有些讨巧，寄希望于项羽摆渡过去，也许还能成。可是说句实在话，以当时项羽兵败如山倒，不得人心的这种局面，就是回到江东，谁肯拥戴他呢？所以，王安石的这第二种翻案，从人心向背的角度来认识历史，从而提出新的见解，成功翻案。

改革变法的事业要想取得成功，要想取得胜利，就得符合人心，得看清楚时代的潮流。这跟王安石讨论谁是真英雄是一脉相承的。真正的英雄，行天下之大道，用光明正大之人。而真正的英雄要想把事业做成了，就必须符合历史的潮流，符合人心向背的规律。王安石不是为翻案而翻案，也不是纯粹以一个文学家的身份来写作，不是为了出新而出新。王安石的大部分作品都是基于他独到的历史观和他对历史潮流通达的观照而得出来的。所以，看似不着意，实际已经出新了。

王安石翻案的第三个重大问题，是关于怀才不遇的问题。

晚唐大诗人李商隐曾经写过一首题为《贾生》的诗，诗云：

> 宣室求贤访逐臣，贾生才调更无伦。可怜夜半虚前席，不问苍生问鬼神。

诗人认为，西汉时期的政治家贾谊超群不凡，却怀才不遇，不免为他唏嘘感叹。然而，到了王安石的笔下，同样的题材，同样的人物，他却为之一变，竟写出了一个与众不同的新境界。

王安石也采用同样的题目——《贾生》：

> 一时谋议略施行，谁道君王薄贾生？爵位自高言尽废，古来何啻万公卿！

王安石说，谁说汉文帝不重用贾谊了？汉文帝多方采用贾谊的谋略，并没有薄待他。这个说法，也是符合历史实际的。

贾谊曾经给汉文帝提了很多建议，我们只举最重要的几条：

贾谊指出了当时威胁汉朝的最大因素，那就是刘邦分封的同姓王和异姓王。我们知道刘邦夺取天下之后，为了笼络手下的人，封了很多王。这些王都是独立的诸侯，他们自己有军权，有财权。这是因为他们跟随刘邦打天下，都是大功臣，因此不给利益不行。可是时间长了，隐患就明显了。汉代历史有名的"七国之乱"，就是这个道理。诸侯势力要是大了，就会想要反抗，想要争夺江山。所以，贾谊的看法是很有远见的。

当时很多分封的诸侯都不愿意到他们的封地去，赖在长安不走。于是贾谊建议汉文帝说，应该让一个人带头走，其他人才可能跟着走。拿谁做带头的呢？周勃。我们知道，周勃是开国的大功臣，著名的将军。于是，汉文帝动员周勃离开了长安。但这个举动大大得罪了那些权贵们。贾谊也因此在长安待不住了，所以才跑到长沙去。虽然贾谊走了，但他的建议还是被汉文帝吸收了。

诸侯势力强大，想要硬性削藩很难。贾谊后来又给汉文帝出了个主意，用推恩的办法，让诸侯自己削弱。这套办法执行起来是这样的，比方说吴王原来的地盘是 12 亩地，吴王死了，朝廷允许他的子孙继承封地，吴王有三个儿子，那么三个儿子平分，一人继承 4 亩。等这仨儿子死了，再让孙子们平分，约莫每人也就能分上一亩地。等孙子死了，再分，分到最后，就剩下一分地了。这么小的地盘，能有多大实力，还能闹事吗？这就好比切蛋糕，一点一点地切得越来越小。这是非常聪明的办法。

贾谊的这些主张，汉文帝有的吸收了，有的要根据形势的变化再做调整，不能说他不重用贾谊。

所以，王安石的一个重要观点就是：说谁汉文帝不重用贾谊？谁说他只问鬼神，不问苍生的？比起那些真正怀才不遇的人、那些给朝廷反复上书却没人理睬的人来，贾谊已经非常幸运了。因此诗歌的最后两句是："爵位自高言尽废，古来何啻万公卿。"从古到今，身居高位的众多大臣，不知道有多少人写了多少奏章，也没能得到皇帝的回应，最后都变成了废话。相较而言，贾谊这样的青年才俊，汉文帝能吸收他这么多的建议，他应该感到非常荣幸，甚至是非常侥幸。

贾谊在历史上、在文人的手中一向是个怀才不遇的形象，但是到了王安石的笔下，他就变成了一个怀才有遇的人。或者说，以王安石的眼光，对于像贾谊这样传统上看上去怀才不遇的人，他都能从"有遇"的那一方面来讲。一个积极的、乐观的、向上的、阳光的人，面对再悲观的题材，他都能看出阳光来。所以，王安石的"贾谊"也不是在单纯地翻案。

说到这里，我们就有了很重要的发现，王安石写的这些翻案诗文，都不能说是有意为之的。这些翻案诗文的写作，更主要的目的，是为了表达自己的心声，是从王安石自己的事业中滋生出来的思考。所以我们对王安石的翻案文章，应当有一个新的看法。它不是文人玩儿的一种单纯的技巧，而是政治家表达自己意图和心声的一种手段。

无论是王安石写的《明妃曲》，还是他写的这些翻案诗文，我们都能看出，王安石作为一个文学家，他有自己匠心独运的地方，能在宋代这么多的文学家里独树一格。作为王安石文学最突出的一个特点——翻案——真正地反映了作为改革家的王安石的个性、气质的思想。必须从这样的角度来理解他的翻案文章，才能读出其中最有价值、最具意义的部分。

王安石的众多翻案之作，其实也从创作的层面反映出他有想法、有主见、并且很执着的性格特点。也因为这种性格特点，让他得罪了很多朋友。其中两个人物最有代表性：一个是司马光，一个是苏东坡。司马光跟他私交甚好，学问相尚，彼此非常仰慕。苏东坡同是大文学家、大文人，其实如果没有变法改革这桩事情，他们互相的关系也是非常融洽的。所以，要想了解改革变法里边的是是非非，就必须要了解王安石和这两个"大反派"之间的复杂关系。这对我们了解整体的变法格局，将会有很大的帮助。因此，这就是下两讲的内容。

第十九讲

司马牛与拗丞相

关于司马光，我们最熟悉的有两件事。

第一件事是司马光砸缸，这是大家耳熟能详的故事。说的是司马光小时候跟小朋友在院子里玩耍，院子里有一口大缸，缸里全是水。一个小朋友玩得兴起，爬到水缸上去，却不小心掉进了大缸里。缸里的水很深，小朋友不会游泳，只能拼命挣扎。其他小朋友看到这个情形，吓得四散逃窜。唯有小司马光毫不惊慌，镇定自若，从旁边搬起一块大石头，奋力向水缸砸去。水缸破了，水也跟着流了出来，被淹的小朋友也就获救了。这段故事，成就了司马光的千古传奇。可能很多人会以为这只是个民间传说，其实这是个真实的故事，而且被记录到了《宋史·司马光传》当中。在当时的洛阳、开封，不少画家还专门将这个故事画成《小儿击瓮图》，到处传播。

第二件事是司马光主持编撰了史学巨著《资治通鉴》。这部书共有294卷，300多万字，整整写了19年。它以时间为纲，事件为目，始于周威烈王二十三年（前403），一直写到五代后周世宗显德六年（959）征淮南为止，一共记述了1362年间的历史。这是中国历史上第一部编年体通史著作。

这就是司马光留给我们印象最深刻的两件事。从砸缸事件可以看出，司马光从小就智能非凡，尽管年龄小，却能在那么混乱的时刻处变不惊，具有很好的心理素质。他不仅心理素质好，还懂得动脑子，知道爬到缸里救人不现实，弄不好还会把自己搭上，他还知道缸是瓷缸，只要破了缸，小孩就没事了。这是很简单的道理，但是对于一个十来岁的小孩子来说，在性命存亡的紧急时刻，能明白这个道理并大胆付诸行动，这就不是一般的本事了。至于主编《资治通鉴》，更说明司马光不是《伤仲永》里小时候聪明、长大后却平庸无能的仲永。他是聪明了一辈子，智慧了一辈子，也辉煌了一辈子。

在王安石变法的过程中，司马光给我们的感觉就是王安石的死对头，只要是王安石赞成的，司马光就反对，只要是王安石反对的，司马光就赞成。好像他们做人做事的原则完全相反，格格不入，是完全不同类型的两种人。这其实是一个深刻的误会！事实上，王安石与司马光两人的性情非常相近，无论在做人还是做事上，都有很多惊人的相似之处。从根本上来说，他们是同一类型的人。

我们可以从很多方面看到他们两人的共同点。比如第一点，他们都不好女色，也坚决不纳妾。此前我们提到过王安石不好女色的事迹。他的夫人私底下给他买了一个小妾，王安石坚决不要，不仅把这个小妾退了回去，还把买小妾的钱也退回去了。司马光的做法如出一辙。司马光与夫人张氏结婚之后，一直没有孩子。张氏的姐姐跟张氏商量给司马光纳个妾。等把妾买回来之后，司马光却连看都不看一眼。张氏担心司马光是因为有她自己在，不好意思，所以特地出门，还让小妾打扮得漂漂亮亮地去司马光的书房。小妾一一照办，可是司马光仍然对她不理不睬。小妾有意找点话题，顺手拿起一本书来，问是什么书。司马光冷冷地回答说："这是《尚书》，也就是上古之书。今天夫人不在家，你到我的书房来干什么？还不快走！"这种面对女色完全不动心的态度，跟王安石几乎一模一样。

司马光与王安石相似的第二点是，他们都对升官不感兴趣。王安石不爱做官是很有名的。宋仁宗嘉祐五年（1053），朝廷任命王安石为同修起居注。王安石连上五道辞呈，不愿接受这个职务。宋仁宗派专人将任命书送往王安石处，王安石还是不肯要，而且干脆跑到洗手间里躲起来。使者不管三七二十一就将任命书放在了王安石的桌上，扬长而去。王安石从厕所里追出来，将任命书又塞回了使者的怀里。

王安石的这种坚持，几乎是到了非常极端的地步。而这样的行为同样可以在司马光这里找到。宋神宗继位以后，想请司马光出来做翰林学士。翰林学士需要做的一个重要工作，就是起草诏书与朝廷重要文件。按宋代的规矩，这个差事是要专门写骈体文的。司马光坚决不愿接受这个职务。神宗很不理解，问司马光：

> 古之君子，或学而不文，或文而不学，惟董仲舒、扬雄兼之。卿有文学，何辞为？（无·脱脱《宋史·司马光传》）

意思是说，古往今来，有的人能写文章但是学问不怎么样，有的人有学问但写文章一般，像董仲舒、扬雄那样兼有学问和文章的人不多，您既有学问又有文采，为什么不愿意做翰林学士呢？司马光的回答非常简单："臣不能写骈体文。"于是神宗说，不写骈体文也可以。但司马光又说，这样做就不符合本朝的规定了。宋神宗觉得不可理解，又问他：既然能够考中进士，就说明你是能写骈文的，为什么还要说自己不会写呢？司马光的回答是：虽然会写，但从心底来说是不喜欢骈文的，所以不答应。最后是神宗坚持将任命的诏书直接扔到他怀里，司马光没有办法，只好接受了翰林学士的职位。从这里我们看到司马光和王安石的又一点相似之处。两人都有足够的能力做大官，但两人对于升官都极有原则性，如果是自己不称意的，就不愿委屈自己。

他们两人第三处相似点是，都崇尚简朴的生活，不尚奢华。王安石是一个极为朴素的人，穿衣吃饭都很简单，更不会摆架子。退休到南京以后，需要出门时，也就骑一头驴而已。别人劝他坐轿子，他说不愿意让人来代替牲畜的位置。司马光这一点跟王安石也很像。

宋神宗熙宁三年（1070），司马光因为反对新法，辞去了枢密副使一职，到洛阳去担任西京留守御史台的职务。到了洛阳之后，为了消解心中的不愉快，司马光经常游山玩水，并跟当地一些有名望的长者常在一起聚会。他们的聚会有一个很有意思的名字，叫做"真率会"。大家约定，聚会要简朴，"果实不过三品，肴馔不过五品，酒则无算"，各种水果不超过三种，各种菜肴不超过五种，而且不饮酒。聚会的原则就是越简单越好，越简朴越好。简单就容易张罗，简朴才便于持续。后来文彦博来河南担任最高首长，请求参加真率会。司马光觉得文彦博的官很大，又喜欢排场，所以不愿邀请他。文彦博不死心，有一天趁着真率会聚会，不声不响地带着丰盛的酒水饭菜不请自来，还跟大家喝了一晚上酒。这回司马光没办法，只好开玩笑说："俗却此会矣！"——这个聚会被俗了。后来司马光跟别人说："我就知道不该放这个人进来参加聚会。"这件事很能说明司马光的确是个不喜欢讲排场，也不喜欢奢华的人。

司马光在洛阳的时候主持编撰《资治通鉴》，其实物质条件并不好，住的地方很小很简陋，于是挖了个地下室用来读书。当时洛阳有一位姓王的官员，与司马光刚好相反，把自家房子修得很高，其中还有一座阁楼叫朝天阁，所以洛阳当地有一句民谚，叫做"王家钻天，司马入地"。王家的富裕和司马光家的简陋形成一个鲜明的对比。而司马光的夫人去世后，司马光甚至没有足够的钱来安葬她，只好把仅有的 300 亩薄田卖了。夫人去世后没人照顾他的生活，有个朋友想要花 50 万钱给他买个年轻漂亮的婢女伺候他。司马光回答说："我这一辈子，吃饭很少吃肉，穿衣很少穿绸缎，怎么敢花 50 万来买一个奴婢呢？"这些事情都说明司马光的确很清贫，也说明他对自己的要求很严格。在简朴这一点上，他也跟王安石特别相近。

司马光和王安石的第四个相似点是，为人谦逊低调，不讲究排场。我们前面讲到了王安石的低调，无论是为官时期还是退休之后，一贯如此。就连看到自己弟弟的官轿来了，也躲得远远的。司马光也是这样的人。他在洛阳做官的时候，每次出行，随从都很少，不像别人前呼后拥，即便后来在京城做官的时候也是这样。有人劝他说："您毕竟是个做官的人，而且是朝廷要员，但您像现在这样出来，基本没有随从，人家都不认识你，恐怕不太方便。"司马光却说："我要的就是别人认不出我来。"

司马光自己不讲究身份排场，也不要他家里人讲究这些。司马光有个老仆人，几十年如一日地跟随着他，心眼特别实在，一直称呼司马光为"君实秀才"。司马光字君实，"君实秀才"就跟我们现在叫"老张""老王"差不多。结果有一次，苏东坡来司马光家，听到了老仆人的称呼，就跟他开玩笑说，你家主人现在是宰相，已经不是秀才了，你们都应当称他为"君实相公"。老仆人大吃一惊，以后见了司马光，都毕恭毕敬地尊称"君实相公"，并高兴地说，幸亏大苏学士教导我。司马光叹口气说："我有一仆，被苏子瞻教坏了。"我们家这么一个好仆人，活活被苏东坡教坏了。

还有一件事发生在司马光做宰相的时候。某个官员跟司马光说话，有点急躁，语气不大恭敬，正在一边的韩维就训斥他说："你是在跟宰相说话，不得无礼。"司马光立刻诚惶诚恐地说：

吾曹叨居重位，覆餗是虞，讵可以大臣自居耶！

我们这些人身居高位，更应该战战兢兢，如履薄冰，怎么可以以大臣自居呢？我可从来都没觉得自己是个宰相，我只是为君王、为国家和老百姓干点事儿而已，至于是不是宰相，这不是我所关注的事情。司马光的这一点跟王安石尤其相似：只重做事，不重官职。

他们还有第五个相似点，就是文人的真性情，非常率直，从不掩饰自己。前几讲中提到过王安石的一段故事。王安石退休之后，常常在南京周围到处溜达，有一次碰到一群读书人谈论诗文，他就在一边听。读书人自以为了不起，反复地逼他、问他，结果他一亮自己的名牌，把人都吓跑了。而司马光退居洛阳的时候，也有一次类似的经历：

> 温公退休之暇，携筇为招提之游，其寺之下有峻岭焉。公登是岭，见二人坐于石上，扬然自得。公亦憩于其旁，忽闻二人联句。公不觉微笑。二人尤轻视之，乃言曰："公亦能诗乎？可联两句。"温公曰："一上一上又一上，看看行到岭头上。"二人大笑。少顷，公曰："诗犹未就，再吟两句。"曰："乾坤只在掌挐中，四海五湖归一望。"二人相视大惊，知其为大贤，乃长揖而退。(《醉翁谈录》)

翻译成白话大概是这样：司马光来到山上看风景，听见两个读书人联句，于是一边听一边坐在旁边微笑。不一会儿就把这俩人听恼了："你听什么呢你？知道我们在干什么吗？"司马光说："联句。"两人追着问："联句你会吗？会的话联两句看看？"于是司马光联道："一上一上又一上，看看行道岭头上。"就是一上一上又一上，上来上去就上到山头上了。那两人听了以后，露出鄙夷的笑容。司马光镇定地说，没完呢，还有两句，"乾坤只在掌挐中，四海五湖归一望"。乾坤尽在手掌当中，五湖四海只在我这一望之内。这一下就把两人给镇住了。这可不是一般的境界啊，这是当过宰相，写过《资治通鉴》的人，才会有这样的眼光。于是两人惭愧而退。司马光仍然淡定得很：也不是故意显摆自己，既然你们让我联句，那我联了，吓到你们是你们自己的事。

从上面举的这五点可以看出，司马光跟王安石之间的确有非常相近的地方。有个性方面相近的，有才华方面相近的，有品德方面相近的，还有为人处事方面相近的，总之方方面面都有很多相近之处。所以基本上可以说，司马光跟王安石是一类人。

司马光当时在朝野内外都有很高的声誉。据《渑水燕谈录》记载，宋神宗去世以后，司马光到京城吊丧，守卫宫门的人见到他，"皆以手加额曰'此司马相公也'"，如同向司马光敬礼一般。百姓拥堵在路上，都在请求司马光："无归洛，留相天子，活百姓。"请他留在京城辅佐皇帝，造福百姓。围观的人非常之多，"所在数千人观之"，都只为看他一眼。苏东坡写给司马光的《独乐园》诗说道："儿童诵君实，走卒知司马。"《宋史·司马光传》里也说："田夫野老皆号为司马相公，妇人孺子亦知其为君实也。"农民走卒、妇女小孩，没有不知道司马光的。而且司马光的知名度甚至不限于大宋统辖范围。据出使辽国的使者说，辽国的皇宫里面就演过这样的戏：一个伶人扮演贪官，见了东西就往怀里揣。这时候他后边有一个人，拿着小锤头敲他。贪官大吃一惊说，难道你是司马光？这说明司马光的廉洁正直，不止儿童走卒，就连远在辽国的人也都知道。

司马光为什么能有这么高的声望？其实就是因为上面列举的这些原因。而这些原因恰好也是王安石具备的一些基本素质。正因为司马光与王安石本来就是一类人，他们的道德都很高尚，原则性极强，对事情又有自己独立的见解，因此当他们在变法问题上相遇时，由于各自立场观点的不同，反而是针尖对麦芒。

我们首先要明确的一点是，司马光反对王安石变法，其实不是绝对的反对变法本身，只是不同意王安石的这种方式。司马光与王安石都是大宋出色的政治家，都是以大宋国富兵强为目的，只不过他们采取的方法不同。

在司马光看来，要富国强兵，首要的举措是节流。因为在农业社会，生产力低下，国家的主要收入来自农业，而土地资源有限，农业的产出也有限，税收更有限，即便想开源，其实也很难真正从源头上开出来。而王安石所说的开源，说到底不过是加重税收，广开税源。如此一来，就会损害农民的利益，钱是集中到了国家的手中，但农民却难逃破产的命运。至于开发商业，也不可取。因为如果打开了商业生财之道，人人见利忘义，以发财为目的，就会与农业社会以儒家仁义礼教治国的原则相矛盾，会损害国家的伦理纲常秩序。

因此，在司马光看来，王安石所提出的许多措施都是争利生财的行为，是小人的行径，不是正人君子应有的作为。一旦皇上和大臣都掉到钱眼里去，对于以仁义治国、以道德治天下的社会就会发生严重的影响。所以，从司马光的角度来讲，生财固然是需要的，但是生财不能以乱人心、乱道德和乱仁义为前提。既然如此，那该怎么做呢？能省一点是一点，因此节流省费是第一位的。

司马光的思路有他的道理，能说他错吗？不能说他错。

那么王安石错了吗？不，王安石也没错。国家的支出毕竟是很大的，在这种情况下，光靠省点钱，速度实在跟不上。对于王安石这样的饱学之士来讲，他不可能不知道，人要是掉到钱眼里道德就会下降了。尽管他知道这一点，但是他认为有个轻重缓急的问题。到底是要先施礼教呢？还是先生财呢？这要依据当下的情况来决定。而对于目前的大宋来说，生财是当务之急，因为富国和强兵的需求迫在眉睫，如果不解决这个问题，就没有办法对付外面的敌国，没有办法对付当下的局面。因此对于王安石来说，变法先要开源，也就是广开税源，加大税收，从农民的身上拿钱，国家介入商业买卖，从商人的手中夺利。

所以，司马光和王安石对于治国有着不同的思路，我们不能贸然说谁对谁错。两人都是一心为国，都是大宋王朝最杰出的政治家。但在如何富国强兵的问题上，走的路不一样，采取的手段不一样。进一步往深里讲，两人的立场也不一样，一个人是站在义的角度，一个人是站在利的角度。义和利要想完美结合，实在是太难了。所以这样一来，两个人的冲突就是必然的。本来就性格特点而言，司马光和王安石有着这么多的共同点，如果说他们在政治立场上也相同的话，那他们肯定会是最好的朋友了。令人遗憾的是，他们不可能相同。恰恰是由于道德、人格、秉性、做事原则等诸多的同，决定了他们在政治上的对立会表现得更加尖锐，而且是白热化的尖锐。

司马光反对变法，宋神宗支持的不是他，而是王安石。因为宋神宗要变现、要钱、要做事，所以司马光觉得自己英雄无用武之地，打算离开。宋神宗还想挽留他。可是司马光说："臣必不敢留。"就算留下来也没用啊！而且也不敢在这儿待着。神宗就说："你不是本来跟王安石私交不错吗？何必要自己多疑呢？"在宋仁宗嘉祐年间的时候，司马光和王安石，以及韩维、吕公著，特别交好，曾被称为"嘉祐四友"。不过司马光的回答是：

> 臣素与安石善，但自其执政，违迕甚多。今迕安石者如苏轼辈，皆毁其素履，中以危法。臣不敢避削黜，但欲苟全素履。臣善安石，岂如吕公著。安石初举公著云何，后毁之云何，彼一人之身何前是而后非？（宋·李焘《续资治通鉴长编》）

司马光告诉神宗：我们私交是不错，但是自从他当了宰相，我们的执政理念有本质的差别了。现在跟他意见不合的，像苏轼这样，都受到了沉重的打击。我不怕被贬谪，只是希望能保持我清白自守的处世原则。要说我跟他的关系，其实还不如他跟吕公著的关系好。可是后来吕公著在执政观念上有不同意见，他对吕公著是极尽诋毁，毫不客气。可见与他在政治上对立起来的，他是根本不讲情面的。神宗赶紧解释，说："苏轼并不是那么好的人，你可能判断有误。"司马光回答说：

> 且轼虽不佳，岂不贤于李定不服母丧，禽兽之不如，安石
> 喜之，乃欲用为台臣。

这是司马光的反驳：苏轼就算不好，也比李定强啊。李定的母亲死后，他都不肯服丧，即便不是亲生母亲，也不能这样做。不管怎么说，像这种道德缺失的人，连禽兽都不如。而王安石身边都是李定这样的人，乌合之众，同流合污，怎么会好？

虽然司马光一直反对新法，但宋神宗确实想大用司马光。因为司马光对于当时的北宋王朝而言是一个很重要的道德象征。所以宋神宗心里有这么一副如意算盘：一边让王安石挣钱，一边让司马光奠定道德的基础。一方面抓人心，一方面抓现金。因为现金如果抓得太厉害，会让人心散了。所以他需要树立一个道德的典范，树立一个具有模范意义的大臣。可是司马光不乐意。不但司马光不乐意，王安石也不乐意。神宗跟王安石商量起用司马光做枢密副使，也就是副宰相。王安石坚决反对，说司马光是个沽名钓誉的人，他的所作所为对变法有害无利，"置之左右，使预国政，是为异论者立赤帜也"，如果把他安置在中央，就好比给反对派插了个红旗，那么变法就更加难以进行了。

但是神宗还是不愿意放弃司马光。在这样的情况下，司马光对神宗提出了一个条件："让我当枢密副使也可以，那就把制置三司条例司给废除了。"可是这制置三司条例司是王安石的命根子，就好比改革变法的指导委员会，相当于执行小组和总指挥。因此这是不可能的。这么一来，神宗就面临着一个取舍的问题。

也就是在这个时候，司马光给王安石写了三封很重要的信：第一封信写了四千多字，是一封很长的信。其余两封信也都是三四百字。就是这三封信，还有王安石的回信，成为历史上他们俩书面上的直接交锋。正是这两位个性、道德、秉性、做事原则都很相近的

大臣，却在变法改革的问题上，以书信的形式针锋相对。

司马光在信里面对王安石说：你的名气很大，三十年来，天下人谈到你的时候，都认为只要你王安石一出来执政，天下就会太平。可是现在，在你执政不久之后的情形却是，"士大夫在朝廷及自四方来者，莫不非议介甫"，"人人归咎于介甫"，一片批评之声，都在纷纷怨叹你的不对。尽管如此，却没有人直接告诉你。因为你自己手下的人，不敢告诉你；不是你手下的人，又不愿告诉你，他们都怕得罪你，所以都打算"坐而待之"，等着你"不过二三年将自败"，用不了多长时间就会失败了。可作为你的朋友，我却不能这么做。我知道你是一心为国，因此我有责任提醒你哪些地方你做得不对。

这是司马光在这三封信里，尤其是第一封信里开宗明义的一个原则。司马光接下来告诉王安石，他的所作所为中，有四条是最致命的：

第一条不对，是成立制置三司条例司。我们已经有管钱的三司，为什么又多出来一个制置三司条例司呢？这是侵官，是对正常的官僚制度的一种扰乱。

第二条，您用人有问题，所用的很多都是心术不正的小人。

第三条，您总是要变法，变规矩，未免有无中生有、有心生事之嫌。

第四条，您听不进去别人的意见。

所以，侵官、生事、乱用人、拒谏，这是您最大的问题。天底下最完美的人就是周公和孔子了，我听说周公和孔子也有缺点，他们也有老师，我觉得您跟周公和孔子比起来还是有一定差距的，可是按您现在的表现，觉得自己比周公和孔子还强，根本不接受别人的意见，这样下去不是长久之计。

在指出王安石的几条失误之后，司马光又在信中恳切地提出自己的希望：

现在天下大事系于您一身，您赶紧把制置三司条例司给撤了，天下就会变得正常。要是不撤，天下肯定会乱。因此天下是治还是乱，都取决于您的所作所为。人谁无过？对于一个伟大的人来讲，他犯错误就像日月一样，大家都能看得见，光明磊落，改了也不会减少你的光辉。

司马光还明确在信里说：我知道我说的不合你的意，可是咱俩其实为的是同一个目的，"趋向虽殊，大归则同"。虽然我们走的路不一样，但都是为了国家。这叫殊途同归。你现在主持天下大计，这是为国家好，我现在要准备到洛阳去，也是为国家好。我不跟你争，但是我希望你能改掉做得不对的地方，只要你改了，我也就用不着担心了。

王安石给司马光应该是回了三封信，但是很可惜，我们现在只能看到其中的一封。这是回给司马光的第二封信，就是著名的《答司马谏议书》。这封信只有三四百字，非常简短。作为"唐宋八大家"之一的王安石，他的文章有两个基本特点：第一，很实用；第二，特别简洁。我们前面读过他的《读孟尝君传》，用百字左右的篇幅，就作了一篇精彩的翻案文章。这封书信也是这样，开宗明义就说：咱俩是不可能谈到一块儿的，虽然我们是朋友，但是道不同不相为谋。对司马光提出的几条批评，王安石在信中也一一加以反驳：

> 今君实所以见教者，以为侵官、生事、征利、拒谏，以致天下怨谤也。某则以谓：受命于人主，议法度而修之于朝廷，以授之于有司，不为侵官；举先王之政，以兴利除弊，不为生事；为天下理财，不为征利；辟邪说，难壬人，不为拒谏。至于怨谤之多，则固前知其如此也。（《临川先生文集》）

王安石的回答很简洁：

第一，我没有侵官，没有打乱官职的正常秩序。我所进行的官职改革都是秉明圣上，经过大家共同商议，然后才推行的。

第二，我也不是生事。我现在进行的改革变法就是为了打破万马齐喑的僵局，是为了让国家能够兴利除弊，富国强兵。

第三，您认为我在征利，就是赚钱。我不是为了给自己赚钱，而是在为天下理财。

第四，您还说我拒谏，其实我只是听正确的意见，不听不正确的意见。对于朝野上下的鼓噪谩骂，我不会当一回事，因为这是我在接下这副重担之前就早已考虑到的。

接下来的一段还说：

> 人习于苟且非一日，士大夫多以不恤国事、同俗自媚于众为善。上乃欲变此，而某不量敌之众寡，欲出力助上以抗之，则众何为而不汹汹然？……如君实责我以在位久，未能助上大有为，以膏泽斯民，则某知罪矣；如曰今日当一切不事事，守前所为而已，则非某之所敢知。

用现代汉语来说就是：现在大家安静的时间太长了，所以才要变动，大家因循的时间太久了，所以才要革新。要革新，必然就会面对众人许许多多的议论。如果您责怪我在位这么久还没能帮助皇上实现致太平泽斯民的宏愿，那么我承认做得还不够；但是您要让我什么都不做，只守着之前的旧习，那我就不能接受您的意见了。

对比王安石和司马光的言说，就好比在两条路上行驶的车一样。司马光原本希望这两条路上的车最后能交集到一起，但是王安石却给予了坚决的否定。所以在看到了王安石的这封信之后，司马光心里很清楚，想要说服王安石已经是一个不可能完成的任务了。两个人不可能在政治上达成真正的协同。所以最后他请求到外地去，并对宋神宗讲了一番话：

> 我这个人最没用了，为什么没用呢？论先见之明比不了吕诲，吕诲早就发现王安石不是个好人了；论公道和正直，我比不了范纯仁和程浩；要论正直敢言，我比不了苏轼；要论勇敢，我又比不了范镇。我连这几个人都不如，因此待在朝廷里是毫无意义了，所以我请求到地方上做官。

这对于宋神宗来讲，实际上是最不愿意看到的一种局面。但是实在没有办法，最后也只能同意了司马光的请求，让他到西京留守御史台，并且带走了他的书局，在洛阳开始编修《资治通鉴》。

应该说，司马光和王安石是一种非常复杂的关系，也是一种让我们觉得非常遗憾的关系。这应该是北宋王朝仁宗和神宗时期最优秀的两位大臣。而且这两个人又同是道德、品质的典范，很少有人能在道德上做到像他们两人这样纯洁。但是两人因为在政治上发生了不一致，所以最终没能够走到一起。

王安石去世以后，司马光跟别人谈论起王安石，承认其实他是非常完美的一个人，只可惜太拗了，太犟了，爱辩论是非，又听不进去别人的意见，最后搅得天下大乱，自己也郁郁而终。

司马光说王安石执拗，可他自己呢？宋神宗去世以后，宋哲宗继位，太后摄政，让司马光做了宰相，他尽废新法。可是他尽废新法的做法并不妥当，就连曾经跟他站在同一阵线里的人，也有反对的声音，典型的代表就是苏轼。

苏轼坚决反对把新法全部废掉，认为有用的还是应该保留，不必"一刀切"，因此苏轼又与司马光产生了意见分歧。一天，苏轼上完朝气冲冲地回到家里，一边脱外套，一边对夫人说："真是气死我了，简直就是个司马牛嘛。"为什么他说司马光是司马牛呢？司马牛这个人是历史上真实存在的，是孔子的一个学生。苏轼很厉害，生气生得也很有水平，一出口就是典故，把司马牛套在司马光的身上，意思是说，这是个犟人，不动摇、不改变、不变通。可以看到，在这一点上，"司马牛"跟"拗相公"其实是一回事，都是那么偏，都是坚守自己的一套原则不肯动摇。

坚守原则的人有时候难免让我们感到不愉快和不可接近，但也正是因为这些人坚守原则，所以他们的形象才会这么光辉，他们才能在历史上有自己的一席之地，能够发出自己的声音。所以我们来讨论司马光和王安石的关系的时候，在某种程度上，完全可以抛开新法，纯粹地来看这两个人。从这个角度上来讲，北宋王朝在仁宗和神宗时期，包括哲宗时期，因为有了王安石和司马光这两个非常杰出的人物，使得这个王朝变得非常精彩。这也充分证明，北宋王朝在意识形态、在思想领域、在道德人格、在文章事业方面是一个多么多元而精彩的社会！这种多元的精彩正是我们现在认识王安石和司马光最具有价值的地方。而这也是我们为什么单独要把这两个人放在一起相互对照的重要原因。

第二十讲

不是冤家不聚头

王安石和司马光之间复杂而微妙的关系，与王安石同样保持着一种复杂微妙关系的还有另外一个人——苏轼。在反对变法的阵营中，苏轼算不上是重量级的人物，但天才纵横的他，却是一个最活跃的人物，这给王安石的改革变法制造了不少麻烦，也让皇帝宋神宗对他又爱又恨。然而，王安石和苏轼这对政治上的冤家，却又是文学、学术上的知音。他们彼此欣赏对方的才华，敬重对方的德行，并由此生发出许多动人的故事。

　　那么，王安石和苏轼之间亦敌亦友的关系是怎样形成的？他们后来为什么能够冰释前嫌？而最初苏轼又是怎样反对王安石的呢？

　　在整个改革变法这几年当中，反对变法的队伍里，分量最重的当然是司马光。从这种分量级上来讲，苏轼还真比不上司马光。司马光和苏轼的不同，可以从宋神宗对待他们的不同态度看出来。对宋神宗来讲，司马光是他的朝廷中绝对不能缺少的一极，这一极维系着政治力量的平衡，代表着国家的信用、道德和人心，是一种象征的意义。对于司马光，宋神宗总是要极力地挽留他，想要对他委以重任。只不过王安石总是不同意，因为王安石也知道司马光的分量。两个同等量级的人在一起，一个坚持，一个反对，肯定会对变法的工作造成很大的困扰。

　　但是对于苏轼就不一样了，宋神宗对于苏轼的态度，归结起来是要善加使用。神宗知道，苏轼是个难得的人才，极有才华，但就分量而言，又没到司马光的程度。所以神宗有时候把苏轼放在火上烤一烤，但是不能把他烤焦了——烤焦就没法用了。等烤上一阵子，觉得烤得发黄了，有点味道了，把他再拿下来冷却一下，接着用。如果统观全局的话，我们可以看到，在反对派当中，苏轼是一个须臾不可缺少的声音。但就是这样一个声音，对于王安石来讲，已经是相当烦恼了。再说苏轼还不是一个人在战斗，有哥俩呢。苏轼和苏辙都非常坚定地反对王安石所主导的变法。不过要注意的一点是，两人都不是绝对意义上的反对变法，相反，他们也有自己的变法和改革主张。苏轼主张更加稳健的变革，在某种程度上来讲，可能是改良。特别是在用人的问题上，在道德的问题上，他看得非常重。

所以当改革开始之后，苏轼和苏辙很快就针对王安石的变法表达了反对的意见。譬如说，王安石改革里有一项很重要的内容，就是对科举的改革。科举有什么改革的呢？唐宋时期，进士科主要是考诗赋，诗赋写得好，才能高中。苏轼自己就是这方面考核的一个受益者。他的父亲苏洵，老是考不中，就是因为不善于写有韵之文。王安石认为，以诗赋来取士，这是一个重大的失误。因为会写诗，并不等于说就有很深厚的学问和修养，更不代表具备处理实际政务的能力。而王安石改革变法，需要的是这样的人：

第一，有很深厚的道德学养。

第二，有很强的实际工作能力。

只会写漂亮的诗赋，这是不行的。所以王安石主张废黜诗赋取士的制度，考儒家的经典，考策论。比如说，物价涨得这么厉害，怎么解决啊？得写策论。房价涨成这个样子，怎么解决？还得写策论。要是不写策论，写的是诗，"欲把西湖比西子，浓妆淡抹总相宜"，根本没用，西湖边上的房子涨得很快，诗写得越多，房价涨得越高。所以王安石改革科举，不是因为他对诗赋有什么意见，而是着眼于实用。

王安石的这个主张一出来，苏轼马上就坚决反对。他给神宗写了一道奏折：

> 君之所向，天下趋焉。若欲设科立名以取之，则是教天下相率而为伪也。……自文章而言之，则策论为有用，诗赋为无益；自政事言之，则诗赋、策论均为无用矣。虽知其无用，然自祖宗以来莫之废者，以为设法取士，不过如此也。岂独吾祖宗，自古尧舜亦然。……自古尧舜以来，进人何尝不以言，试人何尝不以功乎？议者必欲以策论定贤愚、决能否，臣请有以质之。近世士大夫文章华靡者，莫如杨亿。使杨亿尚在，则忠清鲠亮之士也，岂得以华靡少之。通经学古者，莫如孙复、石介，使孙复、石介尚在，则迂阔矫诞之士也，又可施之于政事之间乎？(《议学校贡举状》)

在这个奏折中，苏轼重点说的是，自唐朝以来，一直都是以诗赋取士。天下士子的发展方向，跟朝廷规定的方向是保持一致的。如果从文章来说，策论有用，诗赋没用；但如果说从实际执政来讲，那不论诗赋还是策论，都只不过是空头理论了。因此不好用"有用""没用"来评断诗赋。而且从尧舜以来，文人都要写文章、写诗赋，我们就是要根据文章和诗赋来判断一个人的才华，来选拔人才。接下来，苏轼举了两个很鲜明的例子：一个是北宋初期的杨亿，杨亿的文章非常华丽，但是杨亿本人是个非常杰出的政治家，并没有因为他的文风华丽而损害了他的政治能力；另一个例子是北宋初期的孙复和石介，他们通经学古，不追求文章华丽，但是在执政方面却很迂阔，并没有显露出什么突出的实务能力。

所以，文章写得华丽与否，与现实政治中表现出来的能力，其实并没有太多的必然联系。不会因为能写华美的诗赋，就不具备执政的能力。古往今来，能写一手好文章的大政治家很多。

奏折呈上去，神宗看了之后，觉得写得非常好。他原本正有这样的疑问，听苏轼一解释，觉得豁然开朗，于是专门召见苏轼，想听苏轼说说对当前政局的看法：

> 方今政令得失安在？虽朕过失，指陈可也。

对于当前政治态势，你还有什么意见吗？就是我的过失，也可以直接指出来。

苏轼脱口而出：

> 陛下求治太急，听言太广，进人太锐"（清·毕沅《续资治通鉴》）

其实苏轼一共说了三条：一、皇上您治理天下的心情可以理解，但是您操之过急。一年的事儿想要在一天当中办好，几代人的事儿想在您这一代都解决——太急。二、听言太广，您什么意见都听，听了之后还都想采纳，这就容易乱套。三、您在人事上放得太宽了。新人提拔得太快，有的人还算是好人，可有的人就不够格，您还甄别得不够。

神宗听后，觉得大有道理，下朝后就和王安石商量。王安石一听，当然不高兴。神宗想把苏轼调到中书省来，让他参与中央文件条例的修订和制订工作。王安石立刻阻止："我跟苏轼完全是两种风格，根本就是两条道上的人。您还是让他干点儿别的吧。"于是推荐任命苏轼为开封府行政长官，想让那些零七八碎的事，把他给困住，省得他胡思乱想，免得他成天发声。不过苏轼也没耽搁，把政事处理得好好的，接着发他的声音。苏轼这一生，吃亏就吃亏在他的笔

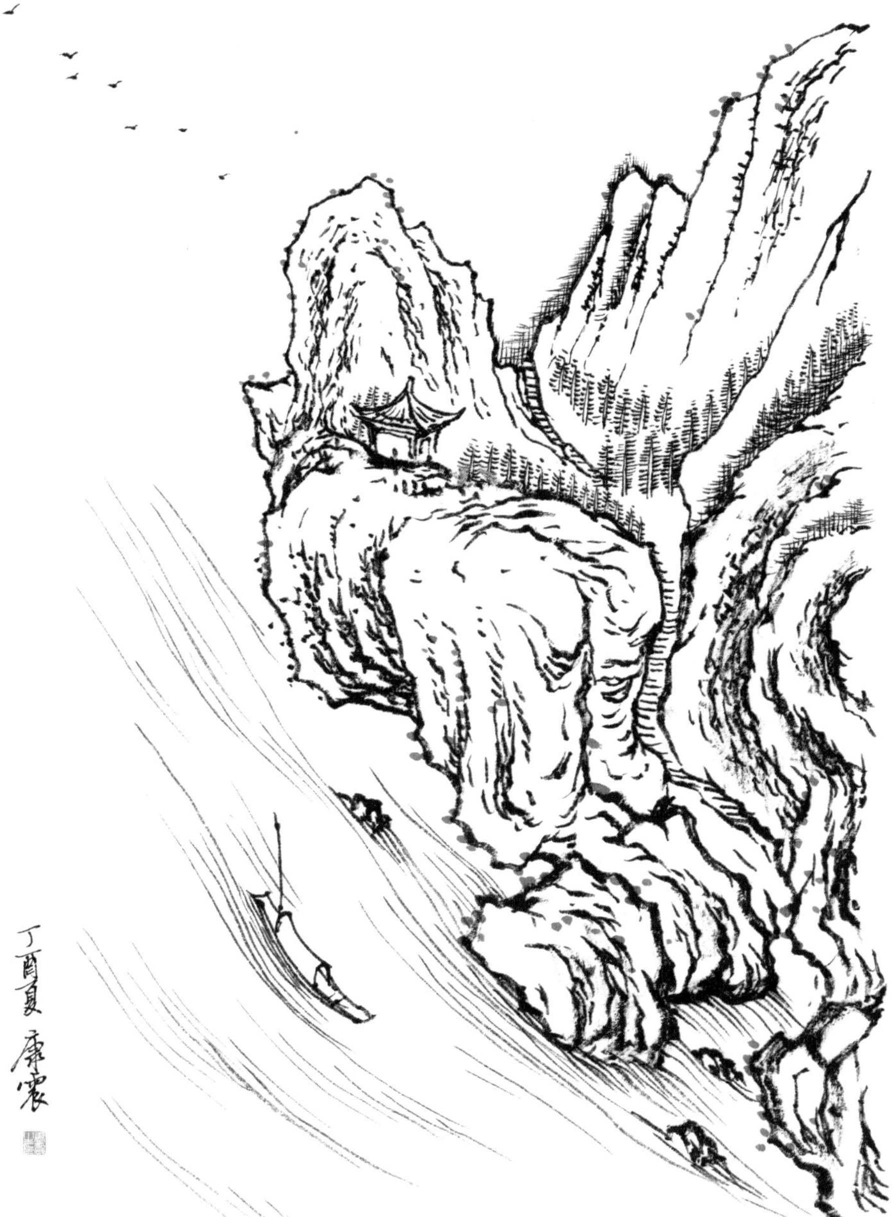
丁酉夏 康震

離情被横笛吹過亂山東

歲次丁酉仲春　康震

和他的嘴上，后来他自己也有反省。

争论来争论去，那科举到底如何实施呢？大臣中很多人都不愿意废黜诗赋取士，毕竟这已经持续好几百年了。神宗想要按苏轼的办法，就是不要动，一动不如一静。王安石不同意：

> 不然，今人材乏少，且学术不一，异论纷然，此盖不能一道德故也。欲一道德，则必修学校；欲修学校，则贡举法不可以不变。（元·马端临《文献通考》）

他说，现在改革变法最重要的就是收束人心，要所有的人心思都往一处使，拧成一股绳，要在道德上做到统一。说白了，就是人心得统一。人心怎么才能统一呢？那就统一编写教材，统一考试内容，所有的方向都要有一个统一的标准。只有这样做，才能真正培养出时代需要的人才。如果按照苏轼的办法，不可能解决这个问题。

实际上，王安石无非是要借着科举为自己培养一支支持改革、推进改革的干部队伍。当时的副宰相赵抃，也赞同苏轼的方法，但都被王安石否决了。宋神宗毕竟是很支持变法的，所以就按王安石所说，废黜了诗赋取士的制度。当然到后来，神宗和王安石都去世以后，一切又都恢复到了之前的样子。

科举制度从根本上来讲，涉及人事制度，涉及干部的培养。在这个问题上，苏轼和王安石基本上在唱对台戏。对此，王安石心里一直很不爽，虽不能说憎恨苏轼，但是至少是比较厌恶他的了。

关于苏轼与王安石的对立冲突，我们再举一个例子。

正月十五上元节，宫里要办灯会。这次办灯会也给苏轼提供了一个机会。神宗刚继位不久，想在宫里开一个盛大的灯会，让内务府去采办花灯。当时最好的花灯叫浙灯。宫里预备要采办4000只浙灯。结果去采办时一问，价格特别高，神宗说，让他们把价钱降下

来，我们低价购进，同时限制民间购买。这挺奇怪，通常都是政府
扶持商家，应该抬价购进才对，怎么还有让人家把价钱压下去的？
苏轼得知后，马上上道奏折，说：

> 卖灯之民，例非豪户，举债出息，畜之弥年。衣食之计，
> 望此旬日。陛下为民父母，唯可添价贵买，岂可减价贱酬。此
> 事至小，体则甚大。（《谏买浙灯状》）

卖灯的人都是老百姓，不是富翁，都指望这次灯会能够赚点钱
养家糊口。皇上您贵为天下子民的父母，应该加价收购，怎么能反
而要求降价购买呢？事情虽小，可是有损国家形象。而且皇上只准
政府买，不许老百姓买。不能与民同乐，算不上仁义道德的皇帝。
总之，这种做法实在欠妥，请收回成命。

神宗一听，的确有道理，立即收回前命。苏轼趁热打铁，又上
了一封奏折《上神宗皇帝书》，写了七千多字。大意是说，皇上果然
是尧舜之君，听了臣子的谏言，能够马上采纳，实在是太伟大了。
花灯之事虽小，但是由小可以见大，因此我现在还要再跟您说点国
家大事：

> 臣之所欲言者三，愿陛下结人心、厚风俗、存纪纲而
> 已。……中外之人，无贤不肖，皆言祖宗以来，治财用者不过
> 三司使副判官，经今百年，未尝阙事。今者无故又创一司，号
> 曰制置三司条例。使六七少年日夜讲求于内，使者四十余辈，
> 分行营干于外，造端宏大，民实惊疑，创法新奇，吏皆惶惑。

苏轼说：我想要启奏的是三点，希望皇上能收束民心、培养风
俗、保存纲纪而已。我朝自创建以来，财政机构运作良好，而现在

竟然无端出现了一个新的机构叫制置三司条例司，声势浩大又误财扰民。

> 夫陛下之所以创此司者，不过以兴利除害也。使罢之而利不兴，害不除，则勿罢。罢之而天下悦，人心安，兴利除害，无所不可，则何苦而不罢？陛下欲去积弊而立法，必使宰相熟议而后行。事若不由中书，则是乱世之法，圣君贤相，夫岂其然？必若立法不免由中书，熟议不免使宰相，则此司之设，无乃冗长而无名。……今上自宰相大臣，既已辞免不为，则外之议论，断亦可知。……事少而员多，人轻而权重。夫人轻而权重，则人多不服，或致侮慢以兴争。事少而员多，则无以为功，必须生事以塞责。……今朝廷之意，好动而恶静，好同而恶异，指趣所在，谁敢不从？臣恐陛下赤子，自此无宁岁矣。

皇上成立这个机构，无非是为了兴利和除害，可是如果成立这机构之后，做不到兴利除害，那为何不废除它呢？朝廷之改革变法，本来应该由中书省，宰相跟皇上您以及二三重要大臣商议之后才下决策，可是现在所有的政策都从这个怪胎般的机构出来，实在是名不正而言不顺。如此下去，国家恐怕不能长治久安。

> 夫国家之所以存亡者，在道德之浅深，不在乎强与弱；历数之所以长短者，在风俗之厚薄，不在乎富与贫。道德诚深，风俗诚厚，虽贫且弱，不害于长而存。道德诚浅，风俗诚薄，虽强且富，不救于短而亡。人主知此，则知所轻重矣。……天下之势，与此无殊。故臣愿陛下爱惜风俗，如护元气。

这是因为，一个国家存亡的根本不在强弱，而在于道德；一国国运的长短不在经济的贫富，而在于风俗的厚薄。风俗和道德建设好了，国家才能真正强大起来。所以，治国必须首重风俗和道德建设。

苏轼的说法未必是正确的，强弱、贫富当然是影响一国存亡的重要因素。不过苏轼的聪明也表现在这里。在论述观点时，苏轼强调的是这个问题中的一极，即一个国家想要长治久安，就要有稳定的道德观作为支持，要有纯朴的风俗作为人民思想的基础。人心是决不能乱的。他强调的是意识形态和上层建筑，并不提经济基础。这也是苏轼擅长的做法，攻其一点，不及其余。我只谈我的，我不谈那个对你有利的。苏轼跟司马光有个共同点，认为治国的根本在于道德。如果因为生财乱了人心和道德，那么一切都免谈。苏轼这一条影射的是非常重要的，他指出变法以来，只重财不重德，已经严重损害了社会道德和人心。

他还讲了一条更致命的。历来治国，无非是轻重两端，要么内重而外轻，要么内轻而外重。唐代是很明显的例子，安史之乱。不就是因为内轻而外重吗？中央集权弱了，地方势力大了，就会失衡。所以我朝实行的是内重而外轻的策略。可是现在的变法措施，容易把国家秩序搞乱，一旦变成了内轻而外重的局面，国家的麻烦可就大了。

从这些事上我们可以看到苏轼的本事——科举是人事制度的关键、道德关系到国家的稳定、内外轻重问题关系到国体，这些都关系到治国的基本理念，特别是赵宋王朝基本理念的重大关键。苏轼此时，年龄虽然不大，阅历也谈不上广，但是抓问题抓得非常核心。

苏轼还举了一些历史上的真实事件。晋武帝很专断，想要灭东吴，不过最后成功了；前秦苻坚也很专断独行，想灭东晋，发动淝水之战，结果自己的国家反而灭亡了。齐桓公重用管仲，成功称霸春秋；燕王重用子之，结果却以失败告终。所以说，有时看似相似的开头，结果却差异很大。独断专制带来的结果并不一定是成功，重用大臣也很有可能会失败。这就把锋芒直接指向了王安石。因此王安石觉得很不舒服。开始是觉得不舒服，后来就发展为讨厌，觉得苏轼待在这儿有点多余。

这时正巧发生了一件事。王安石的弟弟，是另外一个官员谢景温的妹夫。谢景温受到王安石提拔，当上了谏官。谢景温告诉王安石说，苏轼的父亲去世了，他回老家四川奔丧，一来一回，走的都是水路，船上有那么多走私的东西。王安石一听，非常高兴，终于有把柄了！立刻查人！查来查去也没查到真凭实据。但苏轼却被查怕了，赶紧申请外任，到杭州做通判去了（相当于杭州市的副市长）。

总之，苏轼在诸多的政见上、在改革变法的事情上，跟王安石之间有很多冲突。这个冲突发展到最后，是以王安石把苏轼轰走为结果。后来苏轼历任密州、徐州、湖州州官，当他在湖州任上的时候，王安石已经罢相归家。再后来，"乌台诗案"爆发，有人检举苏轼在诗文里抨击新法、抨击朝廷、甚至嘲弄神宗，被神宗打入大牢，审了一百多天，差点儿被砍头，最后被发配到了黄州，这才看到了赤壁，写出了"大江东去"。从这一点上说，倒是要感谢改革变法，否则苏轼也不会去黄州，也就不会有流传千古的"大江东去"了。

当苏轼走了一大圈来到黄州时，王安石已经两次罢相，加上儿子亡故，学生吕惠卿等人也背叛了自己，最后心灰意冷地回到了南京。他们两人起初那么针锋相对，到现在都变成了可怜的人。后来神宗对苏轼起了怜悯之心，还想要重用他，打算把他调到河南的汝州去做团练副使。但苏轼在常州已购置了房产，就申请去了常州。在去常州的路上，苏轼专程到了南京，拜访了王安石。

非常有意思的是，这时候苏轼与王安石的关系发生了微妙的变化。我们知道，司马光和王安石两人有那么多相近的地方，但相同的秉性、个性、思想和道德却让他们在政治上成了非常尖锐的对立者。而苏轼与王安石的关系不一样，他们从之前很强烈的对立，到现在突然都归零了。在一定程度上可以说，归零之后的这种关系，才更加本质地接近了北宋时期这批最优秀的士大夫和文人的那种个性和气质。

苏轼被贬黄州期间，王安石退休在金陵，却对苏轼非常关注。一次从黄州来了一个客人，王安石问他："苏轼最近有什么新作没有？"客人回答说有，名叫《宝相藏记》，写的是佛教方面的内容。当时天色已晚，还没到掌灯的时节，王安石心情迫切，站在屋檐底下，就着黄昏的日光看这篇文章。一边看一边说："子瞻真是人中之龙也。"觉得他文章写得太好了。

还有一次，苏轼写了一篇《表忠观碑》，王安石很是喜欢，问在座的客人说："知道文章模仿的是谁的写法吗？"客人有说司马相如的，有说扬雄的。王安石都摇头说不是，随后说道："子瞻模仿的，乃是《史记》当中《楚汉以来诸侯王年表》的写法。"这实在令人惊叹，这种写法太难识别了！由此可知，王安石在学问上、在文学的造诣上和苏轼是不相上下的。只要不谈政治，他们两人在学问和文章方面的确是真正的知己。

苏轼在黄州写过一首题为《雪》的诗，其中有这么一联："冻合玉楼寒起粟，光摇银海眩生花。"王安石读到这两句诗，非常佩服。他的女婿蔡卞颇不以为然，这不过就是普通的雪景嘛！下雪了，楼台变成玉楼，而世间万物变成银海，没什么特别新鲜的吧。王安石晒笑说，苏轼在这两句诗里用了一个典故。在道教典籍中，把人的肩膀称为"玉楼"，把人的双眼叫做"银海"。所以这两句的意思是说，天气太冷，冻得肩膀缩起来，皮肤上都起了鸡皮疙瘩；雪地里的雪太洁白了，把人的眼睛都眩得发晕。后来苏轼自己也承认，这首诗写成之后，"玉楼"和"银海"两句好多人都没看出来，唯独王安石博学多识，看出了其中蕴藏的玄机。可见，抛却政治因素不谈，他们俩在学问、文章上确是等量级的人物。

苏轼到了金陵，王安石骑着他那著名的驴，在江边上等他：

> 东坡不冠而迎，揖曰："轼今日敢以野服见大丞相。"荆公笑曰："礼岂为我辈设哉？"东坡曰："轼亦自知相公门下用轼不著。"荆公无语，乃相招游蒋山。（宋·朱弁《曲洧旧闻》）

苏轼从船上跳下来，穿着便装，见到王安石拱手作揖说："我今天斗胆，穿着便装来拜见大丞相。"王安石大笑说："我们这样的人，哪能受一般的礼法约束呢？你太客气了。"苏轼紧接着说："我也知道大丞相手下原也用不着我。"王安石一时无从回答。

两人之间的交往和见面，已经不再有政治上的分明对立，也许有些芥蒂，但也事过境迁，坦然处之了。所以王安石才要说"世间礼法岂为我辈所设"。抛开政治的恩怨不谈，他们这样的人不可以说不是跳出三界外、不在五行中的。他们的学识、修养、道德、人品，远在一般世俗之上。因此，他们是在这个更高的层面上进行对话，已经不是在狭窄的、具体的新法是非上讨论了。两人的身份现在不一样了，政治上归了零以后，真正的文化价值反而体现了出来，文化上真正的交手这才开始了。

茶叙时候，王安石指着案头上一个大砚台问苏轼："写首诗题咏一下吧，来个集句怎样？"所谓集句，就是将前人不同诗篇中的诗句按照格律组成一首新诗。举个不太恰当但是简明的例子：举头望明月，更上一层楼。这就是集句。苏轼脱口而出："巧匠斫山骨。"能工巧匠把山的骨头雕琢成这个样子。这句诗有点生僻，可是非常巧妙。这句诗出自唐代大诗人韩愈发起的一次诗会中。诗会的形式要求很简单，所有与会的诗人，每人轮流写上一句或两句，最后整体上连成一首诗，也就是联句。这一句诗，就是当时韩愈组织的石鼎联句中的一句，写这句诗的人名叫刘师服，名不见经传，可苏轼张嘴就来。这才集了一句呢，王安石突然转移话题："今天天气不错，不急着写诗，先出去转转吧。"后面跟着一人说道："荆公今天对不上了，所以出来看风景。以前都是他难为别人啊，这回碰上苏轼，他也被难住了。"这就叫棋逢对手，将遇良才。

其后，王安石送诗给苏轼，并约请苏轼卜居南京，以便一起游山吟诗，笑傲泉林。苏轼回赠了一首诗，写得很有意思：

骑驴渺渺入荒陂，想见先生未病时。劝我试求三亩宅，从公已觉十年迟。

诗歌大意是：看见您老先生骑着驴从山坡上走来，有点渺茫，有点孤独，我脑子里却想起您当年没生病时的那个形象，掌控着国家天下大事的那种刚坚不可夺其志的样子。您劝我定居南京，我觉得已经有点迟了。我要早知道您是这样一个人，我当初就在您门下求学了。

苏轼的意思说得很婉转，早知道您是这样的一个人，我们当时又何必呢？

就在这次他们刚见面的时候，王安石就说：

好个翰林学士，某久以此奉待。

好个翰林学士，我可等了你很长时间了。苏轼说：

抚州出杖鼓鞚，淮南豪子以厚价购之。而抚人有之保之已数世矣，不远千里，登门求售。豪子击之曰："无声。"遂不售。抚人恨怒，至河上，投之水中，吞吐有声，熟视而叹曰："你早作声，我不至此。"（宋·陈师道《后山谈丛》）

江西抚州出产一种皮鼓，价格很贵，一位有钱人想要出大价钱够买。于是一个卖家不远千里赶来卖鼓。交易的时候，买家当然要先试敲一下，结果梆梆梆敲不响，于是没有买。气得卖家就把这鼓扔到河里面，结果梆的一下响了。卖家就说："你早点发出声音来啊，怎么现在才发出声音来啊？这不太迟了吗？买家都走了。"苏轼借这个故事告诉王安石："荆公您要是早发出这声音来，咱俩也没那么多过节了，是吧？"这正是，渡尽劫波兄弟在，相逢一笑泯恩仇。虽然他们不是兄弟，但是现在总能算是知己吧。

聊得正高兴的时候，苏轼说："我有话要说。"王安石非常警惕，脸色立刻就变了，以为苏轼要旧事重提。苏轼说："我所说的不是我们两个人的事情，是天下大事。"接着说：

> 大兵大狱，汉、唐灭亡之兆。祖宗以仁厚治天下，正欲革此。今西方用兵，连年不解，东南数起大狱，公独无一言以救之乎？（《宋史·苏轼传》）

现在这政局，又是打仗，又是大兴牢狱，一塌糊涂，乱七八糟。您就不能做点什么吗？

王安石朝苏轼伸出两个指头，说：

> 二事皆惠卿启之，安石在外，安敢言！

这两件事情都是吕惠卿干的，我在外怎敢乱说？苏轼接着又说：

> 固也，然在朝则言，在外则不言，事君之常礼耳。上所以待公者非常礼，公所以事上者岂可以常礼乎？（宋·邵伯温《邵氏闻见录》）

苏轼告诉王安石："话是这么说，如果您是寻常之人，我对您也就没有什么好要求的了。可是当今圣上待您以非常之礼，所以相应地，您应该要有非常的举动，应该把这些事情跟皇上说清楚，不能让局势再这么乱下去。"

听到这里，王安石大声赞同，同时又警惕地提醒苏轼："今天咱俩说的话，从你的嘴里出来，从我的耳朵进去，但不能像以前那样瞎说，一旦被别人知道了，到时候都是麻烦事。"此时的王安石已经非常惧怕政治的风浪，其实苏轼也一样，到黄州去以后，他也是谨言慎行。所以说，他们两人在政治上归零之后，开始以文章、以诗文、以道德相交往的时候，发现彼此乃是知音。

两人在金陵相聚多日，相聊甚欢。当苏轼离开南京的时候，王安石就感慨地说："不知更几百年方有如此人物。"对他的才华可谓相当的钦佩、相当的器重。前面讲到司马光的时候我们说过，司马光的个性、气质、品德跟王安石很相近，但是在政治上两人很对立。不过这种对立不但没有让我们感觉到混乱，或者说让我们感觉到某种恶的特质，反而让我们感觉到这两个伟大的人物，在同一个时代里迸发出了多元的光彩。苏轼的情况与司马光不一样，苏轼的个性、气质其实跟王安石有很大的不同，但是他们两人之间也有许多相通之处，这个相通之处就是博学和才华，就是诗歌和文章。这是一个很奇特的现象。把苏轼、司马光和王安石这三个人放在一起，会出现一种交相辉映的效果。他们共同的死结是在具体的政见上。如果要说根本的政治立场，甚至可以说他们其实是完全相同的。就像司马光所说，大家是殊途同归，都是为了大宋朝好，只不过是在如何好的问题上有分歧罢了。所以，在经过了将近1000年以后，我们再来看时，这个分歧在这个历史的长河中已经变得非常小了。

在这三个人中，王安石和司马光在人品、道德、秉性、做人方面是当代之楷模，王安石和苏轼在文章、才华、学问方面也是一时的典范。我们结合起来再看王安石，尽管他有很多政治上的做法可能是一时的功利政策，甚至这些政策还有可能伤及一定的国家利益，但是从总体上来看，王安石在道德、文章、事业、品行、才华上，无疑是北宋时期首屈一指的人物。他跟两个政敌之间都有着非常广泛的交流和沟通的空间，这更说明王安石并不是一个单面的人、一个僵化的人，相反地，他是一个非常多元的人，而且是一个非常精彩的人，也因此他才会成为这样一个伟大的人物。

第二十一讲

可怜人间四月天

王安石于熙宁九年（1076）十月罢相后，被任命为江宁知府，同时享有知府和宰相的待遇。但王安石"欲自休养，退归田里"，反复上表请求朝廷允许自己全退。这是王安石变法之初设置的干部退休制度，现在王安石自己要求按此例办理，也就等于说要按照一般干部退休制度办理，不搞特殊化。为表明自己的决心，王安石不去江宁府上班，同时坚辞"使相"待遇。神宗最终下诏任命他为"集禧观使"，但仍不允许他辞去"使相"的头衔。

在神宗心目中，王安石不仅是一位退休的宰相，更是一位精神导师，所以对退休后的王安石格外关照。王安石退休后不久就要过56岁生日，神宗特命王安石的女婿蔡卞前往江宁为王安石做寿。寿礼很贵重：

衣一对、衣著一百匹、金花银器一白两、马二匹、金镀银鞍辔一副。（宋·王安石《谢赐生日表》）

神宗心里一直牵挂着这位政治伙伴，并且希望王安石能够发挥余热，或者还想再度重用王安石。第二年，也就是熙宁十年（1077），神宗再次命江南路领导朱炎传旨王安石，敦请他到江宁府办公。六月再派人去催，王安石还是坚决推辞。

神宗一直对王安石关怀备至，当时发生的一件事，很能说明这一点。有一次，王安石的妻弟小吴跟南京当地的一位叫做叶均的官员发生了一点小误会，小吴年轻气盛，在公开场合辱骂这位官员。叶均本人并没有太在意，可是他的上司毛抗、判官李踪等人非常愤怒，派了两个捕快来抓小吴。小吴赶紧躲到姐夫王安石家中。捕快追到王安石家，竟然在客厅里大喊大叫。王安石很是生气。后来叶均等三位官员得知惊扰了王宰相，赶紧来表示歉意。王安石毕竟是宰相肚中能撑船，所以没当回事。可王夫人不乐意，她在屏风后面说："我们家相公被罢相，门下的人虽然纷纷离开，但是还没有人敢到家里明目张胆的抓人。"事有凑巧，神宗派来看望王安石的一位侍者目睹了这一切，回去向神宗汇报了此事。神宗大怒，不问缘由，将那三人全数罢职。

就事论事，神宗处罚得的确有点过，不过这种冲动很能说明神宗对于王安石的感情。王安石已经在改革变法中受了巨大的委屈，蒙受了很大的压力，因此神宗不愿意让已经退居在家的王安石再经受别的打击。事后，神宗还特意将王安石的弟弟王安尚从江西饶州调任江南东路提点刑狱，以便就近照顾王安石。

神宗对王安石的一片至诚之心，昭昭可见。那么王安石的退休生活到底过得怎么样呢？是否像他说的"欲自休养，退归田里"呢？事实上确实如此。王安石退居江宁之后，过着与以前完全不同的生活，也给我们展示了一个完全不同的王安石。

王安石在南京给自己置办了一所宅院，就是著名的"半山园"。这半山园不是什么大别墅，而是几间很普通的房子。之所以叫做半山园，是因为这个园子的位置正处于江宁城和钟山的主峰中间，离二者皆为七里。半山园里有个文物遗存，叫谢公墩，实际上就是个小土包，但因为东晋的宰相谢安和大书法家王羲之曾经在这儿游玩，因此得名谢公墩。王安石曾写了两首《谢公墩》诗，我们且看其一：

我名公字偶相同，我屋公墩在眼中。公去我来墩属我，不应墩姓尚随公。

意思是说谢公墩就在我们家院子里头，我的名跟谢安的字是一样的，都叫安石。这个墩子已经属于我王安石了，不应该再叫谢公墩了，应该改名叫王公墩。王安石也就是调侃一下，属于自娱自乐。不过后来有人就此开玩笑说王丞相：

> 在朝则与诸公争新法，在野则与谢公争墩。（明·徐伯龄《蟫精隽》）

这是在调侃王安石喜欢与人争的脾气：在朝当宰相时跟司马光、苏轼等人争变法的问题，而等退休在野时，又要跟谢安争谢公墩。

以上说的是王安石退休时"住"的情况，现在要说说"行"。王安石享受着宰相的待遇，按理说出门应该排场极大。可王安石连轿子也不愿坐，宁可骑驴。更有甚者，他还坐简陋的独轮车。这是一种叫做江州车的独轮车，两边各一个箱子，后面有人推着。王安石就坐在箱子里，为了保持平衡，他就随便找来一个村民和他对面坐着。

后来王安石年老体衰了，偶尔也会乘坐轿子，但轿子非常简陋，是和他身份完全不相称的鼠尾轿。鼠尾轿，顾名思义就是像老鼠尾巴一样小的轿子，只需要两个人抬。一次，王安石的老同僚陈升之路过南京来看他，王安石就是坐着鼠尾轿去的。

陈升之罢相之后到地方做官，离南京很近，又与王安石有旧，所以偶尔顺道来看望王安石。这位相爷是乘船来的，"舟楫衔尾，蔽江而下"，场面极其铺张，阵势堪称宏伟，引得群众争相围观。这次碰面正值王安石身体不适，因此他乘坐鼠尾轿低调出场。由于陈升之的官船过大，在芦苇荡中移动极其艰难，折腾了半天才靠了岸。

论名气，陈升之当然比不了王安石；论贡献，他也只能屈居其后。然而两人的出行选择如此不同。可见，论境界，他也与王安石相差甚远。

说到"吃"，王安石更随便。他经常让一名小卒牵着毛驴，自己骑在驴背上看看书，吟吟诗，不论路径，随遇而安，饿了就吃自带的烧饼充饥。自己吃饱了让小卒吃，小卒吃饱了，剩下的就喂驴。有时行至山野乡间，遇到乡民热情招待，王安石也不客气，直接笑纳。

从王安石在江宁的这些居住、出行、饮食情况来看，可见他到江宁之后，选择的是一种普通百姓的生活方式，彻底地回归田园，生活得朴素简约，率性随意。在这样的境遇里，王安石的心态也变得平和了，这在他的文学作品中也有体现。

作为一位大文学家，他早年写过很多翻案诗，可是到了江宁之后，他开始注重创作新奇工巧、含蓄深婉、雅丽精绝的绝句，诗风为之一变，人们称之为半山体或王荆公体。我们且看他那首著名的《梅花》：

墙角数枝梅，凌寒独自开。遥知不是雪，为有暗香来。

墙角处几株白梅，在寒冷的天气里独自绽放。远远看去，我就知道那不是雪，因为暗香浮动，不时飘来。这首诗歌细腻生动，是对自然的写真，同时也是诗人人格的自诩，读来清新可人。黄庭坚说：

荆公暮年作小诗，雅丽精绝，脱去流俗。（宋·胡仔《苕溪渔隐丛话》前集卷三十五）

这首《梅花》就是王安石晚年诗风的代表之作。

王安石退居江宁之后，性格不像以前那样雷厉风行、固执偏激，而是变得随和友善了许多。他在江宁还交了不少奇怪的朋友。其中有一为本地的老者，人称俞秀老。此人滑稽幽默，与王安石交情不错。

有一天，俞秀老来找王安石，说自己看破红尘，打算出家为僧，但是苦于无钱购买度牒。王安石就出资为他办了手续，购买了度牒。谁知俞秀老并没有剃度出家，而是将度牒转手倒卖，换了钱喝酒去了，把王安石活活忽悠了一把。不过王安石并没有介意，只是一笑而过。

俞老头虽然没真去当和尚，但是他和王安石一样，对佛法颇有兴趣。一天，二人骑驴到报宁寺游玩。王安石年老体弱，一路颠簸，到达之后，小憩了一会儿。俞秀老乘着王安石睡觉的工夫，一个人骑着王安石的毛驴到法门寺去了。王安石醒来之后，也不恼火，只让他写首诗，作为偷骑毛驴的赔偿。俞秀老信口拈来，作了一首咏松诗，写得还不错。王安石开玩笑说："骑了我的毛驴，才情见长啊。"这或许只是俞秀老善意的恶搞，但也足以体现出王安石的包容随和。

还有一位吴秀才，在他身上所发生的事，其实颇为尴尬。他一个学佛的穷秀才，经常来为王安石做一些扫地洒水的工作。一天风大，把挂在墙上的一条旧毛巾吹落在地，吴秀才慌忙拾起，挂回墙上。王安石看见后，就将毛巾赠与吴秀才。吴秀才是穷人家出身，不识货，让他父亲把毛巾拿到街上贱价出售了。王安石得知后，马上叫人按原价赎回，然后用刀把毛巾边上的毛轻轻剃了剃，里面露出了黄金。原来这毛巾是皇帝御赐的，是宫里的东西，价格自然不菲。吴秀才看后，叫苦不迭。幸好王安石又将毛巾再次送给了他。

还有位姓薛的秀才，也够尴尬的。这位秀才也是清贫之人，一次拜见王安石，二人相见甚欢，一直从白天聊到晚上。文人相见，不可少了饮酒赋诗这样的雅事，于是王安石提议对诗，自己先吟了一首，结果这位秀才一时语塞，半宿也没对上来，场面有些难堪。王安石赶忙打圆场，自己替薛秀才作了一首。临走时，又用叉子将悬在梁上的真皮沙发垫子取下赠给薛秀才。

王安石与这群乡曲之人相处融洽，固然与他好善乐施有关，但也展现了他性格通达、率真的一面。不过，这并不代表王安石完全抛去原则。在关键问题上，他仍然是严格自律的。这一节开头说过他坚决拒绝朝廷的特别优待，正是最好的体现。下面我们再列举二三事。

王安石家里曾借用江宁府一架藤床。一天，江宁府派人来要将其收回府库，说要防止公有财产流失。王安石的太太又不大乐意了，江宁府来的差人也不敢造次。正在左右为难之时，王安石把鞋子一脱，光脚躺在床上。估计王安石个人卫生较差，或者有脚气。王夫人是个爱干净的人，一见这场景，索性就让差人们把床赶紧抬走了。王安石在朝为官时大义凛然，如今在这样的小节上也一丝不苟，坚决不拿公家的一针一线。

王安石虽然是下野的宰相，但毕竟为官多年，而且位极人臣，门生故吏自然遍布天下。虽说现在不比从前那么门庭若市，但也时常有人来向老领导表示慰问。其中有个门生叫薛向，知道王安石有哮喘的毛病，特意送来了治疗哮喘的特效药——数两紫团山参。紫团山参是极其稀有名贵的中草药。薛向也算有孝心，还惦记着老师的病情，但王安石说：

平生无紫团参，也活到今日。（宋·沈括《梦溪笔谈》）

我从前一直都没有紫团参，不也活到了现在嘛。于是拒绝了薛向的馈赠。退休后生活的点点滴滴，都展现着王安石独特的人格魅力，展现着他性格中可敬可爱的一面。

王安石退居江宁时期，看上去似乎是过得悠闲自得、洒脱自如。然而，作为一个具有远大抱负、具有强烈使命感的政治家，曾经励精图治，奋力推行改革，而如今国未强，民未富，他却已远离政治，闲居在家，他的内心真能做到静如止水，没有一丝纠结吗？

王安石在半山园的生活并没有持续多久。宋神宗元丰七年（1084），已经60多岁的王安石患了一场大病，昏迷了两天，神宗专门派了御医，才把他抢救过来。王安石在《谢宣医札子》中描述了当时的病情：

> 臣背疮余毒，即得仇鼐敷贴平完。尚以风气冒闷，言语蹇涩。

这是背上生疮，而且有中风的迹象。大病之后，王安石没有精力再打理他的半山园和田地，就将院子舍做寺庙。而且他也没有再另外建居所，就在秦淮河边租了一幢民宅。南京的夏季颇为炎热，他就在院子里搭个简易的棚子避暑。

物质条件的欠缺，对王安石来说并不算什么，但他的内心，常常处于痛苦的矛盾和挣扎中。

王安石被罢相六年之后，写了一首诗，题目就叫《六年》：

> 六年湖海老侵寻，千里归来一寸心。西望国门搔短发，九天宫阙五云深。

意思是说，离开朝廷已经六年了，可是我一颗忠心始终向着朝廷。每日朝着西方，遥望京城，忧从中来，不知道朝廷现在怎么样了，皇帝怎么样了，变法怎么样了。他是身在江湖，心在庙堂。平日的洒脱，在某种程度上可以说是无奈之举。元人陆友仁《研北杂志》卷下曾记录这样一件事：

> 顷为金陵酒官，有荆公处老兵时来沽酒，必问公动止，兵云："相公每日只在书院中读书，时时以手抚床而叹，人莫测其意也。"

　　这是说王安石经常派一老兵去酒馆打酒，每次来，酒家必问王安石的境况。老兵说："相公天天在院子里读书，常常抚床叹息，但是没人知道他到底在想什么。"可见王安石的内心并不是像表面那样平静。

　　那么王安石最为关心的改革大业究竟进行的如何呢？作为改革领军人物的王安石，离开政坛之后，革新派的力量必然大大减弱。但是他的精神保留了下来，神宗皇帝仍在艰难地推行变法，他还在继续地施行王安石所提出的各项革新措施，并且着力加强军队建设，试图改变"积弱"的局面，希望收复被西夏、契丹所侵占的领土。可是天不从人愿，神宗英年早逝。元丰八年（1085），也就是在王安石被罢相的八年之后，年仅38岁的宋神宗去世了。他10岁的儿子赵煦继位，也就是宋哲宗。由于皇帝年龄小，就由当时的太皇太后高太后摄政，这位太后马上就启用了保守派的司马光为宰相。保守派迅速掌握了主动权，对新党人物进行排挤打压，也将新法一一废除。元丰八年七月，罢保甲法；十一月，罢方田均税法，十二月罢市易法、保马法；元祐元年（1086）二月，罢青苗法；三月罢免役法。短时间内，新法尽废。

　　神宗去世，给王安石以沉重的打击，他已经意识到新法的命运。此时王安石已经重病缠身，当得知司马光出任宰相时，心情很是低落：

　　　　公既病，和甫以邸吏状视公，廷报司马温公拜相，公怅然曰："司马十二作相矣！"（宋·邵伯温《邵氏闻见录》）

　　"司马十二"就是司马光，他排行十二。王安石之所以"怅然"，是因为他知道司马光当权，新法的命运就不言而喻了。但是更让王安石不能接受的是，保守派居然把免役法也一并废除了。

公闻朝廷变其法，夷然不以为意，又闻罢助役，复差役，愕然失声曰："亦罢至此乎？"良久曰："此法终不可罢。安石与先帝议之两年，乃行，无不曲尽。"（宋·郑昂《厄史》）

他听到免役法被罢的消息是"愕然失声"，因为王安石认为这是他和神宗反复磋商研究的成果，极其完备。但是保守派竟然连这个也不能容忍！王安石感到彻底绝望了。他在病危之际写了一首《新花》诗，颇能反映他内心的矛盾与痛苦：

老年无忻豫，况复病在床。汲水置新花，取慰以流芳。流芳不须臾，吾亦岂久长。新花与故吾，已矣可两忘。

意思是说，老年人没有什么喜怒哀乐了，况且是像我这样一个卧病在床之人。给新置办的花儿浇水，没想到它居然能够开花。花的生命是短暂的，我也将不久于人世，无论是花还是我，都将随着时间的流逝，被人们忘记。这首诗反映了王安石极其消沉的心态。而这种痛苦与矛盾，是根源于政治理想的覆灭。

宋神宗去世的第二年，也就是宋哲宗元祐元年（1086）的四月初六，一代名臣、大政治家、大文学家王安石去世了。可是这位曾经影响了当时政坛、文坛的杰出人物的身后事极其寥落，葬礼非常清冷，只有他的弟弟和极少数门生来送他最后一程。另外，不可思议的是，王安石居然没有神道碑和墓志铭。《景定建康志》卷四十三记载：

王舒王墓在半山寺后。

王安石曾被封为舒国公，故称作"王舒王"。《景定建康志》仅此一句，并未提及神道碑和墓志铭。王安石曾叱咤政坛，且文名显赫，又是曾经影响历史的杰出人物，他死后居然没有人为他写墓志铭，这是极其不正常的现象。

此时保守派当权，人们对王安石避之唯恐不及，可谓世态炎凉。一位反对新法的人张舜民写了四首《哀王荆公》，记述了这种人情淡漠的情景：

> 门前无爵罢张罗，元酒生刍亦不多。恸哭一声唯有弟，故时宾客合如何？
> 乡间匍匐苟相哀，得路青云更肯来？若使风光解流转，莫将桃李等闲栽！
> 去来夫子本无情，奇字新经志不成。今日江湖从学者，人人讳道是门生！
> 江水悠悠去不还，长悲事业典型间。浮云却是坚牢物，千古依栖在蒋山！

在坟前痛苦的只有弟弟，从前的宾客都不知在哪里。曾经那么多追着王安石求学的人，而现在大家都忌讳说自己是王安石的门生。张舜民是一位极有正义感的正人君子，总算以诗歌的形式为王安石说了几句公道话。

对于王安石的去世，朝廷是怎么表态的呢？朝廷的态度是极其微妙的。此时司马光已经出任宰相，但还没有去开封上任，他给朝廷写了一封信：

> 介甫文章节义过人处甚多，但性不晓事而喜遂非，致忠直疏远，谗佞辐辏，败坏百度，以至于此。今方矫其失，革其弊，不幸介甫谢世，反复之徒必诋毁百端。光意以谓，朝廷宜优加厚礼，以振起浮薄之风。（宋·司马光《司马温公集》）

信中司马光对王安石的评价并不高，肯定的只有他的"文章节义"，对于他的政治生涯则全盘否定，说他是个"不晓事"，喜欢播弄是非，破坏朝纲的人。司马光之所以建议朝廷给予王安石应有的地位和待遇，目的是为了纠正"反复之徒必诋毁百端"的风气。因此朝廷决定赠给王安石"太傅"的名号。太傅本是高官，是三公之一，但在唐宋时期已经沦为虚职，成为一个荣誉头衔。

朝廷委托苏轼撰写《王安石赠太傅制》。我们知道苏轼和王安石也是一对政敌，他如何写这篇制呢？苏轼何其聪明，这篇文章写得极有水平。他说，王安石是做非常之事的非常之才；是学贯千载，名高一时之士；是能够变风俗、启新法、让众人马首是瞻的一代领袖。但对于王安石的革新变法只字未提。苏轼这篇文章是代表朝廷，代表宋哲宗的，但苏轼还是巧妙地避开了矛盾，打了擦边球。

司马光、苏轼与王安石都是政敌，他们二人对王安石的态度如此，也无可厚非。事实上，在当时的政治环境中，是不可能给予王安石一个公平公正的评价的。王安石的人生已落下帷幕，他一生的是非功过，也只能留给后人评说了。

第二十二讲

千秋功罪任评说

元祐元年（1086），王安石在江宁去世。一代英杰，他的人生在经历了变法的轰轰烈烈和退居的寂寞寥落以后，终于落下了帷幕。面对王安石如此不平凡的一生，我们究竟该如何评价他呢？

在逐渐走近王安石的过程中，我们越是了解他，就越发现王安石的复杂性。他的复杂程度，在一定意义上超过我们所熟知的众多作家。不管是李白、杜甫，还是韩愈、柳宗元，甚至是苏轼、曾巩、欧阳修，看上去都没有达到王安石这样复杂的程度。如此复杂的一生，随之而来的，就是后人多面化的复杂评价。有的人对他深恶痛绝，也有的人对他景仰万分，各种声音此起彼伏，相互错杂。

王安石去世以后，曾经在一段时间里享有了极高的荣誉。这与朝廷的推崇有密切关联。虽然他去世的时候颇为惨淡，没人主动给他撰写神道碑和墓志铭，只是朝廷出于脸面的考虑，才命苏轼以朝廷的名义给他写了一篇祭文。王安石去世时宋哲宗已经继位，起初是由太后摄政，而等到哲宗亲政之后，立即打算继承父亲神宗的意志，推行新法。哲宗身边几位重要的大臣也都是王安石的门生，他们也想继承王安石的遗志，继续推进变法革新的进程。在这样的前提下，宋哲宗绍圣元年，公元1094年的四月，王安石被给予了一项很高的荣誉——配享神宗祖庙。皇帝在死了之后都会建庙供奉，随侍在皇帝身边一起接受后来者供奉和祭奠的大臣，就称为配享。这是一项极高的荣誉，必须是皇帝生前最重要的大臣才能有这样的机会。而王安石就获得了这一殊荣，被供奉在神宗的庙里面。

几年之后，宋徽宗即位，仍然打算继承革新变法的遗志，于是在公元 1104 年六月，再次下诏："王安石可配享孔子庙，位于邹国公之次。"让王安石配享孔子庙，再一次给予王安石极高的荣誉。我们知道，孔庙里供奉的是孔子，通常居于正中，一边是孟子，另一边是颜回，此外还供奉曾子及其他弟子后学。必须是最出色的人物，才有资格陪侍在孔子旁边。王安石不但配享孔庙，而且还被排在了非常高的位置。"邹国公"，也就是孟子，王安石在孔庙中仅仅居于孔、孟之下，位列第三。这样一来，王安石不仅跟皇帝一起被供奉在皇家宗庙里，甚至跟万世之表的孔子也一起被供奉。这样的地位充分说明，尽管王安石已经去世，神宗也已去世，甚至中间还遭遇过一段时间的冷遇，但是在哲宗和徽宗这里，王安石革新变法之功仍然获得了朝廷的承认，并且给予了他作为一个大臣、作为一个文人在死后所能得到的最高荣誉。

可是这样荣耀的局面维持的时间并不太长，随着金人的入侵，朝廷局势的变化，这一荣耀局面也就发生了改变。

宋徽宗虽然写得一笔好字，画得一手好画，可是既不能带兵打仗，又不会强兵治国，是个不折不扣的庸君。面对金人的嚣张声势，宋徽宗慌慌张张不敢承担将要亡国的责任，于是赶紧把皇位传给了儿子，也就是宋钦宗。宋钦宗即位了，可是他跟父亲其实是半斤八两，没有治国的本事，也打不了仗，根本无法扭转局面。但是他可以做的有一件事，就是先高喊两声，把责任撇清。所以他迫不及待地要找个替罪羊，让替罪羊来承担导致国破家亡的重大责任。

他首先找到的替罪羊是蔡京，也就是当时徽宗和钦宗身边的宰相。蔡京在《宋史》里已经被归入《奸臣传》。蔡京和蔡卞是兄弟，而蔡卞是王安石的女婿，他们都是所谓的新党人物。蔡京其实是个很有能力的人，做过好事，但同时也做了不少坏事。所以，宋钦宗第一个抓到的替罪羊就是蔡京。宋钦宗痛下打击，把蔡京贬得远远的，不过蔡京却在被贬的半道上死掉了。

替罪羊没了，钦宗必须另找一个，以继续承担奸臣误国的罪责。因此他又从蔡京开始顺藤摸瓜，去摸蔡京的根源，去找蔡京误国的源头。这一摸就摸到了王安石身上：蔡京误国从根源上来讲，是因为王安石误国；王安石之所以误国，是因为王安石变法；他的变法混乱纲纪，使国不国，所以才有了现在的结果。至此，王安石开始被冠上"祸国殃民"的头衔。

于是宋钦宗在靖康元年，公元1126年四月，罢掉了王安石配享孔庙的名誉。而四年之后，宋高宗建炎三年，公元1130年六月，又进一步罢掉了王安石配享神宗庙的荣誉，而是换成了司马光。这是很有讽刺意味的。司马光当年是坚决反对神宗变法的主要人物，但到了这时，却替换了王安石的位置。

时间上前后没差几年，可王安石所受的待遇却是天差地别了。从最开始的倍极荣耀，配享孔子，配享神宗，到现在什么都没有了。之所以发生这样一百八十度的转变，说到底还是起因于复杂的政治形势。

靖康之变，宋室南渡，国家要救亡图存，要收拾人心，皇帝要转嫁亡国的罪责。尤其宋高宗，他开始时光顾着逃命，但稍稍喘息之后，就立即要整顿整顿，清算此事。这当然是政治上的需要，必须得有人为北宋的灭亡买单。不过买单的不是宋钦宗，不是宋徽宗，自然也不可能是宋哲宗和宋神宗。怎么能向皇帝买单呢？皇帝当然是圣明的，误国的只能是臣子。只要由臣子承担起这个责任，帝王就能够继续保持光辉的形象。于是就这样找到了王安石，并将其确定为导致北宋亡国的源头。

所以说，要对王安石进行评价很不容易。历史总是这样难以琢磨。恐怕王安石自己都没想到，在他死了之后，这幕活剧比他生前更加热闹。

这是北宋刚刚灭亡，南宋刚刚建立之后王安石的命运，也是王安石在政治领域内所获得的评价。我们不想再听那些荒唐的皇帝的评价，接下来可以关注的是，既然王安石是一个大思想家、一个杰出的学者，那么别的大思想家、大学者会怎样看待王安石？会给王安石怎样的定位呢？

这里有一个非常重要的人物，他对于王安石有着颇为全面而客观的评价。这个人就是宋代最大的思想家之一——朱熹。朱熹在中国古代思想史、学术史，包括文学史上都有重要的地位，经由他不断发展的宋明理学，几乎成为后来中国古代儒学主流的意识形态，深深影响着中国人思想和心理的形成。

首先，朱熹对于王安石的学术有所批评。要知道王安石不光是政治家、思想家、文学家，而且还是个大学问家。我们现在能看到的王安石的著作，主要是在他的《临川先生文集》里。但实际上这只是所有著作里的一部分而已。古人著书，有许多与我们现在不同的方式，譬如注释经典的方式，在注释当中阐发自己的理解，也是表达自己学术思想的一种重要方法。王安石在一生当中，做过很多这样的工作，曾先后注过《论语》《孟子》《周易》《尚书》《诗经》《左传》，还注过佛经，以及《老子》等等。可以说，他对于儒释道三家学问的经典著作，都通过注释的方式表达了对这些思想的理解。

不过，朱熹对于王安石的新学是持批判态度的，认为王安石的学问是旁门左道，奇门怪学。朱熹这样的态度并不奇特，因为他对王安石学术的评价，在一定程度上是建立在理学建构的需要之上的。正是由于王安石对中国古代儒释道最经典的著作都进行了系统的注释和阐发，所以任何一个思想家要想在宋代的思想殿堂上树立自己的旗帜，就必须面对王安石。这就好比一个靶子，要把王安石给掀倒，自己的旗帜才能立起来。朱熹就是这么做的。事实上他不只抨击王安石，他还抨击苏轼、苏辙、欧阳修，凡是在之前思想史上作出成就的，朱熹都要对他们一一做出评点，指出他们的不足。作为一个思想家和学问家，要想树立自己的学说，朱熹有这个必要、也有这个水平来面对此前所有学术史的挑战。正是在对前人成就作出自己的评断之后，朱熹才能以集大成的身份屹立于思想史的殿堂。

不过有趣的是，在学派之争以外，当朱熹在私下里谈到王安石的学问的时候，却又表现出相当的钦佩。他说，王安石的书"尽有好处"，"盖其极平生心力"，只要认真看，就会发现他倾注了全部的心血。尽管站在理学的立场，他要对王安石的学问提出批评，但是从做学问的态度和功夫上讲，他仍然非常钦佩王安石。

那朱熹对于王安石变法又是怎么评价的呢？他的评价也很有趣，他用医者治病来比喻：

> 如庸医不识病，只胡乱下那没紧要底药，便不至于杀人。若荆公辈，他硬见从那一边去，则如不识病证，而便下大黄、附子底药，便至于杀人！
>
> 正如医者治病，其心岂不欲活人？却将砒礵与人吃。及病者死，却云我心本欲救其病，死非我之罪，可乎？介甫之心固欲救人，然其术足以杀人，岂可谓非其罪？（宋·黎靖德《朱子语类》）

朱熹说，王安石变法就好比不识病症而给人下猛药，庸医给人看病不过是乱用些无关紧要的药，还不至于致人死地。王安石尽管一心想要救人，但开的却是大黄、附子、砒霜这些猛药、毒药，最后把人吃死了。虽然心是好的，使的力气也很足，效果却完全相反。王安石的新法带来的就是这样一种结果。当然这是朱熹的观点。从事实上看，王安石新法也取得了一定的效果，虽然中间出了许多问题，但还不至于完全否定。

很有意思的是，朱熹对于整个王安石变法的环境、背景，都分析得非常客观，这也可以说是学者和政治家的最大区别——学者讲道理。朱熹首先认为，当时的社会环境是必须要变法的。这一点跟司马光不一样。朱熹认为当时的确到了不得不变的时候。他说"盖那时也是合变时节"，在宋朝当时的局势之下，不变真的不行。不只是王安石，其实大家都有变的意思，"只当是时非独荆公要如此，诸贤都有变更意"。只不过怎么变这个具体的渠道和方式方法不一样而已。从庆历新政开始，范仲淹就是要变，欧阳修也是要变，包括苏轼不是也要变的吗？就是司马光其实也想变，只是不想全变。从对于变法的态度这一点上来看的话，朱熹的观点其实跟王安石没什么本质的区别。

接着还有关于祖宗之法能不能改变的问题。在一般人印象里，都会觉得朱熹作为理学家，一定满身的道学气，必然是迂腐顽固、不知变通的。其实这个印象是有误差的。在朱熹看来，祖宗之法可以变。他讲了很深刻的道理：

> 祖宗之所以为法，盖亦因事制宜，以趋一时之便，而其仰循前代，俯循流俗者尚多有之，未必皆其竭心思，法圣智，以遗子孙，而欲其万世守之也。是以行之既久，而不能无弊。则变而通之，是乃后人之责。（宋·黎靖德《朱子语类》）

祖宗的法只是适用于当时的，可祖宗并没想着这法能够让自己的子孙吃几辈子，因此当时间长了之后，祖宗的法一定会有弊端，纠正弊端、变而通之的责任就落在后人的身上。法要常变才能常新。这是朱熹的又一个观点，实际上仍然肯定了王安石变法的勇气。

此外，朱熹对于王安石变法的一些具体举措也一一给予了肯定。更有意思的是，他还详细分析了许多当时反对王安石变法的人物的心态。比如苏轼，朱熹看到了苏轼前后的变化：

　　东坡初年若得用，未必其患不甚于荆公。但东坡后来见
得荆公狼狈，所以都自改了。初年论甚生财，后来见青苗之
法行得狼狈，便不言生财。初年论甚用兵，如曰"用臣之言，
虽北取契丹可也"。后来见荆公用兵用得狼狈，更不复言兵。
（宋·黎靖德《朱子语类》）

　　朱熹说，假如当初变法的是苏轼，那么后果未必能比王安石好
多少。苏轼是后来看见王安石越弄越狼狈了，所以就改口了。苏轼
早年也说要生财，但看着青苗法越实行越狼狈，骂的人越多，苏轼
也就改口了；而且苏轼早先也是说要对付契丹，后来看看王安石用
兵用得狼狈了，后来也就不提了。可见朱熹心里是很清楚的，无论
谁到了王安石的位置上，都未必会比王安石做得更好。

　　撇开变法不谈，其实朱熹对于王安石的道德、品行、才华都是
非常认可的。他称王安石当宰相"亦是不世出之资"，意思是说像这
样的宰相几辈子都出不了一个。他的品行可以超越扬雄和韩愈，甚
至可以超越颜回和孟子。他还特别提到王安石立志的高远，当初王
安石刚刚跟神宗谈论的时候，认为对于神宗而言，汉文帝、唐太宗
都不值得效法，而对自己来说，诸葛亮、魏徵也都还不是最高的目
标。可见王安石的出发点就与一般人不一样，一开始就站在一个不
同于一般高度的平台之上。因此朱熹由衷发出赞叹，"此其志识之卓
然"，"岂一时诸贤之所及哉？"

　　总体上看，朱熹对王安石的评价其实是很辩证的。朱熹看人向
来是要看大节，也就是看主要矛盾。所以从大体上看，王安石变法
是有问题的，这固然是要被检讨的。但在这个前提之下，朱熹又说
了王安石很多的好话，从人品、才华等很多方面肯定了他。可见朱
熹不愧是一个真正的学者和思想家，他是理性地进行分析，因此能
够辩证地看到各个方面。

因为朱熹在思想史上重大的价值和影响力，所以他对王安石的评价也深刻影响到了后代。我们可以看看《宋史》里的《王安石传》。《王安石传》最后的论断引用了朱熹对他的评价，诸如"以文章节行高一世，而尤以道德经济为己任"云云，而且说朱熹的评价是"天下之公言也"。《宋史》是元代人修的，而元代人对朱熹非常推崇，也许正是因为朱熹的这种评价，使得《宋史》在给王安石写传的时候出现了一个很奇怪的情况，王安石的追随者如曾布、张敦、吕惠卿等人，都被列到《奸臣传》里了，可是作为他们老师的王安石，却非常稳当安全地被列在了大家之中。可见在《宋史》的编纂者眼中，他们之间是有区别的。朱熹在这里起到了重要的作用。作为一个大思想家，他对于王安石的评价是很有说服力的。

除了朱熹这样的大学问家，其他人又是如何评价王安石的呢？考察一般民间评价主要有两个来源：一是笔记，二是小说。古人在写史书的时候，所用的材料主要来自两个方面。一个方面是与人物直接相关的著述，包括人物自己的著作，还有别人给这个人物写的记文、墓志铭、神道碑等等，这是人物留下的比较真实的史料。而另一个方面则是来源于朋友、同事们在日记、札记等笔记类著作中留下的关于人物的一些逸闻趣事。因此，笔记也是很重要的材料。但是这类材料往往是需要考证的。因为别人在记录的时候可能有记错的现象，这就需要加以甄别。不管怎么说，笔记是一个很重要的史料来源。在宋代，笔记大概有三百多种，其中记录了王安石事迹的就有一百多种。这是很丰富的存在，无论是说好话，还是说坏话，能被这么多的书加以记录，也可见王安石的不简单。

宋人笔记的作者对于王安石，有贬也有褒，大体归纳起来主要有这样几种态度。一种是坚决反对他的，像司马光的《温公日记》，还有苏辙的《龙川略志》。第二种是跟变法集团多少还有些联系，对变法虽然持批评态度，但没有那么尖锐的，比如《东轩笔录》的作者魏泰，他本来是变法派曾布的内弟，但是他对变法是持批评态度的；一些作者生活在南宋，虽然远离了变法的时代，但是对变法仍然持批评态度，像《容斋随笔》的作者洪迈。第三种则带有褒的性质，像陆游的《老学庵笔记》，就在客观上认为王安石的做法还是对的。此外还有一些笔记就只是记载了一些逸闻趣事，但是没有做任何的评判，没有明确表态。

正面写王安石、具有褒扬色彩的，主要集中在这样几点上。第一，不近女色；第二，清廉朴素；第三，嗜书如命；第四，淡泊名利；第五，晚年生活恬淡，富有情趣。王安石的这些优点在前文都基本提到过了，此处不再多说。

笔记里负面写王安石的有很多。第一说他性格倔强，绝不妥协。第二说他不修边幅。比如朱弁《曲洧旧闻》里说他的"衣服垢污，饮食粗恶，一无所择"。第三说他大诈似信。还是朱弁《曲洧旧闻》，其中记载了这么一件事：

> 及为执政，或言其喜食獐脯者。其夫人闻而疑之，曰："公平日未尝有择于饮食，何忽独嗜此？"因令问左右执事者，曰："何以知公之嗜獐脯耶？"曰："每食不顾他物，而獐脯独尽，是以知之。"复问："食时置獐脯何所？"曰："在近匕箸处。"夫人曰："明日姑易他物近匕箸。"既而果食他物尽而獐脯固在，然后人知其特以其近故食之，而初非有所嗜也。人见其太甚，或者多疑其伪云。

王安石当了宰相，有人说他喜欢吃獐脯肉。王安石的夫人听说以后觉得很疑惑，因为王安石向来是不挑剔饮食的，所以就问下人为什么，下人的回答是："他每次都不吃其他的菜，而獐脯肉全部吃完了。"王夫人又问下人把獐肉放在哪个位置，下人回答说："放在靠近大人筷子的地方。"于是王夫人说:"明天你换别的菜放在这个地方试试。"结果第二天王安石就把放在那个位置的菜吃光了,反而是獐脯肉完全没动过。这时候大家才知道王安石只吃离他近的食物,而不是有什么特别的嗜好。其实王安石的心思根本不在吃饭上,他在想更重要的大事。但是反对者们就认为,这都是装的,怀疑他是故意这么做,以此来树立自己的形象。除了大诈似信,还有说王安石是欺世盗名的,攀附权贵的,还有说他是心胸狭窄的。像邵伯温《邵氏闻见录》里写的,王安石在扬州做官的时候,韩琦是他的长官。王安石晚上读书读到很晚,早上起来也来不及洗脸刷牙就去上班了。韩琦看了就觉得这年轻人一定是贪玩,于是就教训他"君少年,无废书,不可自弃",劝他要好好学习。王安石也不辩解,就觉得韩琦不是懂他的人。所以后来韩琦想要收他为门下时,他总是不肯,甚至还说韩琦不是什么好官。两人关系也一直不好,所以别人就认为王安石心胸狭窄。

总之,从这些笔记的记载能看出来,负面评价要比正面的多,而且这些负面的评价产生了很大的影响力。这与笔记作者的身份有一定关系,当年反对王安石变法的人,都是大儒、大学者,都是写笔记的一流好手。他们写的笔记也就特别容易让一般的读者相信,深入读者的内心。

除了笔记,民间的评价还可以从小说里来看。宋代是中国古代小说发展的一个很重要的阶段,小说到了宋代进一步发展成熟,而且话本小说开始发展起来。这种小说,就是在现场说书的那种,是可以用来说的,所以这类小说的市场性非常强,拥有大量的民间听众。

现在我们能找到的有王安石形象的宋代小说,就是《京本通俗小说》残本当中的第十四卷,小说名字叫《拗相公》。这篇小说主要说的是拗相公被罢相之后,一路微服从京师到江宁,想要打探民生疾苦,听到的却全都是百姓对于新法的怨恨。小说中主要有三幕场景。其中一幕讲王安石来到一户老人家里，询问他多大年纪，家里有些什么人。老人回答说，本来有四个儿子，但是都死了。王安石诧异地问，为什么四个儿子都这么早死了呢？老人的回答是："十年以来，苦为新法所害。"都是因为新法的原因。青苗法、助役法、均输法，一个接着一个，而官府又奉上而虐下，吏卒整天来敲门，弄得大家不能安生，死的死，病的病，逃的逃。幸好自己本来就年纪大了，躲过了好些压迫，要是还年轻的话，可能也早就不在人世了。王安石听了很不高兴。老人又问，拗相公现在在哪呢？王安石不好直言，只能骗他说正在朝中辅佐皇上呢。老人听了就破口大骂，说："这等奸邪，不行诛戮，还要用他，公道何在！"朝中还有那么多好大臣，怎么还让这样的小人做宰相呢！一旁听的人憋不住了，提醒老人说，你这话被宰相听见可就要吃不了兜着走了！老人却完全不害怕，说得更加大声："我已经快八十岁了，哪还怕一死，如果见到这个奸贼，必然要亲手砍下他的头，就算要被千刀万剐，我也不怕！"

离开老人的家，接下来又是另一幕场景。王安石来到一户老妇人家里。老太太正在给家中养的家畜家禽喂食，一边喂一边喊着："噜噜噜，咯咯咯，拗相公，都来吃吧。"王安石心里更不高兴了，问老太太说，老人家你怎么给猪和鸡都起这个名字呀？老太太回答说："拗相公就是当今的宰相王安石嘛。自从他当了宰相，实行新法，我们家本来人丁兴旺，现在儿子儿媳都没了，只剩下我跟一个婢女，两人都还要交免役、助役钱。这里的人都恨他恨得不得了，养猪养鸡都叫它们作拗相公，当他是畜生！恨不得他下辈子就投胎成畜生，让我们吃了它！"王安石听了更加难受，苦闷得连头发胡须全白了。

这是小说《拗相公》里对王安石的塑造。当然在王安石真实的退休生活里，并没有这样的情景。这就好比历史上的曹操是个顶天立地的大英雄，而《三国演义》里的曹操却是个白脸的奸臣。小说是有虚构的，不能当真。即便不是小说，其他人的评价也都是包含着主观意气的。前面说的宋钦宗、宋高宗就是这样，自己保不住江山，却找王安石作替罪羊，所以他们的意见不能算权威。宋人写的笔记，尽管说的事基本属实，但也或多或少掺进去许多个人的主观意见。小说写的内容虽然不可信，但也透露出民间百姓的一些倾向，可见百姓对于新法的态度还是比较负面的。

说完了宋人对王安石的评价，接下来可以看看后代的人。明、清的时候还有两位皇帝对王安石也没有好感。一个是朱元璋。在朱元璋看来，立人心和收财富两个相比，立人心很重要。治国的根本在于人心，一旦人心坏了，就算收来的钱，也都拿在坏人手里了，那么国家也就乱了。尽管人心和财富从来就不是能够简单取舍的问题，但是在中国古代封建社会，传统的儒学思想都是将人心和道德摆在前面，把金钱和财富放在后面。朱元璋就是这种观点，所以他对王安石是全面否定的态度。

另一个对王安石深恶痛绝的皇帝是乾隆。乾隆对王安石有很多的评论，几乎全都是负面的。其中比较特别的有两条。一是王安石的辞官不受，朝廷给他下了诏令，他竟然躲进厕所，这是不但对皇帝的不恭敬，而且简直就是沽名钓誉之徒。还有一条非常令乾隆反感的，是宋神宗恭谢王安石的抗章。前面说到，王安石推行变法时遇到很大的阻力，在受到阻碍时他常常推说自己生病了，不想再干了。有一次王安石称病还家，宋神宗很着急，于是写了一个手诏召他回来。不过神宗没有亲自写，而是让司马光起草的。司马光写的大意是，当初好不容易请你出来，为的是天下苍生，现在你遇到情势不对就躲在家里，这怎么对得起皇帝和天下苍生？这是非常严厉的指责了。因此王安石立即抗章自辩。不过神宗很大度，不但没有责怪王安石，反而向王安石道歉，写了谢表给他。就是这样一件事，乾隆非常痛恨，批评得也特别重。其实，乾隆的这两条批评共同指向了王安石与宋神宗的君臣关系。作为皇权和集权达到巅峰的清代君主，乾隆对于臣子的不敬是完全不能容忍的。两相对比，也可以看出，在宋代的时候，君臣关系还是相对融洽的，存在着一些民主的内容，但是这样的民主在清代已经没有了生存空间。

综观从宋到清对王安石的评价，除了朱熹说过几句好话之外，其他正面的评价的确不多。不过到了民国的时候，这种局面发生了变化。这一变化与梁启超有关。

梁启超也许是这么多年以来第一个全面肯定王安石的人。他写了一部书叫做《王荆公》，是用文言文写的，出版之后被人用白话翻译为《王安石传》。在这部书里，梁启超说"若乃于三代下求完人，惟公庶足以当之矣"，也就是认为王安石是从三代以来唯一一位完美的人。他认为王安石所推行的改革变法就是开启民志，就跟他所推行的百日维新一样。并且认为青苗法等一系列的政策，就像现代欧美社会的银行信贷制度，保甲法好比现在所谓的警察制度，市易法则符合后世健全的市场行为。

梁启超所处的时代，正是西学东渐的时候，是中西文化剧烈碰撞的时候，西方文化的进入，吸引了许多中国人的目光。所以作为维新变法领袖之一的梁启超，他看王安石的时候，跟前人有着完全不同的角度。而当时的中国又是内忧外患，需要富国强兵的时候，与宋代所处的环境有着许多相似。因此梁启超对于王安石，必然会感同身受，会不自觉地把自己的判断和自己的情感放到王安石身上，去书写他内心深处对于这位变法先驱的深刻情怀。

我们可以看到，同一个王安石，在北宋和南宋的皇帝眼中，在南宋的大思想家朱熹的眼中，在宋代一般知识分子的笔记和小说中，还有在明清之际，在中国封建社会慢慢走下坡路时的帝王的眼中，以及在中国的帝制已经结束、即将迎来共和新政体时、在梁启超这个改革家的眼中，王安石的形象在不断地发生变化。从某种意义上可以说，这种变化恰恰就是王安石的生命力所在。不管别人是骂他还是称赞他，都只能说明每个时代最优秀的政治家或思想家，都无法绕开王安石这个巨大的存在。

在唐宋八大家中，除了王安石的其他七人，也都非常优秀而杰出，既有文学才能，也有政治才华，可是王安石与其他七人最本质的不同是什么呢？

无论韩愈、柳宗元还是欧阳修、苏轼，尽管他们经历了许多的挫折，也有各自的某些缺点，但总体来讲，他们都是在肯定的声音当中成长起来的。他们经过努力奋斗，各自有所成就，并且赢得了许许多多的赞扬和敬仰，他们的一生在总体上获得的是正面的评价，而且符合了中国古代封建社会主流的评价体系和意识形态。可是王安石不一样，从他年轻时候开始，就可以说是在否定声中长大的，并且持续了将近一千年。这从另一个侧面说明了王安石的独特价值。因此，对于中华民族来说，王安石这个人物是一个极为特殊的人物。除了他在文学、学问方面的成就之外，他的历史性标志就是反传统、反权威。正因为他敢于挑战社会的权威与传统，他也因此必然会受到社会的挑战。

王安石变法这件事已经成为了历史，而且这个变法是在北宋特殊历史时期和历史环境之下的历史行为。变法本身的内容，对于当代社会而言，其现实意义已经大打折扣。但是相反地，王安石这个人物，一旦离开了变法这个具体的事件，他的现实意义反而开始不断增值。对我们现在的人来说，王安石具有一项卓然独立的伟大价值，那就是变革的精神！这是王安石对于中国文化最大的贡献。片面求稳定，甚至在稳定当中不想谋发展，这是中国古代社会中的一大弊端。但是王安石却在九百多年前打破了这样一个万马齐喑的格局。他的变革绝不仅仅是坐而论道，而且采取了果断的行动。他既是一个理论家、学问家，同时又是一个卓越的实践家。不仅如此，他还有超越常人的胆识，有精心运筹的策略，以及为这个策略而从事的一系列组织工作。所以从某种程度上来说，王安石是一个非常完美的政治家、思想家。因此，这样的人必然会给中国历史、中国文化带来巨大的不可磨灭的影响力。

　　尽管我们习惯于把王安石看作唐宋八大家中的一位，但显然王安石不可能仅仅被"唐宋八大家"这个称谓所约束。他的光芒超出了文学的范围，也超出了政治的范围。他是思想史上的常青树，而且像大海一样不断地为中国文化提供着源源不断的滋养。这便是王安石最有价值的地方。

后记

2009 年，我在央视《百家讲坛》开讲《唐宋八大家》，历时将近三年，得到广大观众的支持、好评。《康震评说唐宋八大家》之《韩愈》《柳宗元》《欧阳修·曾巩》《三苏》等一批书籍也先后在中华书局出版。唯独这本《王安石》未能及时面世。很多读者朋友不停地催问，问得我无言以对。原因是多方面的，而整理这部书稿的确花费了不少时间。

王安石是北宋数一数二的大人物，这一方面是指他文学成就大，更重要是指他政治影响力大。王安石的人生命运、历史地位与改革变法密不可分。他的一生涉及太多的人物、事件以及由此而来的各种矛盾、冲突与评价，要讲好他、写好他，真不容易。正是在讲和写的过程中，我对王安石和熙宁变法的认识，才越来越清晰、越来越深化、越来越客观理性。说实话，这个学习的过程真不轻松，但也乐在其中。至于学的效果怎么样，只好由读者朋友们来评价了！

非常感谢中华书局徐俊、顾青两位掌门，在我拖延了将近六七年之后，他们依然对这部书稿保持信心，这让我既惭愧又感动，无以为谢，只能以不断的努力来报答这份宝贵的信任。感谢申作宏、陈虎、傅可、孙永娟等中华书局的诸位先生、女士，他们为这本小书付出了很多心血。感谢我的学生周剑之、向铁生、徐波、周云磊、向飞、王聪、余丹，他们帮我认真修改、核校书稿，润色插图，还协助处理一些冗务。《芥子园画传》《一词一画》给我很多启发，谨表谢意。感谢读者朋友的关心支持。

感谢我的家人。感谢儿子为本书题写书名。谨将本书献给亲爱的爸爸妈妈，祝你们健康长寿！

康震

二〇一七年九月十日

北京师范大学文学院